浙江省普通高校
"十三五"新形态教材

中国（杭州）跨境电子商务
综合试验区立项资助教材

中国（杭州）跨
人才联盟推

跨境电子商务新形态立体化教材

速卖通平台全方位操作指南
涵盖平台政策、流程及案例

CROSS-BORDER E-COMMERCE

MULTI-DIMENSIONAL PRACTICE COURSE OF ALIEXPRESS

跨境电商速卖通立体化实战教程

柯丽敏　林　洁 / 编著

ZHEJIANG UNIVERSITY PRESS
浙江大学出版社

图书在版编目(CIP)数据

跨境电商速卖通立体化实战教程 / 柯丽敏,林洁编著. —杭州:浙江大学出版社,2020.4(2025.1重印)
　ISBN 978-7-308-20042-4

　Ⅰ. ①跨… Ⅱ. ①柯… ②林… Ⅲ. ①电子商务—商业经营—教材 Ⅳ. ①F713.365.2

中国版本图书馆 CIP 数据核字(2020)第 031405 号

跨境电商速卖通立体化实战教程

柯丽敏　林　洁 编著

策划编辑	曾　熙
责任编辑	曾　熙
责任校对	杨利军　陈　欣
封面设计	春天书装
出版发行	浙江大学出版社
	(杭州市天目山路 148 号　邮政编码 310007)
	(网址:http://www.zjupress.com)
排　　版	杭州朝曦图文设计有限公司
印　　刷	浙江新华数码印务有限公司
开　　本	787mm×1092mm　1/16
印　　张	18.5
字　　数	428 千
版 印 次	2020 年 4 月第 1 版　2025 年 1 月第 3 次印刷
书　　号	ISBN 978-7-308-20042-4
定　　价	56.00 元

"跨境电子商务新形态立体化教材"

丛书编写委员会

编写委员会成员

施黄凯	陈卫菁	柴跃廷	陈德人	章剑林
陈永强	琚春华	华 迎	武长虹	梅雪峰
马述忠	张玉林	张洪胜	方美玉	金贵朝
蒋长兵	吴功兴	赵浩兴	柯丽敏	邹益民
任建华	刘 伟	戴小红	张枝军	林菡密

支持单位

中国(杭州)跨境电子商务综合试验区

阿里巴巴集团

亚马逊全球开店

Wish 电商学院

eBay(中国)

Shopee 东南亚电商平台

中国(杭州)跨境电商人才联盟

国家电子商务虚拟仿真实验教学中心

"跨境电子商务新形态立体化教材"

丛书编写说明

"世界电子商务看中国,中国电子商务看浙江,浙江电子商务看杭州。"浙江是经济强省,也是电子商务大省,杭州是"中国电子商务之都",浙江专业电子商务网站数量占全国专业电子商务网站数量的1/3,浙江电子商务的发展与应用水平全国领先。浙江电子商务的成就,主要归功于政府开放式创新创业氛围的营造和大量电子商务专业人才的贡献。自2015年3月7日国务院批复同意设立中国(杭州)跨境电子商务综合试验区以来,杭州积极探索,先行先试,跨境电商生态体系不断完善、产业发展势头强劲,以"六体系两平台"为核心的跨境电商杭州经验被复制推广到全国。截至2018年底,杭州累计实现跨境电商进出口总额达324.61亿美元,年均增长48.6%,13个跨境电商产业园区差异化发展,全球知名跨境电商平台集聚杭州,总部位于杭州的跨境电商B2C平台交易额近1700亿元,杭州跨境电商活跃网店数量增加至15000家,杭州外贸实绩企业数量增加至12000家,杭州跨境电商领域直接创造近10万个工作岗位、间接带动上百万人就业。跨境电商正在成为杭州外贸稳增长的新动能、大众创业万众创新的新热土,推动杭州由中国电子商务之都向全球电子商务之都迈进。

对外经济贸易大学国际商务研究中心联合阿里研究院发布的《中国跨境电商人才研究报告》中的数据显示,高达85.9%的企业认为跨境电子商务"严重存在"人才缺口,而各高等院校、培训机构对跨境电子商务人才培养标准不一,所使用的教材、培训资料参差不齐,也严重制约了对跨境电子商务人才的培养。

为提升跨境电子商务人才的培养质量,开展多层次跨境电子商务人才培训,提高跨境电子商务研究水平,加快推进人才建设的战略部署,创建具有中国(杭州)跨境电子商务综合试验区特色的人才服务,浙江省教育厅、中国(杭州)跨境电子商务综合试验区建设领导小组办公室领导,协同浙江大学、浙江工商大学、杭州师范大学、浙江外国语学院、杭州师范大学钱江学院、浙江金融职业学院、浙江经济职业技术学院、浙江商业职业技术学院、阿里巴巴、亚马逊、Wish、谷歌、深圳市海猫跨境科技有限公司、浙江乌课网络科技有限公司、深圳科极达盛投资有限公司、杭州众智跨境电商人才港有限公司、浙江执御信息技术有限公司、杭州跨境电子商务协会联合编写"跨境电子商务新形态立体化教材"丛书。该丛书的出版发行，必将引起跨境电子商务行业的广泛关注，并将进一步推动我国跨境电子商务产业不断向前发展，也为广大跨境电子商务从业者、跨境电子商务科研工作者、跨境电子商务爱好者学习研究跨境电子商务提供了必要的参考。

"跨境电子商务新形态立体化教材"丛书的编写，是中国（杭州）跨境电子商务综合试验区的重要工作，也是浙江省教育工作服务浙江经济、培养创新人才的一项重要工程。教材编写整合了浙江省内外高校、知名企业、科研院所的专家资源，突出强调教材的国际化、网络化和立体化，使"跨境电子商务新形态立体化教材"丛书成为推进浙江省乃至全国教材改革的示范。

浙江省教育厅

中国（杭州）跨境电子商务综合试验区

中国（杭州）跨境电商人才联盟

浙江工商大学管理工程与电子商务学院

国家电子商务虚拟仿真实验教学中心

2019 年 1 月

前　言

党的二十大报告指出，"高质量发展是全面建设社会主义现代化国家的首要任务"，"必须完整、准确、全面贯彻新发展理念，坚持社会主义市场经济改革方向，坚持高水平对外开放，加快构建以国内大循环为主体、国内国际双循环相互促进的新发展格局"。①

互联网在不断深刻影响与改变着传统零售和传统国际贸易的方式，这种影响与改变使国际贸易走向电子化、数字化和网络化，带动了大量中小微企业出口。跨境电商零售作为一种新型零售手段，实现了"全球买、全球卖、全球送"的商业模式，使世界各地的消费者都能方便快捷地购买到来自全球的品种丰富、价格实惠的消费品，也使世界各地的卖家能够方便快捷地通过全球化的电子商务，借助跨境物流或异地仓储，最终将商品送达消费者手中，完成交易。跨境电商正逐渐成为经济增长的新引擎和转型升级的新动力。

跨境电商人才培养需要高质量的教材支持。目前跨境电商教材大致可分为两类：一类主要由从事跨境电商实务操作与管理的一线专家组织编写，内容偏重实务操作，忽视跨境电商基础理论的学习，这容易导致学习者只知其然而不知其所以然，不利于学习者在跨境电商行业的长期发展；另一类则主要由从事跨境电商研究的高校学者组织编写，内容偏重管理学、市场营销及国际贸易方面的相关理论，忽视跨境电商操作能力的培养，这容易导致学习者理论知识丰富，但缺乏实际操作能力，不能很快适应工作等问题。

为满足企业与社会的实际用人需求，中国（杭州）跨境电子商务综合试验区发起编写"跨境电商新形态立体化教材"，该系列教材由学校和企业联合编写。《跨境电商速卖通立体化实战教程》作为该系列教材之一，由阿里巴巴全球速卖通平台与阿里巴巴商学院联合策划、组织，以阿里巴巴全球速卖通为实践平台，立足真实环境下的实战运营与项目运作，培养具有跨境电商第三方平台店铺运营能力与国际市场营销推广能力的跨境电子商务人才。

本书在编写过程中特别注重跨境新零售理论与跨境新零售实践的结合，全书编写思路明确，内容广度和深度把握合理，理论知识体系完整。全书内容以速卖通平台跨境零售业务流程为主体框架，结合速卖通运营案例，系统全面地介绍了速卖通操作，章节内容主要有新零售和全球消费变革、速卖通平台性质和入驻流程、店铺运营管理思路、选品和定价、跨境物流、视觉美工、产品管理、站内推广、境外社交媒体引流、数据分析、订单管理、精细化客户管理、实用运营管理工具等，基本覆盖速卖通跨境零售业务的各个环节。

本书以实际应用为出发点，理论与实践并重，突出实践操作技能。以简明流畅的语言和清晰详尽的图表来描述具体工作的操作方法、过程和要点。本书力求紧跟时代脉搏，图

---

① 习近平.高举中国特色社会主义伟大旗帜 为全面建设社会主义现代化国家而团结奋斗：在中国共产党第二十次全国代表大会上的报告[N].人民日报，2022-10-26(01).

文并茂，语言精练，内容翔实，重点突出，步骤清晰，通俗易懂，扫描二维码即可获得海量学习资源，包括教学视频、案例、网页链接、全真截图等，是一本教学资源丰富的立体化实战教程。

全书共分十三章，由阿里巴巴全球速卖通与阿里巴巴商学院总策划，柯丽敏、林洁主持编写，由柯丽敏统稿、修正、编辑，有关素材与案例来自全球速卖通平台及相关企业。第一、三章由柯丽敏编写，第二章由柯丽敏、林洁共同编写，第四、七章由周鑫编写，第五、六、十章由林洁编写，第八、十一、十二章由孙晶莹编写，第九章由游婷和杨熙和共同编写，第十三章由钱诗颖、郭小卢共同编写。此外，杭州誉匠网络科技有限公司、南京世格软件有限责任公司、南京步惊云软件有限公司、深圳因纳特科技有限公司、杭州赛群网络科技有限公司也参与了教材的编写工作，在此，对大家的辛勤付出一并表示感谢！南京步惊云软件有限公司、深圳因纳特科技有限公司开发的速卖通平台模拟仿真教学软件仿真度高，操作方便，可以作为高校模拟教学的首选。

本教材可以作为高等学校电子商务、国际贸易、国际商务等相关专业的本、专科教材或参考书，也可以作为跨境电子商务等相关领域从业人员的自学与培训用书。

因笔者能力有限，加上跨境电商零售领域商业模式和营销手段的快速发展，书中难免存在疏漏或不当之处，敬请广大读者批评指正。

编者
2025 年 1 月

🛒 目录

第一章

新零售和全球消费变革

【本章重点】

本章重点学习新零售商业模式、数字经济时代全球消费市场的变化、B2C 模式和 C2B 模式。

【学习目标】

本章旨在让学习者掌握新零售的概念及其内涵,了解基于新零售的商业模式、新零售的未来发展趋势、数字经济时代全球消费市场的变化、C2B 模式对 B2C 模式的颠覆,掌握 C2B 模式创新的关键要素。

第一节　新零售崛起

一、什么是新零售

(一)新零售的概念

"新零售"是指企业利用网络,以用户为中心,在大数据、人工智能等先进技术的驱动下,对产品的生产加工、配送与销售等环节进行升级改造,进而对零售行业进行重塑,并对线上服务、线下体验及现代物流进行有机融合的零售新模式。也就是说,线上线下和物流相结合,才会产生新零售。对平台企业来说,新零售不仅意味着掌控线上的销售资源,还意味着通过供应链、大数据来整合线下零售资源,使企业从传统电子商务企业转型为线上线下流通业的掌控者。

新零售之所以"新",主要"新"在以下几个方面。

"新"在由以往的纯线下或纯线上销售升级为线上、线下和物流三者相结合的新模式。

"新"在由过去的 B2C 模式转化为 C2B 模式。

"新"在由原来的价格导向转向品牌和品质导向。

"新"在将商品与服务的售卖组合起来。

"新"在将零售数据化。

(二)新零售的特点

具体来说,新零售主要有以下几个特点。

1.特别看重"人"

新零售以消费者为核心,处处以消费者的利益和需求为先,同时具有可识别、可到达、可交互的特性。通过多元化的方式与顾客之间经常互动,时刻掌握买家的消费动态及消费心理的转变,再利用大数据和人工智能等先进技术挖掘消费者潜在的消费需求。

2.提供"货"

新零售模式要求零售商满足消费者对商品与服务的所有需求。这就提高了对零售商提供产品和产品服务的要求,不仅要求单品、库存均可见,还要求针对顾客的需求提供差异化、专业化服务,推进销售垂直领域的进一步细分。

3.互动"场"

新零售的最大变化莫过于以体验为中心。对消费者来说,商品的功能属性固然重要,但互联网时代的他们更希望拥有便捷舒适的服务体验。新零售为消费者创造了一个线上线下融合的购物场景,通过一系列营销手段实现与消费者的线上线下互动,具有即时性的特点。在这样一个场景里,经过持续性的良性沟通,最终形成消费者与渠道的互动,消费者与品牌的互动,以及消费者之间的互动。通过个性化的营销手段为顾客提供前所未有的消费体验。

4.构建"圈"

通过优化供应链,以相辅相成的效果创造价值,形成"共享经济"的形态。再借助零售商彼此的合作,形成优势互补和资源共享的商业圈,使商家在一个和谐、共赢的商业生态圈中经营。

📖 每日优鲜新零售案例　　📖 屈臣氏新零售案例　　📖 盒马鲜生新零售案例

二、基于新零售的商业模式

基于新零售的商业模式主要有以下几种。

(一)线上下单+物流配送

这种模式注重构建物流信息化平台。消费者网上订购后,系统根据用户 IP 地址将订单发送到最近的物流配送中心,配送中心根据订单开始处理商品、配货及分拣。配货就是将不同种类、不同数量的商品从配送中心的仓储货架上挑选出来,再放入传送带,激光扫描器读取商品的条形码信息并发出指令将商品送入指定的分拣道口,集中之后统一包装。在配送中心的仓储环节还要进行初步的加工、分装,使商品便于分拣。如果某位顾客订购的商品数量无法达到配送车辆的有效载运负荷,就要对不同用户订购的商品进行搭配装载以充分利用运力降低物流成本,这就是配装。最后通过配送,把商品送至顾客手中。这种模式十分注重企业的物流运输能力是否达标,如图 1-1 所示。

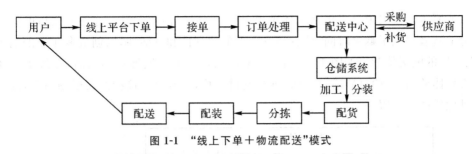

图 1-1 "线上下单＋物流配送"模式

相对于传统零售，新零售能通过大数据平台进行更精准的营销和库存控制，实现了线上线下的信息共享，满足了不同的订单需求且提高了消费者购买的满意度。用户的消费行为被数据化记录并转化成需求预测，有助于配送中心对采购、库存和配送环节进行更智能化的管理，提升消费者的体验感。

（二）线上下单＋门店体验

与网上购物相比，实体店有一个很大的缺陷就是无法亲身体验产品的真实效用，新零售则弥补了这一缺陷，增加了线下体验店，为买家打造更优质的服务体验。企业通过线上订单引流、门店体验来增加买家真实体验，买家能够在实体店体验产品的真实效用、服务水平和员工的专业水平，然后在线上消费，这使得顾客更加放心地消费，对商家产生信任感，从而形成一个良性的闭环。尤其是一些高端餐饮类服务，消费者可在线上下单，直接到门店自提，解决了耗时等待的问题，或在线下体验之后，在线上下单，再由物流配送到指定地点，避免自身携带的不便，如图 1-2 所示。这种模式将线上线下高效融合，在拓展零售渠道的同时又提升了用户体验感，有助于形成企业的核心竞争力与流量壁垒。

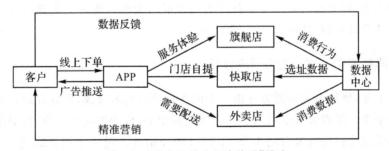

图 1-2 "线上下单＋门店体验"模式

这种模式对企业运用大数据的熟练程度要求比较高，同时物流配送水平也要过关，企业需要深度渗透消费市场，观察消费者的购买行为，把握其消费心理，及时制定和调整营销策略，才能为消费者提供优质便捷的服务。体验式消费既符合用户对消费场景多样化的需求，也是新零售企业线上取胜的关键。

（三）全渠道＋自营平台

零售商整合多渠道，全方位满足顾客需求，这是新零售的重要发展途径。全渠道是指零售商为了满足消费者任何时间、地点和方式购买的需求，采取多渠道有机融合的方式提供产品或服务。多渠道形式包括实体渠道、电商渠道和移动渠道。这种全渠道的新零售模式为消费者提供了购物时间、地点和方式上的便利性和灵活性,以创造多元化的消费场景、无差异的购买体验。如图 1-3 所示,买家可以在线上商城搜索到商品,在线下实体店进行实物体验,在体验过后通过 APP 进行支付结算,也可以直接在商店现场消费,商家还会提供优质的售后服务。

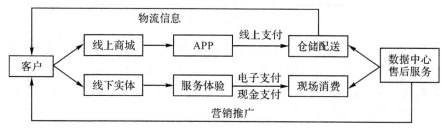

图 1-3 "全渠道＋自营平台"模式

三、新零售未来发展趋势

基于新零售的实践与研究,新零售的未来发展将呈现以下趋势。

(一)新技术的应用和普及

零售业的变革离不开新技术的推动,移动互联网、人工智能、云计算和大数据等技术的发展推动了新零售的诞生,使零售商得以实现对商品生产的控制,实现零库存的经营。而随着人工智能、虚拟现实、生物识别、图像识别等技术更上一个层次,新零售的准入门槛会比现在更低。为了进一步抢占市场,拓展利润空间,各大零售商必然会在研发新技术上投入更多的人力、物力和财力。未来新零售的发展将会融入更多更先进的技术以提升消费者的全程体验,同时提高运营效率、降低成本。

(二)消费者中心化,强化用户体验

过去数十年,供给方或渠道方在市场中的主导地位固若金汤,但现在决定权渐渐转移到了消费者手中。消费者逐渐站到了商业活动的中心,成为市场的主导方,对消费者需求的理解和感受也变得前所未有的重要,中国市场开始真正进入消费者时代。"80 后""90 后""00 后"正成为中国市场的核心消费群体,新一代消费者自我意识更强,消费态度和行为也更加个性化。因此,探索运用新零售模式来升级消费购物体验,推进消费购物方式的变革,构建零售业的全渠道生态格局,将会成为企业创新发展的重要途径。

(三)全渠道经营

从零售商的角度来看,全渠道就是将多种渠道有机融合,为客户提供一种无缝化的体验。从消费者角度来说,全渠道就是指可以在其中一个渠道挑选产品,在另一个渠道进行体验,最后再选择第三个渠道进行支付购买。传统的零售业以顾客的单渠道购物为主,互联网出现后,多渠道购物开始盛行。移动社会化媒体普及后,消费者进入了全渠道购物阶

段。在这个阶段,购物的主动权掌握在顾客手中,消费者可以借助各社交媒体对零售商终端进行选择,享受极致的购物体验。

(四)场景化体验升级,迎合顾客场景购物需求

企业会根据场景设计产品功能,强化用户体验。比如,顾客想要养成锻炼身体的习惯,但是因为工作忙时常会忘记,希望有一款软件可以督促自己。这时候微信就开启了运动功能,通过记录步数、好友 PK 等模式激励用户坚持锻炼。这便是一个典型的包含诸多场景的运动体验的模式。

产品体验不足时,企业会设计适当的服务场景打动消费者。比如消费者想要买家具,当看到各式各样的家具构成的样品房间,就会产生"家"的感觉,从而激起消费者的购买欲望。通过场景来打动顾客的购买欲望,容易获得消费者的认同,进而促进产品和服务的销售。

(五)社区成为流量主要入口

在场地租金攀升、企业利润下降的大环境下,门店面积越来越小已成为中国实体零售业的现实。便利店、社区型超市等社区商业将成为零售企业寻求转型升级的重要方向。随着我国零售业整合、全渠道发展进程逐步加快,低投资、短周期的社区零售必将成为推进零售业发展的加速器。

(六)重构供应链

新零售将重构供应链,包括以下几方面的内容。

1.分仓升级

针对不同区域安排商品的种类和数量。比如开设前置仓,将爆款商品以最快的速度送入前置仓,速度提升的同时节省了经销商环节所需耗费的时间,时效的提升非常明显。

2.将门店作为仓库

通过店仓结合,本地仓和门店均可发货,次日达和当日达的比例都得到了大幅提升。

3.柔性供应链

无论是商品流、信息流还是现金流,都需要快速响应。比如"C2B 供应链",让顾客挑选商品种类,下订单后快速反馈到工厂加工,再配送到顾客手中。

(七)数据驱动制造

新零售时代通过数据驱动制造,主要表现如下。

1.数据倒逼产能配置

出海电商 Club Factory(杭州嘉云数据科技有限公司)是一家数据驱动的电商公司,它用大数据智能计算与专业的买手团队相结合的选款模式,在世界范围内寻找优质的合

作供应商。同时利用迅速的信息传递,可以大幅地提高供应链效率,提高产能,降低成本,让消费者受益。

2.数据驱动即时定制

以青岛红领集团为例,该企业发展个性化定制西装跨境电商出口,2015 年在全国服装业出口下降 6%、营业收入增长 5.6%、利润增长 4% 的平均水平下,实现了出口增长 19%、营业收入增长 100%、利润增长 100% 的骄人业绩。

3.数据打通产业链

广东衔接点跨境电子商务有限公司从接受企业订单开始,通过平台帮助企业进行海外的数据分析,并对产品进行定位,寻找境外买家,可以说是打通产业链的佼佼者。

第二节　数字经济时代全球消费市场的变化

一、中国和全球的消费现状和趋势

(一)中国成为全球增速最快的消费品市场之一

1.中国经济将从投资主导转向消费主导

全球消费市场的变化

随着经济结构的不断优化升级,第三产业开始发力,城乡差距逐步缩小,居民收入提高,中国经济将从投资主导转向消费主导。中国依然是全球增速最快的消费品市场之一。根据经济学人智库(EIU)的数据和波士顿咨询公司(BCG)的分析,2016—2021 年,中国的消费增长量预计将会达到 1.8 万亿美元,相当于 2021 年英国的消费市场规模,预计到 2021 年,中国消费市场将达到 6.1 万亿美元的规模。2016—2021 年世界主要国家预计的消费增长情况如图 1-4 所示。

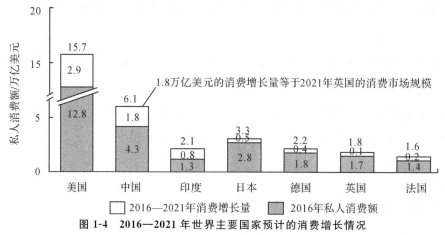

图 1-4　2016—2021 年世界主要国家预计的消费增长情况

资料来源:根据波士顿咨询公司和阿里研究院相关资料整理

2.上层中产阶层、富裕阶层及年轻一代是推动个人消费增长的主要力量

改革开放 40 多年来中国的经济发展和城镇化,让中产阶层增长迅猛,也让越来越多的中国家庭热衷于消费,并对未来抱有信心。根据 BCG 的《中国私人银行 2017:十年蝶变　十年展望》报告,2016—2021 年间,崛起的上层中产阶层(每月可支配收入 12000～22000 元)与富裕阶层(每月可支配收入 22000 元以上)、新世代年轻人的全新消费习惯、线上线下全渠道的普及这三大新兴消费驱动力,将推动 1.8 万亿美元的消费增长。在整体个人消费增长贡献率方面,上层中产阶层、富裕阶层的消费升级需求和年轻一代消费多样化的趋势,将持续大力推动消费增长。预计中国的上层中产阶层和富裕阶层将带动 75% 的消费增长,“新世代”年轻消费群体的消费在总体消费增长中占 69% 的比例。在渠道方面,线上线下的融合数字化和互联网化消费占到私人消费增量的 44%,移动端消费增长占比也达到了 38%,预计到 2021 年,超过 90% 的购买路径会涉及至少一种数字化触点。图 1-5 显示了 2016—2021 年预计各群体对私人消费增长的贡献比例。

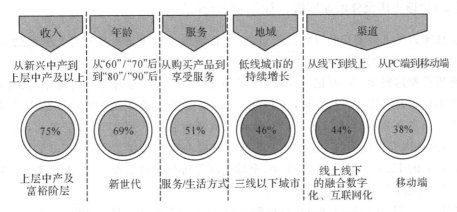

图 1-5　2016—2021 年预计各群体对私人消费增长的贡献比例

资料来源:根据波士顿咨询公司和阿里研究院相关资料整理

随着中国人口结构的成熟,出生于 1980 年以后的年轻消费者成为中国消费经济增长的极大潜力股,释放出巨大的消费潜力。比起出生于 20 世纪 50、60、70 年代的“上一代”,生于 20 世纪 80、90 年代及出生于 21 世纪的中国人往往被称为“新世代”。目前,成熟的“新世代”消费者在中国城镇 15～70 岁人口中的比例为 40%,这一比例在 2021 年将超过 46%。尽管 2016 年“新世代”城市消费额为 1.5 万亿美元,比“上一代”低 0.4 万亿美元,但到 2021 年,“新世代”将后来者居上,城市消费额会激增至 2.6 万亿美元,超过“上一代”0.2 万亿美元。预计在 2016—2021 年间,“新世代”消费力的同比复合增长率为 11%,是“上一代”消费力增长率的两倍有余。同期“新世代”消费力的增长贡献比例将达到 69%,而“上一代”消费力的增长贡献比例仅为 31%。图 1-6 显示了“新世代”的消费潜力。

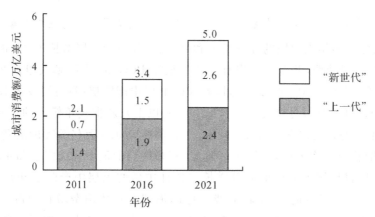

图 1-6　2011—2021 年"新世代"与"上一代"消费力对比

资料来源:根据波士顿咨询公司和阿里研究院相关资料整理

(二)全球零售整体增速放缓,电商比例逐步加大

全球零售额迅猛增长的时代已经过去,零售额增速放缓是明显趋势。据德勤数据显示,2013—2017 年全球零售总额保持小幅增长,2018 年依然延续增长趋势,2018 年全年全球零售总额达到 26.51 万亿美元,较 2017 年增长 4.2%。全球零售行业中传统商业模式已经不适应新时代的消费发展,线上和线下的渠道融合,全渠道的购物体验成了零售业的主流。商务部数据显示,2017 年底,全球电商零售总额达到 2.50 万亿美元,同比增长 21.9%,占全球零售总额的 10.0%;2018 年全球电商零售总额达到 3.02 万亿美元,占全球零售总额的 11.4%;预计到 2021 年,全球电商零售总额将增至 4.50 万亿美元,占全球电商零售总额的 16%。

2018 年 7 月,Facebook 发布《全球跨境电子商务营销白皮书》。白皮书预测,中国电子商务将在未来 4 年被跨境电子商务超过,到 2022 年,跨境电子商务的总收入将达到 6270 亿美元,占电子商务总收入的 20%。亚太地区将在中国的推动下成为进口和出口跨境电子商务的最大市场。全球买家会因为跨境网上购物可以找到便宜的或在当地市场找不到的产品而更多地对跨境电子商务感兴趣,而且越来越多的中国产品零售商正在将产品销往境外。

(三)全球跨境电商交易活跃

1. 我国跨境电商零售持续增长

据商务部统计,跨境电商贸易额占全球贸易额的 35%,全球 12% 的消费者至少每周跨境网购一次。2018 年,我国跨境电商零售总额达 1347.0 亿元,同比增长 50%,其中,进口跨境电商零售额为 785.8 亿元,同比增长 39.8%。

2018 年,我国已经批准设立 35 个跨境电子商务综合试验区,基本覆盖了主要一、二线城市。在"一带一路"合作框架下,我国目前已与越南、新西兰、巴西、意大利等 18 个国家建立了双边电子商务合作机制。

2."买全球、卖全球"成为常态

随着全球市场趋于融合,各国电子商务"引进来"和"走出去"的步伐不断加快,网上"买全球、卖全球"成为常态。艾媒咨询(iiMedia Research)数据显示(见图 1-7),2016 年全球 B2C 跨境电商交易额达 4000 亿美元,比上年增长 31.6%;2017 年全球 B2C 跨境电商交易额达 5300 亿美元,同比增长 32.5%;2018 年,全球 B2C 跨境电商交易额已经突破 6500 亿美元的大关,同比增长 27.5%;2019 年底,全球 B2C 跨境电商交易额达到 8000 亿美元。

图 1-7　2015—2018 年全球 B2C 跨境电商交易额及其增长率

资料来源:根据 Statista 数据源和艾媒咨询相关资料整理

3.中东和非洲地区跨境电商发展空间大

另据《2018 年 PayPal 跨境消费者报告》,中东地区在跨境电商平台消费的网民比例达到了 70%。拉丁美洲、非洲地区跨境电商的发展虽不如欧洲一些发达国家成熟,但以巴西为代表的地区电商发展迅猛,隐藏着巨大的发展空间和待开发的电商市场,如图 1-8 所示。

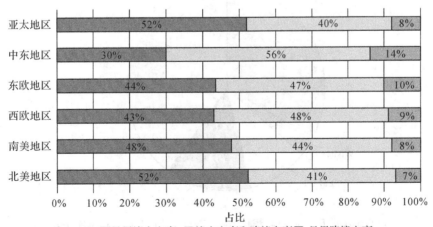

图 1-8　2018 年全球消费者使用电商平台网购情况

资料来源:根据《2018 年 PayPal 跨境消费者报告》整理

4.西欧成为欧洲最大的电子商务市场

英国、德国、法国等拥有高品质高技艺的产品、先进的基础设施及较高的消费者网购率，推动了本地电子商务市场蓬勃发展。来自欧洲电子商务协会的数据显示，2018年西欧电子商务市场份额为68.2%，占据了整个欧洲电子商务市场的大半壁江山。远远跟在西欧身后的是南欧，占比12.0%，比西欧少了56.2%。

5.发达地区与欠发达地区差异明显

据全球知名市场调研机构eMarketer的预计，2019年全球互联网普及率将超过50%。但是非洲大部分地区的网购率还处在低水平增长阶段，互联网普及率仅为35.2%。整个非洲B2C电子商务规模占全球B2C电子商务规模不到1.0%，线上渗透率仅为22.0%。非洲因物流运输所需基础设施欠缺，许多国家尚未出台电商相关法规政策，其发展十分不平衡、不规范，加之网民整体购买力有限，非洲大部分地区跨境电商业务整体发展水平落后。而拉丁美洲的电子商务发展状况虽远不及欧洲和亚洲，但是以巴西和墨西哥为代表的地区近年来在跨境电商市场的崛起展示了拉丁美洲不俗的发展潜力和发展空间。巴西是目前世界上第九大电商零售市场，墨西哥是拉丁美洲的第二大电商零售市场，分别占据拉丁美洲42.0%和12.3%的电商市场份额。

6.全球跨境电商平台竞争激烈

目前，知名度排在世界前列的购物平台，北美洲有eBay、Wish，欧洲有德国Rakuten和法国Cdiscount，亚洲有中国AliExpress、日本Rakuten和韩国Gmarket，非洲有Jumia，南美洲有Linio，大洋洲有GraysOnline。

当然，若论全球最受欢迎的跨境电商平台，美国的亚马逊（Amazon）是当之无愧的。中国阿里巴巴旗下的全球速卖通（AliExpress，以下简称速卖通）则紧跟其后，成为近年来境外消费者跨境购物的"新宠"。图1-9显示，2018年，24%的买家在亚马逊上购物，16%的买家选择速卖通，14%的买家通过eBay交易，还有10%的买家则偏爱Lazada。

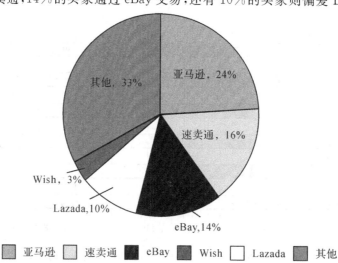

图1-9　2018年全球消费者跨境购物的首选跨境电商平台

资料来源：根据Statista数据库和艾媒咨询相关资料整理

二、消费者消费偏好呈现多元化和个性化

在全球消费变革的时代,消费有了新的内涵,消费需求也随着时代变化而更加多样化、差异化、细分化,用户高品质消费的需求越来越强烈。消费者从过去的追求价格、在意外表、讲究实用逐渐上升到强调内涵、重视服务、追求精神享受的层面。

人们在消费需求、生活方式和行为态度上的变化也催生出越来越多新的细分消费群体。每一群体都有其独特的差异化需求,希望获得定制化产品和服务。通过大数据分析可以从世界各国的电商中得到精准化的消费群体划分,并且从消费者的消费习惯、购物基本信息可看出每一层级都呈现出消费升级的基本属性,即各个年龄阶段的消费都变得更加多元化、差异化,人们的购物追求取向更加社交化。

企业必须深入洞察每一细分客群,充分考虑它们的独特需求,才能准确定位产品和服务,根据多样化的价格、细分的场景和差异化的功能,判断其增长潜力,并制定适合自己的战略决策。

(一)都市潮流男士兴起,打破了不同人群的既定消费界限

过去,消费者的消费行为被限定在不同的群体中,人们的社会身份和自我认同相对固化,很少超越自我所属的"既定范围"。例如,时装、护肤品或化妆品等产品,属于女性专属的消费范畴;旅行、时尚则是只有年轻人才会考虑的消费项目。一旦有任何其他群体的消费者跨越雷池,或是超越自己的既定范围消费,就会让社会主流觉得不合时宜。例如,如果过去有男性对护肤美容感兴趣,很可能会被贴上"娘娘腔"的标签;打扮入时的老人则会被讽刺"老来俏"等。

随着社会开放程度逐渐提高,文化日渐多元化,人们的心态也越来越包容,消费者行为也悄然发生着改变。在城市中,出生于 20 世纪八九十年代的年轻男性消费者已经与他们的父辈大不相同。他们翻阅男性时尚杂志,关注自身形象,也乐于享受生活,愿意花钱打理自己的衣着和发型,每天会花一定的时间整理仪表;他们注重健康,会出入健身会所和各种俱乐部。这一类有强烈的审美情趣、花费大量金钱和时间用于修饰仪表和提高生活方式的都市男性还获得了一个特定称谓——"都市潮流男士"。这类群体不再由于超越旧界限消费而觉得难堪,而是将突破自我视为一种潮流。

AC Nielsen(AC 尼尔森)全球报告指出,2003 年男性护理用品销售额的上升推动了全球个人护理用品市场 7.0% 的增长。Frost&Sullivan(弗若斯特沙利文)咨询公司发现,男性面部护理产品是中国增速最快的商品品类,超过 80.0% 的男性愿意每天花 25 分钟使用皮肤护理产品。2016 年阿里零售平台数据显示,男士护肤用品的成交额增速是美妆护肤类用品整体增速的 1.5 倍。2015 年资生堂男性乳液在中国的销量比 2014 年增长了 10.0%。

(二)银发族的生活方式越来越积极主动和多元化

BCG(Boston Consulting Group,波士顿咨询公司)对全球老龄人口进行研究发现,现在老年人的心态更加年轻、"不服老"。退休的老年人们不再安于现状、足不出户。他们也

摆脱了晚年生活只有在家照看儿孙、养花读书中度过的刻板印象。

当被问及"理想状态下的退休生活"时，55～65 岁的新一辈老年人的回答与上一辈老年人相比，出现了明显变化。新一辈老年人普遍更愿意走出家门、追求更丰富多彩的晚年生活，在旅游、培养兴趣爱好、从事返聘或志愿工作和体育锻炼方面尤为明显。以老年旅游业为例，根据中国旅游局的统计，中国老年旅游市场在 2012—2015 年间涨幅极大，平均年增长 21.5%，超过 16.8% 的市场总体增长水平，在 2015 年已经达到 8260 亿元的规模。

(三)单身族具有完全不同的生活方式和需求

伴随着经济发展和社会文明程度的提高及人们认识的改变，单身状态已经普遍存在于各个年龄层的消费者之中，越来越多的人开始独自享受生活中的诸多乐趣，而无须有人陪伴。以前的吃火锅、看电影、旅行等许多消费活动，必须要结伴才能进行，如果独自行动，会给大多数人以"孤僻""怪异"的印象。而如今独自行动不再被视为一种孤僻的行为，而逐渐被社会主流所接纳。

调查显示，不少单身一族更倾向于享受高端生活方式，由于他们暂时没有赡养父母的压力，也没有抚养下一代的压力，他们一般有更多可支配的收入。因此，单身族完全可以体验高端的产品和优质的服务，比如各种文化消费、独自旅行等。

单身现象造就了一批产业，如一人食、一人租、一人旅行、迷你小家电和小户型公寓等等。一种"单人的自我享乐模式"及其带来的全新生活方式开启了。2016 年天猫平台数据显示，单人份商品的市场供应为 2015 年的 5.6 倍。2016 年迷你榨汁机的成交总额约 1.9 亿元，迷你洗衣机的成交总额约 10.0 亿元。30～40 岁人群中，近 40.0% 的人会选择独自享受电影。

(四)绿色、健康、可持续的消费观深入人心

过去的消费者一度将铺张与奢华视为引领潮流的消费行为，对健康与环保的关注程度相对较低。比如，过去富裕阶层彰显自己身份地位的方式是以山珍海味甚至野生保护动物为美食；以穿着动物皮毛制品为品位和时尚潮流；以使用大功率电器、私家车体现生活品质。

如今，随着消费者生活质量、素质和环保意识的提高，以"健康、快乐、品质、环保、可持续"为核心理念的绿色消费观深入人心。

在环保消费意识不断加强的过程中，消费者将越来越多地首先考虑产品是否具有环保特征。环保产品将成为人们健康消费和家庭消费的重要组成部分。

很大一部分消费群体开始选择有机蔬菜等健康绿色食品和以自然成分为主的护肤品。他们对产品品质要求不断提高，偏爱棉麻等天然材质衣物，并注重旧衣物的循环利用。绿色出行、环保家装等概念也走入了寻常百姓家，成为人们的一种生活习惯。这类"环保型消费者"群体占阿里用户的比例从 2011 年的 3.4% 跃升至 2015 年的 16.2%，在数量上提高到 6600 万人，4 年内增长了约 14 百分点。

(五)体验式消费和专业级别的兴趣爱好成为一种潮流

体验式消费成为一种潮流。消费者不再满足于走访熟悉的文化和地理环境,以及传统的常规旅游线路,而更乐于追求标新立异、充满异域风情的远途异国游和带来身体与精神上多重满足的极限运动。例如,根据胡润《中国奢华旅游报告》的数据,2015—2017年,日本、韩国旅游的受欢迎程度从58.0%下降到了36.0%,而非洲、南北极和中东等更加新奇特和个性化的异域旅游,受欢迎程度则提升到20.0%左右。从2015—2018年,攀岩、赛车和冲浪这三项极限运动的参与人数的增长率分别达到124.0%、103.0%和70.0%。

体验经济的另一大分支则是愿意投资自己的兴趣爱好,并渴望在兴趣上有所建树,甚至达到"大师级"水平。因此,人们对待兴趣爱好的态度也越来越认真,无论是滑雪、冲浪等国际化的项目,还是书法、刺绣、武术等传统文化,抑或是厨艺、烘焙、花艺等休闲娱乐活动,都有很多人不惜重金渴望成为"专业级人士"。

从阿里零售平台2016年的数据中也能看出人们爱好的多元化的蓬勃发展。已有超过1300万人购买滑雪商品,垂钓用品售出3.2亿件,刺绣类商品售出5.1亿件,烘焙类产品平均每人单次消费同比增长了10.0%。

(六)热衷二次元和虚拟社交的群体数量越来越多

二次元世界与三次元现实世界充分融合,对爱好者而言,虚拟场景和现实场景的边界已经变得十分模糊。例如,以前观看世界杯的球迷们必须要到酒吧餐厅等消费环境中,点上一打啤酒和三五朋友高谈阔论,才算过瘾。但在热衷虚拟社交的客群中,很多消费者将"啤酒社交"这一场景搬回家里,用手机应用在网上订购烧烤啤酒,在网络上边观看现场直播,边用弹幕或者手机与天南海北的球友互动,带来了新的消费模式和需求。

曾经在大多数成年人眼中"不务正业"的网络小说、游戏、动画和漫画作为年轻人的娱乐手段,现在已经让越来越多这一客群的年轻消费者成就了他们的人生价值,也由此产生了一系列新的商业机遇和周边产品。

(七)智能化消费和数字化消费特征将更加明显

过去智能化概念和设备还被人们视为比较陌生的奢侈品,而现在随着智能手机的普及,智能化不再是遥不可及的概念,而是生活中常见、常用的用品,诸如家居、出行、健康、美妆、养宠物等消费活动和生活方式,都在逐步推广智能化设计和功能。越来越多的智能产品走进千家万户,并进一步向智能系统化、服务配套化、体验交互化的趋势发展。

传统消费的信息环境单一,受时间和地域的限制,无法就一件商品进行多方比较,而未来消费数字化特征将更加明显,消费者直接面对互联网终端,如手机、电脑、iPad购物,商品信息丰富,除了传统维度的质量信息、尺码信息外,还有评价信息。

第三节 从 B2C 到 C2B 的思维

一、工业时代的 B2C 模式落后于数字时代

(一)大生产、大零售、大品牌和大营销是工业时代商业模式的体现

从 B2C 到
C2B 的思维

20 世纪初的美国,在铁路网络、电话网络、电力网络、银行体系、大超市等商业基础设施的基础之上,建立了今日工业时代的基本样貌和完整体系。工业经济时代主流的商业模式可概括为 B2C 商业模式(Business to Customer),即以厂商为中心,以商业资源的供给来创造需求、驱动需求的模式。其基本特征是:以厂商为中心、大规模生产同质化商品、广播式的大众营销和被动的消费者。譬如,连锁经营实际上是工业大生产标准化和规模经济效应在流通领域的体现;农业产业化要求按照工业化的方式塑造农业,通过种子、农药、化肥的标准化来实现单一种类作物的大面积种植;而到了食物的销售环节,消费者一般也就是去标准化的超市购买。

工业时代是人类历史上最伟大的创新,工业文明在一两百年内创造的财富,是人类此前所有文明的总和,所以工业时代解决了一个最根本的问题,就是短缺经济的问题。人类在农业时代是生活在贫困的边缘,物质是极度匮乏的,但是工业时代解决了供给稀缺的问题,核心手段是用标准化、流水线、大规模生产的方式来降低成本,虽然 B2C 模式牺牲了个性化,但是大生产、大零售、大品牌和大营销这样一套完整的体系带给了我们过去 100 年的繁荣。

大生产的案例——福特汽车

大品牌的案例——宝洁公司

(二)B2C 模式与牛鞭效应

随着社会的发展进入数字时代(Digital Era),B2C 模式明显已开始落后了。工业时代的大规模生产造成商品同质化严重,产能过剩的情况,出现了供大于求的过剩经济状态,不论是企业的生产成本、商品价格还是产品利润都趋于平均。大企业通过广播营销控制信息渠道,消费者不能自动选择,只能被动接受。例如,食品巨头们通过控制电视等大众传媒来灌输他们认为的"吃什么最健康"的观点;在大众文化领域,好莱坞电影和美国电视剧也采用了工业化的制作、流水线式的生产、商品化的市场营销的方式,传播美国式的价值观和生活方式。

此外,B2C 模式导致线性供应链环节过多,会产生牛鞭效应(Bullwhip Effect)。所谓牛鞭效应是指供应链下游消费需求轻微变动而导致的上游企业在生产、经营安排上的剧烈波动的现象。当市场上一种商品的消费需求发生细微变动时,这种波动会沿着零售商、

批发商、分销商直至制造商逆流而上,并逐级扩大,在达到最终源头供应商时,其获得的需求信息和实际消费市场中的顾客需求信息发生了很大的偏差,需求信息严重扭曲或失真,这就是美国著名的供应链管理专家 Hau L. Lee(李效良)教授提出的牛鞭效应。

例如,有一家鞋店,一般每月的订货量是 100 双。有一个月该鞋店突然向分销商订了200 双鞋。分销商根据订货量,通过供应链的计划管理软件,预测出市场的需求增加了,并预估其他的鞋店也将增加订货量。因此,分销商向批发商的订货量增加了 250 双。而批发商有若干个下级分销商,批发商根据计划预测其他分销商也会增加订货量,由此,反映到制造商那里,就有可能要增加生产 1000 双鞋。

"牛鞭效应"导致需求信息在供应链中的传递被扭曲,企业生产预测出现偏差,产生过多的库存。MckinSey(麦肯锡)报告显示市场需求预测的准确率在 20 世纪 70 年代前是90%,到了 20 世纪 80 年代下降为 60%~80%,而在 20 世纪 90 年代则下降为 40%~60%。

正是由于要保持比实际需求大得多的库存,导致企业经营风险加大、库存成本上升、利润下降、产品积压、占用资金等问题,从而削弱了企业的竞争力。

二、C2B 模式对工业时代商业模式的颠覆

C2B 是 Customer to Business 的缩写,即消费者对企业,是一整套全新的商业模式。这一模式颠覆了过去生产者和消费者的关系,是以消费者为中心的理念。C2B 的要点在于"客户驱动",即客户决定卖什么、卖多少、生产什么、生产多少。C2B 不以批量来定义,个性化也只是 C2B 的一种形式,重要的是客户拉动,而不是厂商推动。

在商业流程上,首先是生产者通过电子商务平台、社交媒体和热点事件密切关注客户趋势,设计出更好地反映客户需求的新产品,再多品种、小批量选择渠道迅速分发并测试市场,如果畅销就快速生产,翻单补货,如滞销就马上停止生产,重新寻找并聚焦新的机会。整个过程,从想法到实施,仅需要几周而不是几个月的时间。

C2B 模式商业流程如图 1-10 所示。零售端用多品种、小批量、快速交货来捕捉市场需求,供应链端根据不同 SKU(Stock Keeping Unit,库存量单位)下商品畅销、平销、滞销实际需求情况进行柔性化生产,连续补货。即使发现爆款也是多批次、小批量地连续生产补货,确保产品不断货且没有过多的库存。

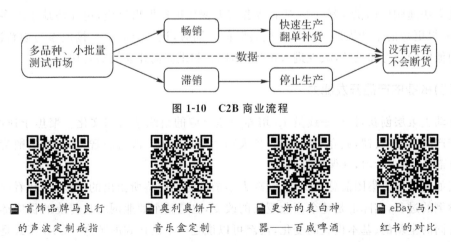

图 1-10　C2B 商业流程

首饰品牌马良行
的声波定制戒指　　　　奥利奥饼干
音乐盒定制　　　　更好的表白神
器——百威啤酒　　　　eBay 与小
红书的对比

三、如何才能实现 C2B 模式创新

C2B 模式要求以柔性化生产、个性化营销、社会化物流为支柱搭建起一个消费者驱动而不是厂家驱动的全新商业模式,只有做到这一点,才能把互联网的优势真正融入经济生活的每一个角落,而这样一种未来其实是建立在过去 10 年电子商务基础设施各方面的建设上的。柔性化生产的目的是什么呢? 柔性生产的目的是实现供应链的协同,来解决缺货和库存的两大困难。

IT 时代的供应链协同可以以 Zara 为例。我们把一个传统的服装行业跟 Zara 比一比,传统的服装行业一年能够生产 1000 个品种,Zara 一年大约有 12000 个品种,传统企业上新产品的周期大概是 60～90 天,Zara 的上新周期基本上为 10～15 天。所以,它生产的

柔性供应链案例

批次都是小批量,布局了这么多新品,通过这些新的品种和款式来测试市场对它产品设计的反映,如果消费者反映好,那就马上加快生产,如果反映不好,马上就停止生产。中间的过程都是用数据来分析的。Zara 通过这种方式尽量地减少库存。传统企业的售罄率可能为 60%,而 Zara 的售罄率在 85%,税前利润率为 24%,高于 LV。

那么,如何才能实现 C2B 模式创新呢? C2B 模式创新的关键要素在于以下几个方面。

(一)掌握广泛的真实的消费者数据,并将数据转化成价值

使用优质的内容、娱乐和直播,吸引在线消费者,以便掌握真实的线上数据。与第三方公司合作,由这些公司提出见解,推出相关项目,并与社交媒体公司建立数据共享伙伴关系,以获取更广泛的数据。将整个价值链中的数据,包括客户反馈、交易数据和社交媒体数据等,集成为客户画像,进一步将数据转化为价值。

(二)注意掌控分销渠道

以快速、轻资产的方式推出商品,并注意只通过电子商务渠道分销商品。

(三)提高柔性制造能力

建立快速响应的供应链可以对消费者需求变化迅速做出反应,更经济地生产多样化产品,获得更短的生产周期和更快的周转时间。同时,让供应商更直接地参与创新进程,以利用他们的能力和见解,减少进入市场的时间,和供应商建立战略合作关系。

(四)敏捷的产品开发能力

推动决策层创新,授权一线员工,培养快速反应的组织结构和文化。聚焦于速度,快速生产产品,抓住反馈,放弃滞销商品,扩大畅销商品范围。改善心智模式,视失败为过程的固有部分,从中学习,并保持创新。

正如阿里巴巴集团前总参谋长、湖畔大学前教育长曾鸣所指出的那样,C2B 看起来是一个颠倒的过程,实际上是整个商业逻辑的改变,也是整个商业网络从传统的供应链走向网络协同的全新的、基本模式的变化,甚至可以说是一个泛格式的革命。C2B 模式是对传

统工业时代 B2C 模式最根本的颠覆,是新商业创新最重要的工作。只有当 C2B 开始大规模兴起的时候,整个商务的全链路才会彻底地被互联网重构。

📍 **本章小结**

　　新零售的发展、全球消费变革及全新的 C2B 商业模式都是当前已引起社会高度重视的现象,也是每一个跨境卖家必须关注的事件,他们需要从中找到自己的发展方向才能迈向成功的未来。通过本章的学习,能够让新手卖家对新零售和 C2B 商业模式有一个基本的全面的认识,对数字经济时代全球消费现状和趋势、对消费者个性意识的觉醒和消费偏好的变化有所了解和把握,能够找到自身在全球新零售格局中的竞争力,能够掌握实现 C2B 模式创新的关键要素。

【思考题】

1.简述新零售概念的内涵。

2.简述当前消费者消费偏好出现了哪些新的变化。

3.简述 B2C 商业模式和 C2B 商业模式的区别。

4.简述实现 C2B 模式创新的关键要素。

【操作题】

1.查找并分析一个新零售的案例,分析其为何成功。

2.查找并分析一个 C2B 模式的案例,分析其为何受到消费者的欢迎。

第二章

平台性质和入驻流程

【本章重点】

本章重点学习电商平台的底层架构逻辑、速卖通平台发展历程与未来方向、速卖通店铺类型和定位、速卖通入驻流程。

【学习目标】

通过本章学习，学习者应能了解以亚马逊为代表的货架式电商与以速卖通为代表的平台电商的区别，了解速卖通平台未来的方向和机会，了解速卖通店铺类型和定位，了解速卖通入驻流程。

第一节　货架式电商与平台电商

一、什么是货架式电商

典型的货架式电商有亚马逊，它是一个如同超市一样的平台，没有类目权限之分，一个店铺可以多个类目共同经营，就算一款产品卖得非常火爆也难以带动店铺的其他产品，买家流动性会比较大，难以增加客户的访问深度及关注收藏度。亚马逊的算法鼓励打造爆款，重产品轻店铺，相对来说，速卖通偏重产品的丰富度和价格，在这些方面对店铺考核会多一些。

以亚马逊为代表的货架式电商平台的优势在于能积累用户的交易数据，具有从中快速发现并且销售爆款商品的能力。依托用户数据，平台能识别出强需求的商品，并通过口碑与需求，切入跨境电商业务。因此，货架式电商平台一般都会开发自营业务，即商家自己去整合资源，自己寻找货源采购商品，并且自己在平台售卖商品，通过商品的差价来获利。

亚马逊的自营业务收入占其总收入的60%，且每年以10%以上的速度增长。所以对于第三方卖家而言，一边企图依靠亚马逊的知名度和庞大的客户群来获得更多销量，但同时也担心亚马逊会利用他们的销售数据与他们展开竞争。因为平台性质是自营加第三方业务，所以亚马逊会开发一些自有品牌，即亚马逊销售自己品牌的产品或在亚马逊网站上独家销售第三方品牌商的产品。在相互竞争的产品列表下方，有一个特殊的功能可以推广亚马逊家族的品牌。自有品牌业务可以让亚马逊在很多方面受益，它们扩大了消费者的产品选择，同时让亚马逊获得了更高的利润率，供应链管理也变得容易。亚马逊大大增加了在其网站上独家销售的品牌数量,并加倍投资发展其自有品牌业务。这也迫使一些较大的品牌商削价在亚马逊上进行销售,以保持竞争力。现在,卖家和品牌商越来越依赖于亚马逊,它们有一半的在线销售额几乎都发生在亚马逊网站上。亚马逊自有品牌越来越多,这让那些在亚马逊网站上卖货的卖家和品牌商感到越来越恐惧和担忧,因为他们不得不在很多产品类别上与这个电商巨头直接竞争。

二、什么是平台电商

平台电商是一个为企业或个人提供网上交易和协商的平台,在线上提供一个开放的平台,设定一些优惠的政策来吸引商家入驻,平台电商以收取商家一定比例的费用作为赢利来源。商家可以充分利用电子商务平台提供的网络基础设施,包括安全便捷的支付结算方式、店铺装修管理教程等共享资源,高效地、低成本地进行交易洽谈。所以平台电商提供的往往都是第三方业务。

典型的平台电商有速卖通,它是一站式解决商家核心问题的官方在线交易服务平台,因平台电商以收取商家一定比例的费用及通过为商家提供增值服务作为赢利模式,故平台很重视推出一系列全方位赋能卖家成长的方案,在书中将陆续介绍。

第二节　速卖通平台发展历程与未来方向

一、速卖通平台发展历程

阿里研究院与埃森哲联合发布的《2020 全球跨境电商趋势报告》显示,全球跨境 B2C 电商市场规模预计将于 2020 年达到近 1 万亿美元。届时,全球跨境 B2C 电商消费者总数将超过 9 亿人,年均增幅超过 21%,形成一支强劲的数字消费大军。

平台历程
与未来方向

乘着国家出口政策利好、中国制造转型升级、跨境电商高速增长的东风,阿里系从境内 C2C 淘宝网到境内 B2C 天猫,从跨境进口 B2C 的天猫国际到跨境出口 B2C 的速卖通,形成了一幅宏伟的阿里巴巴新零售版图,实现了货通全球的大梦想。在这个版图中,作为中国最大的跨境出口 B2C 平台,速卖通无疑成为中国卖家品牌出海的首选平台。2010 年成立至今,速卖通发展飞速,现已覆盖全球 200 多个国家和地区,拥有 18 个语种站点,境外成交买家数超 1.5 亿,网站在 Alexa 网站全球排名第 41 位。重点国家为俄罗斯、美国、西班牙、巴西、法国这五大交易国家,来自这五大国家的交易额占据平台交易额的 2/3,服装配饰、家居园艺、美容健康等 22 个热门日常消费类目的交易额占据平台交易额的 90%。速卖通 APP 成为领跑全球的购物应用软件,境外装机量超过 3 亿,在 IOS Shopping 榜单的 43 个国家(地区)中排名第一,在 Android Shopping 榜单的 35 个国家(地区)中排名第一,2016 年被评为 Google Play 全球编辑精选 APP,2017 年获得 Google Play 卓越应用奖,2018 年 3 月进入全球 APP 下载榜单 Top10,是全球唯一入围的购物类应用软件。

自 2010 年平台上线到 2018 年,速卖通 8 年的成长史,是一个不断优化、不断进化的历程,如图 2-1 所示。

图2-1 速卖通的发展历史

(一)第一阶段

从零起步,无门槛限制,依靠卖家力量大量上架产品、丰富产品池,同时不遗余力抢占境外市场的份额。

速卖通上线初始,无门槛注册运营,支付19800元年费成为中国供应商便能免费使用。单笔交易收取交易总额5‰左右的佣金,主攻美国市场。2011年上架商品数超过1000万,并开始推进无线APP,无线APP迅速成为速卖通在美国、印尼和俄罗斯等重点境外市场的助推器。2012年9月,速卖通开通淘代销,速卖通卖家后台和淘宝卖家后台打通,大量产品相继流入,主攻俄罗斯、巴西市场。交易额年增速超400%,吸引了大量境外买家。

(二)第二阶段

开始限制卖家疯狂上架产品,同时加强物流、售后等服务体系建设。

2013年3月,速卖通逐渐取消淘代销工具,淘代销商品数量受到很大限制,从5000个调整到500个,支持精细化运营模式。速卖通的销售范围逐渐覆盖200多个国家和地区,交易额增速不减。2014年8月,个别类目逐步出台3万~5万元不等的年费政策,部分行业类目实行了招商准入政策。2014年全面开启"双11"计划,首次参战"双11"便拿下了超680万个订单。2016年始,新规出台,速卖通将平台类目详细划分,并且全面引入3万~10万元不等的年费制度。加强对商家服务的指标考核,设置考核不达标关店的机制。独立买家数超过3500万,日均流量高达2亿。

(三)第三阶段

逐步提高门槛,在激烈的竞争中实现全面转型,向品牌化、高端化的方向不断推进。

2016年,速卖通全面转型为跨境B2C平台模式。2016年4月1日,速卖通平台开始严禁个人商家入驻;4月12日,着手实施产品商标化,此时平台交易额的增长是刚上线时的30多倍;6月30日,速卖通正式开启品牌化进程,要求部分类目的品牌属性必填;7月7日,速卖通上线全新阿里无忧物流,在物流运输方面又提升了一个层次;8月15日,平台由C2C+B2C模式,全面转型升级为B2C模式,不再允许个人商家存在;"双11"当日订单数达3578万,再破历史纪录;12月31日,速卖通启动全类目品牌化,标志着平台品牌化转型成功。2017年,个别类目被商家清理,引入品牌封闭管理机制;2017年5月,速卖通平台启动类目入驻审核机制,拒绝商家自助注册;2017年速卖通继续向西班牙和俄罗斯本土市场渗透。2018年,速卖通买家数突破1.5亿。

总体而言,速卖通在未来是否能保持持续发力,并且在推进产品品牌化的同时能否进一步攻占欧美等发达国家市场,是值得我们持续关注的问题。

二、速卖通平台新方向和新机会

速卖通曾以俄罗斯、西班牙、法国三国消费者为例,对速卖通境外买家画像,发现:买家年龄跨度大,覆盖18～65岁人群;消费者更注重商品的丰富性、性价比、品质感、独特性;90%的消费者静默下单,售前服务咨询少;高等学历人群占比高,本科学历以上买家人数占比为俄罗斯54%,西班牙35%,法国34%;越来越多的人尝试跨境购物,海淘消费者占比为俄罗斯62%,西班牙48%,法国34%;收入水平高,俄国、西班牙、法国三国国民家庭年收入平均约为33753美元。根据境外买家画像,平台未来的新方向和新机会主要体现在以下几个方面。

(一)速卖通平台新国家战略

未来,速卖通将深入挖掘潜力国家,精细化运营,重点发展国家为俄罗斯、西班牙、法国、波兰、美国、阿联酋、沙特阿拉伯、土耳其。除俄罗斯外,欧洲和美洲仍然是境外电商的主力市场。2022年,俄罗斯电商零售额预计会达到570.0亿美元,2017年俄罗斯电商渗透率是2%,未来5年增速将达到15%。2022年,北美电商零售额则预计会达到1.3万亿美元,2017年北美电商渗透率是8%,未来5年增速将达到14%。2022年,欧洲电商零售额预计会达到1.0万亿美元,2017年欧洲电商渗透率是7%,未来5年增速将达到13%。而印度、东南亚、非洲和中东则是未来高速增长的潜力市场,也就是说,新兴亚非市场将引领未来增长。2022年,印度电商零售额预计将达到1220.0亿美元,2017年印度电商渗透率是2%,未来5年增速将达到26%。2022年,东南亚电商零售额预计将达到760.0亿美元,2017年东南亚电商渗透率是2%,未来5年增速将达到21%。2022年,非洲和中东电商零售额预计将达到970.0亿美元,2017年非洲和中东的电商渗透率是2%,未来5年增速将达到23%。

(二)平台着力一站式解决跨境"难"的种种问题

首先,从帮助寻找好货源、帮助培养速卖通运营人才、帮助提升速卖通运营能力等方面提高速卖通卖家的必备能力。

其次,帮助速卖通卖家拟定跨境方案,如:对于全能型卖家,帮助其自主开店;对于运营能力不足的卖家,帮助其托管;通过举办各类供销对接会,给卖家提供好货源。

最后,实施速卖通全方位赋能卖家的成长方案。提供整体托管、开店服务、人才输出、SNS(Social Networking Service,社交网络服务)运营、直通车运营等以提升商家运营能力;提供商品管理、订单管理、客户管理、营销管理等企业ERP应用工具以提升商家效率;提供店铺装修、拍照摄影、品牌全案、多语言翻译等服务以提升商家转化率;培养速卖通大学官方讲师,联合各个机构线上线下课程以辅助商家成长;推出官方无忧物流、线上发货、自建/第三方海外仓等多种跨境物流方式,可为商家提供跨境物流方案;提供美元提现和人民币结汇两种合法的低成本结汇方式,以解决商家结算放款难题。

(三)以数据为支撑,打造智能化经营方案

以数据分析为支撑,在店铺运营、智能选品、定价指导、营销活动等方面推出活动智能组装,鼓励数字化运营。

(四)业务和社交融合发展

阿里巴巴集团在 2018 年和俄罗斯的 MegaFon 公司、Mail. Ru 公司及俄罗斯直接投资基金三个主要合作方签订了合作协议。协议除了能带给速卖通在俄罗斯开展业务时的政府支持,还将为速卖通业务与社交的深度融合奠定基础。速卖通与社交直接融合,将会给速卖通上的各层级卖家带来很大的机会。速卖通所指的社交不仅包含本地化的区域性社交媒体,也包括境外的社交媒体和搜索平台,像 Facebook、Youtube、Google、APP Store等。利用产品、技术和系统化的能力,把有关产品的图片与视频等信息通过电商平台与社交平台打通并实现交互。所以,在未来,速卖通会着重关注在社交电商方面的发展,并鼓励平台卖家选择多元化的社交方式与消费者互动,提高成交率,比如与网红、意见领袖、达人等建立合作。平台将新增社交化经营方案"商品通",借助商家激活社交生态,打通商品一关注一内容一互动链路,形成粉丝社群运营。

(五)着力海外仓布局

未来平台的发展壮大离不开对跨境物流的重点建设。速卖通将借助商家本地生态能力,与菜鸟共同打造覆盖全球的物流体系。速卖通在全球布局了近 40 个海外仓,覆盖 13个国家(地区),通过打标和前台展现,为本地仓提供更优质的仓储配送服务能力。

(六)中国好卖家助力计划

平台将给予优质卖家流量等多项资源扶持,赋能卖家快速成长为平台中坚力量。近6 个月销售额与服务指标达标或者提供实力证明(如其他平台交易额)的卖家可以申请"中国好卖家",中国好卖家又分为普通卖家、银牌卖家、金牌卖家。平台提供营销资源(如平台大促、日常活动、行业楼层)、品牌特权(如店铺特殊标识、品牌展示)、内部交流(如进入内部钉钉群、小二全方位聆听和解决卖家诉求)、流量扶持(如商品搜索流量扶持、搜索杠杆权益)、优先体验(如平台新研发产品、创新项目、培育计划优先开放体验名额)、专属服务(如专属大客户经理、交易仲裁快速完成、资深客服绿色通道)等六大专属资源,助力"中国好卖家"店铺飞升。

(七)建立"平台+商家+用户"三方得利的生态

未来速卖通还会极力帮助商家发展,尽最大的努力为他们获取新用户,包括平台的用户和商家的用户。即使一个小商家或者中小商家,只要能提供差异化产品或者产品在某

个国家和区域非常有市场,平台就会大力支持。此外,速卖通会积极帮助商家完善运营系统和平台实用工具,真正使商家和用户建立联系,最终希望商家、用户和平台形成三方得利的生态模式。速卖通对利用社交媒体获取用户的方式十分有信心,能够以极低的成本获得更多优质的用户和粉丝。

(八)抢占网购节日的先机

"618"年中大促、"双11"、"双12"等网购节日已深入人心,仅仅在 2018 年"双11"期间,天猫"双11"全球狂欢节全天成交额便达到 2135 亿元,相比 2017 年增长约 27%。相比于 2009 年 0.5 亿元的成交额,增长超过 4200 倍。因此,每逢重大网购节日,速卖通不论是在线上线下还是境内外各个站点都进行了多渠道推广和引流,预计未来在渠道推广和折扣创新方面也会有较大突破。

随着跨境电商的迅速发展,速卖通的交易门槛也会逐渐提高,未来对于跨境电商方向性的引导也可能会更多。速卖通着力进行品牌建设,加强物流管理,形成更合规的发展模式,一改过去固定的交易模式,摒弃仅靠价格战获取流量的做法,将真正优质的个性化的创意产品跨境出口,使得跨境电商平台的发展越来越好。

第三节　店铺定位和入驻流程

一、店铺类型和定位

目前,速卖通平台为卖家提供了三种店铺类型,分别是官方店、专卖店和专营店。

(一)官方店

官方店是指商家以自有品牌或由权利人独占性授权(仅商标为 R 标且非中文商标)入驻速卖通开设的店铺。一个品牌只能开设一家官方店,并且该官方店只允许销售该品牌的商品。品牌官方店可享受品牌搜索提示和品牌直达专区权益。

(二)专卖店

专卖店是指商家以自有品牌(商标为 R 或 TM 状态且非中文商标)或者持他人品牌授权文件在速卖通开设的店铺。一个品牌可以有多家专卖店,但每家专卖店只允许销售该品牌的商品。

(三)专营店

专营店是指经营一个及一个以上他人或自有品牌(商标为 R 或 TM 状态)商品的店铺。一个品牌的商品可以在多家专营店销售,且专营店可以销售多个品牌的商品,买家对商品的选择也更加多样些。

速卖通店铺类型及相关要求

卖家可根据品牌资质,选择经营不同类型的店铺。如果是有品牌有货源的卖家,建议注册官方店;无自有品牌但有货源且有授权,授权的品牌还有一定的市场影响力的卖家,可选择注册专卖店;如果打算销售多个他人或自有品牌的商品的卖家,可以注册专营店。建议卖家可先做专卖店或者专营店,等店铺成熟后,再升级为官方店。

二、速卖通入驻要求

(一)资质

速卖通2019年最新招商入驻公告

近几年速卖通的入驻政策一直在调整,2017年底平台放开了入驻政策,从2018年开始企业或个体工商户均可入驻开店。新卖家如果要入驻速卖通平台,不管是企业还是个体工商户,都需要准备:企业支付宝或企业法人支付宝、企业法人信息、企业营业执照、商标资料或授权文件、对公银行账号等资料。同一个企业或个体工商户最多可以开6家店铺。

(二)品牌

对于大部分类目,入驻卖家必须拥有或代理品牌,可根据品牌资质选择经营品牌官方店、专卖店或专营店。速卖通平台鼓励卖家注册自主品牌,同时也支持卖家提供商标注册证或授权证明开通店铺。

(三)保证金模式

速卖通2020年度各类目保证金一览表

速卖通平台在2019年底最新的招商政策中提出2019年11月27日14:00以后入驻速卖通平台的店铺将采用保证金政策,即卖家无须向平台缴纳年费,而是通过绑定指定的支付宝账户缴存一笔保证金,并由支付宝冻结。保证金按店铺入驻的经营大类收取,如果店铺入驻多个经营大类,则保证金为多个经营大类中的最高金额。若卖家出现触碰平台底线的违规行为,则速卖通平台将从卖家的保证金中划扣对应金额。通过保证金模式,速卖通不再进行GMV考核奖励返还机制,只要卖家一直保持优质的服务质量,不违反平台规则和底线,就相当于没有这部分的经营成本。

三、速卖通入驻基本流程

速卖通店铺入驻

由于平台每年招商规则的变动,入驻速卖通的流程会有一些变化,速卖通2019年3月开始陆续取消了很多入驻限制,如取消了商品列表,部分类目无须品牌,开新店也不需要参加开店考试了。也就是说,大部分类目只要有公司资质,缴纳保证金就可以入驻速卖通平台。入驻流程如下。

（一）注册速卖通账号

打开浏览器输入网址 http://www.aliexpress.com，登录速卖通网站，如图 2-2 所示，点击"Sell on AliExpress"，选择"中国卖家入驻"，进入如图 2-3 所示的页面。

图 2-2　中国卖家入驻入口

图 2-3　速卖通卖家注册页面

点击"注册"按钮，进入到速卖通账号创建的页面，如图 2-4 所示。首先，输入电子邮箱、登录密码和手机号码等信息，其中，电子邮箱作为速卖通的登录用户名，要求该邮箱不能在阿里系的其他平台上使用过。然后按住滑块，将它拖到最右边进行验证。验证通过后，点击"下一步"按钮。

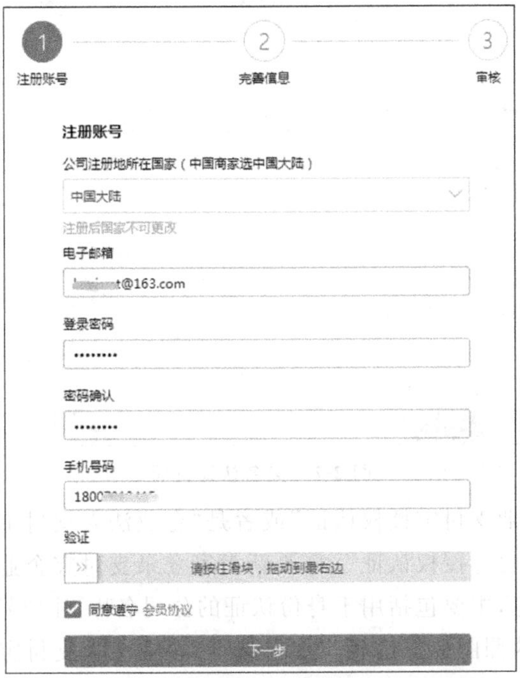

图 2-4　账号创建页面

速卖通平台将验证手机和电子邮箱的有效性，分别发送不同的校验码到指定手机和邮箱进行校验，如图 2-5、图 2-6 所示。手机号码和邮箱都验证成功就表示账号注册完成。

图 2-5 验证手机操作   图 2-6 验证邮箱操作

（二）认证

完成账号注册以后，进入到认证环节。不管是选择企业还是个体工商户资质，入驻速卖通都要进行企业支付宝和营业执照的实名认证，如图 2-7 所示。

图 2-7 实名认证页面

认证可以选择"企业支付宝授权认证"或者是"企业法人支付宝授权认证"两种方式，其中如果采用"企业支付宝授权认证"，需要新卖家登录支付宝企业账户并同意速卖通读取在支付宝的认证信息，主要包括用于身份认证的公司名称、注册号/统一社会信用代码、法人代表姓名和营业执照图片等信息。如果选择"企业法人支付宝授权认证"，需要卖家上传公司营业执照，填写相关资料并提交，如图 2-8 所示，人工审核后就可以完成认证。

图 2-8　营业执照认证

（三）申请经营大类，缴纳保证金

速卖通账号审核通过以后，卖家就可以登录速卖通后台，选择"账号及认证"栏目下的"品牌商标"，点击"我的申请"去开通品类。开通品类前要先绑定支付宝账号，该账号是指用来冻结保证金的支付宝账号，如图 2-9 所示，点击"绑定账号"完成支付宝账号的绑定的操作。账号一旦绑定就不能再修改，操作前卖家要确保账号真实有效并且有足够的金额。

图 2-9　绑定支付宝账号

绑定支付宝账号后就可以点击"类目申请"按钮进行经营大类的申请环节，进入"申请经营大类"的页面，如图 2-10 所示。卖家选择一个经营大类，相关保证金可以通过点击"保证金一览表"查看，确认类目后点击"确认"按钮。

图 2-10　申请经营大类

确认后系统会自动冻结指定支付宝账户的保证金,经营大类申请好以后的效果如图 2-11 所示。这样店铺注册就基本完成了,卖家就可以正常上架销售了。

图 2-11　完成类目申请

（四）添加商标

如果卖家已经注册好了商标,可以通过"账号及认证"栏目下的"品牌商标",找到"商标添加"去添加商标,如图 2-12 所示。如果商标是授权的,需要先点击"商标添加",完成商标添加以后,再操作"商标资质申请",按照提示操作即可。

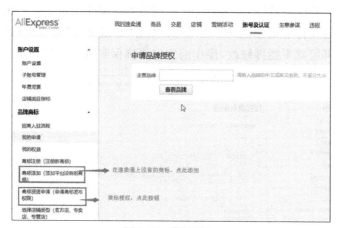

图 2-12　商标添加

需要说明的是,现在大部分类目已经取消了商标的硬性要求,这个步骤只是有商标的卖家操作。

（五）选择店铺类型

根据 2019 年最新的招商政策,由于现在很多类目不需要品牌就可以做,没有品牌的情况下可以不用选店铺类型。但如果想要申请二级域名、品牌直达等品牌权益的话,就必须选择店铺类型。

在"账号及认证"栏目下的"品牌商标"中点击"选择店铺类型"就可以选择店铺类型,不同的店铺类型需要的资质不同,卖家可以在线提交申请资质中要求的相关申请材料,申请通过就可以开通相应的店铺,如图 2-13 所示。

图 2-13　选择店铺类型

四、店铺设置

开通店铺以后,卖家就可以在速卖通卖家后台,选择"店铺"—"商铺管理"—"店铺资产管理",设置店铺名称、店铺头像和二级域名。

(一)店铺名称

店铺类型审核通过以后,平台会给店铺分配一个店铺号(Store No.),店铺号不能修改,但卖家可以申请绑定店铺名称。一个店铺只能申请一个店铺名称,速卖通店铺名称的展现形式为:＊＊＊＊ Store,其中"＊＊＊＊"部分称为店铺名称,如图 2-14 所示。如果有需要,店铺名称可以修改。

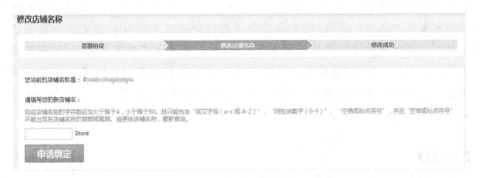

图 2-14　绑定店铺名称

(二)店铺头像

店铺头像设置是速卖通 2019 年新推出的功能,如图 2-15 所示,店铺头像未来将会在多个页面(包括店铺首页、商品详情页和消息中心等)中使用,店铺头像要求图片尺寸为120 像素×120 像素,建议大小在 100K 左右,图片格式可以是 JPG、JPEG、PNG,不建议头像主体内容撑满整个画布,主体占画布的 70％～80％为佳。

图 2-15　设置店铺头像

（三）二级域名

二级域名是指顶级域名之下的域名。在国际顶级域名下，它是指域名注册人的网上名称；在国家顶级域名下，它是表示注册企业类别的符号。速卖通二级域名（子域名）的表现形式是"****.aliexpress.com"，商家可以自己设置内容，如图 2-16 所示。相对于带一大串数字的域名，网店二级域名可以让更多的买家认识店铺。二级域名一旦注册就不能再修改。

图 2-16　申请注册二级域名

📍 本章小结

开展跨境电商零售业务首先要选择一个适合自己的平台，而在选择平台之前首先要了解各个主要平台的架构逻辑，以亚马逊为代表的货架式电商与以速卖通为代表的平台电商显然在底层架构和运营思维上是有区别的，我们需要去了解这个区别，做出最适合自己的选择。作为新手卖家，还需要把握速卖通平台未来的发展方向和有可能带给卖家的新的机会。了解卖通平台店铺的类型和定位，掌握官方店、专卖店和专营店这 3 种店铺类型的区别和要求，继而顺利入驻速卖通。

【思考题】

1. 店铺企业认证需要提交哪些资料？

2. 简述速卖通的保证金模式。

3. 官方店和专营店有哪些区别？

【操作题】

1. 注册一个速卖通账号。

2. 开通一家属于自己的店铺。

第三章

店铺运营管理思路

【本章重点】

本章重点学习基于顾客价值的店铺竞争战略、店铺运营分析指标和基础公式、打造爆品的方法、财务健康指标、规避知识产权风险的方法等内容。

【学习目标】

通过本章学习,学习者应了解顾客价值是店铺竞争力的来源,学会提升顾客价值的方法;掌握流量、转化率和客单价(Per Customer Transaction)的概念及其影响因素;掌握成交回头率、退款率、DSR(Detailed Seller Ratings,详细卖家评级)等服务指标的概念及其作用;懂得怎样打造爆品;掌握投资回报率、投资回收期、现金流、资金的时间价值、短期流动性、长期安全性及获利能力等财务指标,为店铺健康运营保驾护航;了解知识产权的概念、知识产权风险的类型,懂得如何规避知识产权风险。

第一节　速卖通店铺竞争战略

一、顾客价值是卖家持续竞争力的来源

战略学家迈克尔·波特(Michael E. Porter)认为,企业竞争优势归根结底取决于能为消费者创造的价值。只有将企业的核心竞争力转化为满足消费者需求的产品和服务,才能在真正意义上为企业创造利润。在网络世界中,价值依然是企业策略思考的核心,企业必须创造商品组合价值,通过传递商品组合价值来满足顾客。而消费者认知其价值后,便会进一步回馈给企业。因此,买家想要从卖家所提供的商品组合和传递工具中获取什么价值,这是值得卖家深思的。

店铺竞争力的来源

刚开始为吸引顾客,卖家多选择低价或削价让利的交易方式。但电商零售的进入壁垒较低,低价或削价让利的交易方式极易被竞争对手跟随模仿,加之电子商务市场转换成本和搜寻成本相对于传统实体环境要低得多,顾客的不受限选择和快速流动使企业更加难以留住顾客。因此,靠价格竞争而获利不会长久。非价格方面的竞争优势,特别是顾客价值才是制胜关键。只有为买家提供卓越顾客的价值,才能建立买家的忠诚度,形成卖家的持续竞争力。

二、基于顾客价值的店铺竞争战略

(一)在线顾客价值提升策略

提升在线顾客价值可以从提升购买便利性、提升个性化服务水平和提升交易安全性三个方面进行。

1. 提升购买便利性

卖家可以从七个方面提升买家的购买便利性。第一,通过媒体、网络和移动客户端等途径为买家搜寻产品或企业信息提供便利性;第二,通过提供高效搜索引擎和开发优质品牌等策略,有效简化买家的购买决策过程,降低买家搜寻信息、选择比较的成本;第三,整合线上和线下渠道,以降低买家在线上和线下获取和比较产品、信息和服务的转换成本,从而提升购买选择的便利;第四,通过拓宽销售渠道,减少购买程序,以提升买家订单处理的便捷性;第五,利用网络平台的联通即时性和反应迅速性保证买家的要求和投诉得到及时回应,以提升联络的便利性;第六,提高网店的页面响应速度,以提高买家网购过程的快捷性;第七,提高物流配送效率和质量提高买家获取商品的便利性。

2. 提升个性化服务水平

网店实施个性化服务的前提是在消费者浏览网店后,要适时地利用技术记录其个人资料及交易资料,进行顾客资料分析,依据买家偏好提供个性化的商品服务。

3. 提升交易安全性

由于信息安全环境缺乏所造成的消费者个人信息和交易信息外泄,甚至信息被窃取或利用信息进行欺诈、篡改数据等恶意行为始终威胁着跨境电商零售市场的健康发展。为提升跨境电商零售交易的安全性,降低消费者的风险成本,卖家应加强产品质量监控,迅速而妥善地做好退换货等售后服务,以降低消费者网购的机会成本。及时提供消费者确认订单、商品配送状态信息,以降低消费者感知的网购风险。

(二)在线顾客忠诚构建策略

买家的重复购买和良好口碑能够为卖家带来财务收益和竞争优势。因此,培育忠诚的消费群体是卖家获取财务收益和竞争优势的战略核心。

1. 提高买家对店铺的感知价值

卖家除了提供质量合格的产品外,还应提供个性化、品种齐全的产品以满足买家需求,通过优质服务来吸引更多的顾客。为买家提供轻松愉悦的购物体验,使买家产生情感认同,建立对店铺的归属感。

2. 提升买家对卖家的满意度

强化买家的社会身份,唤起买家的自尊,使买家的满意度得到提高。比如,为提升买家的社会价值感知,卖家可实行会员等级制度,根据消费次数、金额、好评率等对不同等级的会员提供不同程度的优质服务。

3.增强买家对卖家的信任感

卖家可以通过服务价值、产品价值、社会价值和情感价值提升买家的信任水平。比如,提升软件和硬件的抗入侵能力,给予消费者安全无忧的购物环境和隐私保护承诺;售卖品牌商品,树立良好的店铺形象和网站口碑,增加消费者的信任感;利用实时通话技术、电子邮件等及时与买家沟通,与之建立情感信任关系;设计商家信誉评价信息搜索窗口,帮助买家产生初始信任。

第二节　销售额影响因素及服务指标

一、销售额及其影响因素

影响店铺商品销售额的因素主要有流量、转化率和客单价。计算公式为

销售额＝流量×转化率×客单价

(一)流量

要进行店铺流量来源分析,可以查看店铺内的流量构成,分析不同渠道流量的占比和走势,从而帮助卖家了解及优化店铺流量来源,提升店铺流量。总体上,流量由推广流量、搜索流量和其他流量三块构成,计算公式为

流量＝推广流量＋搜索流量＋其他流量

1.推广流量

推广流量主要来自平台活动,活动是店铺流量来源的大户,店铺活动分为需要报名参加的平台活动和系统自动推荐的活动,还有一些各类目频道推荐的活动。推广流量还可以来自付费的流量,如直通车和联盟营销。加入速卖通联盟之后,商品除了会在现有的渠道曝光外,还会在速卖通的联盟专属频道得到额外曝光,站外会得到联盟流量。参与联盟营销的卖家无须预先支付任何费用,推广过程完全免费,只需为联盟网站带来的成交订单支付联盟佣金。

此外,站外广告即非速卖通网站的链接引来的流量,也是重要的推广流量来源。通常,活动和直通车带来的新访客比例最高,是店铺引流的利器。当然,来自自然搜索和类目浏览的访客更为优质,前提是能够获得这些流量。

2.搜索流量

搜索流量主要来自站内搜索和类目浏览,即买家通过搜索框搜索后点击本店铺产品及买家浏览类目页面后点击本店铺产品。搜索流量取决于爆款数量、商品丰富度、标题关键词、基础销量评价、橱窗推荐使用等。

通常来讲,站内搜索及类目浏览的流量来源占店铺所有流量的60%以上才是健康的。由于现在没有区分各小语种分站的搜索和类目流量,所以大部分卖家看到来自站内"其他流量"比例都很高,这是正常的。

3.其他流量

其他流量来源包括购物车营销、收藏夹(即收藏的商品链接)、包裹单页营销、店内关联促销带来的流量、其他平台导入的流量等。

站内其他流量来源还包括俄罗斯语(简称俄语)站点和葡萄牙语(简称葡语)站点(二级域名)的站内搜索、类目浏览、店铺首页访问等。

(二)转化率

访问网站的一台电脑客户端为一个独立访客(Unique Visitor, UV),在 00:00—24:00 内相同的客户端只会被计算一次。

所谓转化率是指所有到达店铺并产生购买行为的人数和所有到达店铺的人数的比率。

转化率计算公式为

转化率=产生购买行为的客户人数÷所有到达店铺的访客人数×100%

例如,今天有100个访客来浏览店铺,有10个访客购买了店铺的产品,那转化率就是10%。

转化率是网站最终能否赢利的核心,网站转化率提升是网站综合运营实力提升的结果。转化率将直接影响产品的排序,转化率也会应用于卖家分级中,影响卖家的各种资源性奖励,例如橱窗位、图片银行、站外推广等资源。

转化率等于静默转化率加上询单转化率。计算公式为

转化率=静默转化率+询单转化率

1.静默转化率

静默转化率是针对自主下单的访客而言的。以下因素会影响静默转化率。

(1)访客精准度

访客越是精准地找到需要购买的商品,越是不需要咨询客服,往往就会静默下单。因此,店铺需要精准引流并注意留住老客户。

(2)宝贝详情页

宝贝详情页展示越有吸引力越能吸引买家下单。因此,详情页设计的结构要方便阅读,突出产品独特的卖点,不断提供关联品,留住买家持续浏览阅读。

(3)产品性价比

产品性价比越高对于买家越有吸引力,因此,上架的产品应有较高的品质、合适的价格和吸引人的促销。

(4)图片设计

精美而且有场景化的图片能吸引买家下单,因此,图片设计应显示专业度,应有卖家独特的风格,应注意客户体验的细节。

(5)商品布局陈列

科学的商品布局陈列能使买家浏览的时候赏心悦目,优化买家体验,提高买家下单的可能性,因此,卖家应正确地选择产品分类,科学地设置产品路径和产品导航。

（6）销量口碑

产品的销量高、口碑好能吸引买家购买，而消费者的好评、店铺评分都会塑造口碑。

2.询单转化率

询单转化率是针对那些需要咨询客服然后再下单的买家而言的。以下因素会影响询单转化率。

（1）响应速度

客服能即时响应并回复消费者的询问。

（2）服务态度

客服服务态度热情、积极、耐心。

（3）知识和经验

客服很专业，对产品很了解。

（三）客单价

所谓客单价指每一个顾客平均购买商品的金额，客单价也即是平均交易金额。客单价计算公式为

客单价＝笔单价×购买频率＝（商品单价×每笔平均购买件数）×购买频率

1.商品单价

合理的定价能吸引消费者下单并留住老顾客。

2.每笔平均购买件数

平均购买件数的影响因素有客服推荐、商品搭配和促销活动等。一个优秀客服的专业推荐能促使消费者下单。商品搭配销售使消费者感觉到划算，各类琳琅满目的促销活动紧紧抓住消费者贪便宜的心理，促使其下单。

3.购买频率

购买频率的影响因素有客户关系管理（Customer Relationship Management，CRM）和服务满意度指标。

CRM 的宗旨是通过与客户的个性化交流来掌握其个性需求，并在此基础上为其提供个性化的产品和服务，不断增加卖家给买家的交付价值，提高买家的满意度和忠诚度，最终实现卖家和买家的双赢。

客户关系管理包括四个步骤：识别客户、对客户差异进行细分、与客户保持互动、服务或产品客户化。

服务满意度指标是指通过评价分值的加权计算，得到测量满意程度的一种指数概念。掌握满意度现状，能够不断优化服务，提升顾客忠诚度。

二、服务指标

服务指标有成交回头率、退款率、卖家服务评级系统。影响因素有产品、物流、客服、客户关系管理等。

（一）成交回头率

成交回头率指一定时间内，成交两次及两次以上的客户在已成交过的客户总和中的占比，通常有 30 天成交回头率、90 天成交回头率、180 天成交回头率等。

成交回头率＝成交回头客÷成交用户数×100%

成交回头率是衡量商家转化留存客户的核心能力，成交回头率越高，代表商家的运营能力越强。在流量越来越贵的情况下，提升成交回头率是维持店铺增长的重要途径。

提升成交回头率的核心思路是通过客户关系维护，结合各种营销活动，促进用户多次转化及成交。比如上新、团购、清仓、秒杀等都是比较不错的提升成交回头率的营销方式。

（二）退款率

退款率计算公式为

退款率＝卖家收到的买家发起的退款笔数÷卖家当月的支付宝交易笔数×100%

若账号中有较多的退款，会影响账号的支付宝使用率，由此影响到卖家能否加入消费者保障服务体系。而支付宝使用率较低的账号也有可能会被处罚或监管。支付宝使用率计算公式为

支付宝使用率＝半年内实际使用支付宝的金额÷买家拍下商品金额×100%

（三）卖家服务评级系统

速卖通卖家服务评级系统的意思，是指卖家分项评分，包括买家在订单交易结束后以匿名的方式对卖家在交易中提供的商品描述的准确性（Item as Described）、沟通质量及回应速度（Communication）、物品运送时间合理性（Shipping Speed）三方面服务做出的评价，是买家对卖家的单向评分。

这个评分的主要作用有两点：一是衡量店铺运营情况，尤其是售后服务态度。速卖通非常重视消费者的购物体验，服务分越高，说明卖家态度越好。二是帮助速卖通平台考核店铺并计算权重，实施相应的处罚等。速卖通权重是影响商品排名最重要的因素之一，根据速卖通的相关规则，服务分越高，权重也就越高，这就要求卖家必须想方设法了解如何提高速卖通 DSR 服务分。

第三节　苦练内功打造爆品

一、店铺运营六要素

店铺运营要做好以下六个方面的工作。

（一）用户定位

如何精准定位用户呢？需要结合自身店铺定位、国家市场分析、用户特征、价格带等来确定。

（二）货品准备

如何激发货品的竞争力？需要考虑货品质量的竞争力、品类结构的合理性、货品的丰富度、新品研发能力及供应链的稳定性等。

（三）用户获取

如何全渠道获取用户？以下渠道是可以考虑的，如阿里妈妈渠道、SEO（Search Engine Optimization，搜索引擎优化）搜索渠道、自主回访渠道、平台活动资源、站外社交流量、线下场景导入等。

（四）购物路径建设

如何做好购物路径建设？需要从产品卖点呈现、品牌记忆植入、店内访问循环动线、产品陈列场景化、产品内容化、营销设计等方面来建设。

（五）用户运营

如何做好精细化用户运营？需要考虑用户规模，做好用户分类管理、用户分类营销、用户分类维护、用户互动、粉丝文化建立运营等环节的工作。

（六）用户服务

如何做好用户服务，提升全链路用户体验？需要从售前客服体验、售后客服体验、物流体验、购物惊喜体验等方面着手。

二、做好店铺打造爆品的准备

以下五步为店铺打造爆品的准备工作。

(一)定款

卖家应结合自身情况、市场行业现状及竞争对手情况，进行核心货品的圈选、定价和分类，确定爆品商品。

1. 市场定位

运营人员首先需要进行市场分析，结合自身定位圈选 10～20 家竞争对手，抓取其价格带、核心卖点、装修风格、卖家评分、目标销量等，盘点自身货品，圈定上架商品库。这一环节需要确认五种信息，即目标人群确认、竞争对手确认、主流价格带确认、热销销量确认、自身商品池确认。

2. 商品分类分层

运营人员需要针对每个类目进行商品分层布局，可分为：主推款，主推款的商品市场大、卖点突出、具备核心竞争力且供应链有保证；利润款，利润款商品具备产品独特优势，主要用于关联营销带动和潜力爆款测试；活动款，圈选部分商品用于平台活动引流，商家可以加入清仓款，提升性价比。

3. 商品定价

主推款商品定价需要符合行业热销价格带的要求,具备绝对竞争力。利润款与主推款需要在同类目相近价格区间,防止负关联效应。活动款的活动价需要低于行业热销价格带,产品与主推款和利润款需要有一定的差别。且商品需要做好原价、日销价、平台大促价、破零价、应急活动价等定价准备。

4. 库存管理

主推款需要保证较多的库存以便周转,利润款可保持较低库存,活动款需要每周盘点活动资源进行备货。

5. 确定破零主力款

结合以上四点,确定各个品类的主推款、活动款、破零款、主力款,并确定价格、库存周转率、风格定位、核心卖点、目前销量等基础信息。

(二)做好详情页优化

1. 做好标题优化

首先,选择主要关键词。可以从数据纵横、搜索下拉框、类目属性等板块来寻找关键词,按热度降序排列,标题文字首选热搜关键词,然后是长尾关键词。

其次,将关键词归类组合。流量大、精准的关键词作为顶级关键词,流量中等、精准的关键词作为主关键词,精准但流量较小的关键词作为长尾关键词,非精准、辅助性的、流量小的关键词作为营销关键词。

最后,在优化标题的时候还要注意:必须用纯英语表述,切勿用本国翻译软件翻译成的英语;标题的作用是获得更多关键词匹配机会从而获得曝光度,因此要充分利用关键词字符数量;如果不知道如何选择关键词及标题,可以参考竞争对手的标题。

2. 做好主图优化

主图应以点击率为核心,抓住消费者眼球是其最终目的。如有模特可以放大整体主图,增强对整体感官的刺激,无须为体现商品而减少图片的视觉冲击力。以服装类目举例,可利用长图结合两边留白做成 800 像素×800 像素的主图,但是要给予商品足够的空间占有率。

3. 准确填写属性

在上传商品的过程中,商品属性应尽量填写完整,属性的完整率影响商品搜索曝光效率;详情页顶部需要用文字把商品核心属性和卖点进行阐述,需要用英语直接阐述,切勿用本国翻译软件翻译成的英语。

4. 尽量提供视频详情

应尽量提供商品评测视频、品牌故事大片等视频,视频需要有质感和互动属性,并能打动人。

5. 做好详情描述优化

详情描述可以是以下各项内容的组合:效果图、核心卖点、实拍图、细节、参数说明、正品和仿品的对比、授权证书和品牌资质、库存照片、好评截图、销量截图、包装信息、物流说明信息等。要注意:PC 端和无线端口的详情描述要独立上传,以防万一有失常的劣质内容流出;详情页的整体设计风格需要统一;整体内容表达要从用户的视角出发,主要通过详情页来解决用户的痛点,满足用户需求,打消其购买顾虑。

6.关联营销

可通过店内访问循环动线设计来进行关联营销。关联类型可以设定为店铺活动关联、同类商品关联、搭配套餐关联、互补性品类关联、店铺销量排行关联、热点通知关联等。

(三)设计店铺首页

1.确定全店品牌调性

运营人员需要结合人群定位和产品特性,确定店铺的整体视觉风格,需要体现核心关键词,确定品牌个性。

2.首页分区

首页整体内容从店招、轮播区到爆款区、新品区、活动区、分类导航区等分布要体现逻辑性。店招包括品牌标志、口号等,体现了品牌的核心竞争力,展现了品牌的调性。轮播区分为爆款 Banner、活动 Banner、品牌故事 Banner 三张轮播图。全店导航区分为爆款区、新品区、活动区、分类导航区等。爆款区作为店铺活动特价专区,重点在于制造营销噱头;新品区重点在突出新品,避免零销量信任风险;活动区展示店铺等促销活动,重在引流;分类导航区将商品以某种顺序呈现给顾客,便于其分类挑选。

首页一定要注意风格统一,风格和店铺定位要一致,商品图片呈现造型需统一。

(四)预备爆款的急速破零

针对店内各类目的预定主推款及活动款(每个类目可选定 1~3 款),进行确定性破零营销。想要确定性破零,需要消费者产生最直接有效的购买冲动,可分别采用优惠券、限时限量折扣、FD(Flash Deals,由速卖通无线抢购及 Super Deals 活动合并而成,旨在提升活动流量,给产品带来曝光度,提升用户体验)破零、自建 1 元购、无线金币、无线试用等方式,需要商家预计投入每款 5~10 件让利商品,通过几乎 0 元购的方式在活动初始积累基础销量。举例如下。

(1)优惠券方式。设置每日 2 张或更多店铺大额优惠券,引导店内流量购买主推款,连续设置 3~7 天,确保每天有转化。

(2)限时限量折扣方式。设置每日 2 件或更多单品限时限量 1 欧元(不包邮)销售,2 件售出后恢复日常促销价格,连续 3~7 天,确保每天有转化。

(3)FD 破零方式。选择店铺清仓款,进行低价和包邮活动,活动款配合搭配套餐及关联营销组合使用。

活动的目的是快速破零,确保一定时间内有确定性的连续转化。前提是商家愿意拿出一批货来进行消费者端的付邮试用,获得首批评价及销量,用货换取时间。把握时间节奏,分解到每天的福利,确保连续一周每天有成交转化,获得自然流量增持。关联营销需要设置满包邮、组合套餐等绑定式营销方式,使转化概率最大化。需要买家看到初始的 1

元购活动,初始流量可通过平台活动期间引入、站外社交传播、老客户电子邮件营销、店内流量导入等方式(如金币、FD、试用自带流量等方式,可组合使用)。

例如,无平台活动资源下,选择店内 3 款潜力爆款,每款限定 5 件 1 欧元购(总计 15 件),每款每天 1 件可设置 1 欧元购(限时限量设置),成交之后商品恢复日常价,如此重复 5 天。

(五)引爆步骤

第一步,导入期破零。制定爆款销量目标,结合转化率预估和客单价预估,计算流量需求。

第二步,成长期打爆。破零之后,确保连续多天转化,有转化的最后一天,设置主推款橱窗推荐,橱窗不要同时设置多个商品,确保一个商品可以用 3~4 个橱窗位,每 7 天失效后同个商品再推。境外商家在直通车和联盟营销开通之后,可在成长期进行付费推广,确保流量满足原定计划。店内流量往主推款集中,平台活动可高频次参加。

第三步,成熟期分流。利用搭配套餐、店铺满立减、店铺满包邮等活动进行爆款流量的分流和二次利用。

第四节　关注财务健康指标

一、判断项目优劣的标准

(一)现金流

一个项目能否维持下去,往往不在于其账面有多少利润,而在于企业有无足够的现金可用于各种支付。有利润的年份,不一定有足够的现金用于企业的各种支付,不一定有多余的现金用于再投资。所以,现金流量的分析往往比会计上的盈亏计算更重要。

现金流量(Cash Flow,CF)是指一个项目所引起的现金支出和现金收入增加的数量。包括现金流出量、现金流入量和净现金流量三个具体概念。

1. 现金流出量

现金流出量计算公式为

现金流出量＝建设投资＋增加的流动资金＋经营成本(现金成本)＋所得税

建设投资指固定资产、无形资产和开办费等投资的总和。增加的流动资金指原材料、产品储备及其他流动资产方面的资金投入。经营成本(现金成本)指在项目经营期间需用现金支付的成本,它是项目投产后最主要的现金流出项目,等于生产经营费用扣除折旧费后的余额。

2. 现金流入量

现金流入量计算公式为

现金流入量＝营业现金收入＋回收固定资产余值＋回收流动资金

营业现金收入计算公式为

营业现金收入＝当期现金收入＋收回前期的赊销收入－当期营业收入的赊销部分

回收固定资产余值指投资项目报废或中途转让时，固定资产报废清理或转让的变价收入扣除清理费用后的净额。

回收流动资金指投资项目终结时收回的原垫付的流动资金。

3. 净现金流量

净现金流量（Net Cash Flow，NCF）是指在一定时期内该方案的现金流入量和现金流出量的差额。计算公式为

净现金流量＝现金流入量－现金流出量

(二)投资回报率(ROI)

投资回报率（Return of Investment，ROI）即投入产出比，简单地说就是企业所投入资金的回报程度。投资回报率是一个表示投资获利能力的相对指标，反映单位投资额每年所获得的收益，其值越高，说明投资项目的获利能力越强。计算公式为

投资回报率＝年税后利润或年均税后利润÷原始投资总额×100%

在采用 ROI 指标进行投资评估时，应事先确定一个要求达到的平均投资回报率，把它作为项目投资的期望平均回报率，然后将项目的平均投资回报率与投资者主观上要求达到的期望平均回报率相比较。若方案的平均投资回报率＞期望平均回报率，则接受该方案；若方案的平均投资回报率＜期望平均回报率，则拒绝该方案；若有几个投资方案可供选择，则应该选取平均投资回报率最高的方案。

(三)投资回收期法

投资回收期法是以投资回收期的长短作为评价投资经济效益高低的标准，依次进行投资决策的方法。回收期越短，表明原始投资回收的速度越快，变现能力越强。

所谓投资回收期（Payback Period，PP），是指投资项目收回全部原始投资所需要的时间，即累计净现金流量恰好等于零的年限。在回收期内，一项投资的现金流入累计额等于现金流出累计额。

若经营期每年的净现金流量相等，则

投资回收期＝原始投资额÷每年相等的净现金流量

一般来说，投资者总是希望尽快收回投资，回收期越短越好。所以，运用投资回收期法进行投资决策分析，必须事先确定一个可接受的投资回收期，称为基准回收期或期望回收期。若投资方案的回收期小于基准回收期，则应接受该投资方案；若投资方案的回收期大于基准回收期，则应拒绝该投资方案。在同时存在几个投资方案可供选择时，应该选择回收期最短的方案。

二、看懂财务报表

所谓财务分析是指利用财务报表中的数据对卖家过去的财务状况和经营成果及未来前景进行的一种评价。这里从短期流动性、长期安全性及获利能力进行分析，以判明卖家的财务状况和经营业绩。

(一)短期流动性分析

流动性是指在不需要大幅度价格让步的情况下,资产转换为现金的能力,亦即资产的变现性。反映资产流动性的财务指标主要有以下一些。

1.流动比率

流动比率计算公式为

流动比率＝流动资产总额÷流动负债总额

流动比率越高,资产的流动性也即变现能力越强,表明卖家有足够的可变现资产用来还债,因此,流动比率又是衡量卖家短期偿债能力的一个重要财务指标。这个比率越高,表示短期偿债能力越强,流动负债获得清偿的机会越大,安全性也越大。

过高的流动比率也并非好现象。因为过高的流动比率可能是由于店铺滞留在流动资产上的资金过多所导致,这恰恰反映了未能有效利用资金的情况,从而会影响获利能力。

一般来说,流动比率维持在2∶1是比较合理的。

2.应收账款周转率

应收账款周转率是卖家应收账款投资收回的效率。相关指标计算公式为

应收账款周转次数＝销售收入÷平均应收账款

应收账款平均收款期＝360÷应收账款周转次数＝(平均应收账款×360)÷销售收入

【例3-1】某店铺2018年销售收入为8000000元,年初应收账款净额为796000元,年末应收账款净额为995000元,则

应收账款周转次数＝8000000÷[(796000＋995000)÷2]≈8.93(次)

应收账款平均收账期＝360÷8.93≈40.3(天)

应收账款周转次数越多,说明卖家催收账款的速度越快,可以减少坏账损失,而且资产流动性强,短期偿债能力也强。

3.存货周转率

存货周转率指标主要表现为存货周转次数和天数。相关指标计算公式为

存货周转次数＝销货成本÷平均存货

存货周转天数＝360÷存货周转次数＝360÷(销售成本÷平均存货)＝(平均存货×360)÷销货成本

【例3-2】某店铺2018年度产品销售成本为4100000元,年初存货为2400000元,年末存货为2900000元。

存货周转次数＝4100000÷[(2400000＋2900000)÷2]≈1.55(次)

存货平均周转天数＝360÷1.55≈232.3(天)

4.流动资产周转率

流动资产周转率相关指标计算公式为

流动资产周转次数＝销售收入÷平均流动资产

流动资产周转天数＝360÷流动资产周转次数

【例 3-3】某店铺 2018 年年初流动资产余额为 5434000 元,年末流动资产余额为 6044600 元,则

$$流动资产周转次数＝8000000÷[(5434000＋6044600)÷2]≈1.40(次)$$
$$流动资产周转天数＝360÷1.40≈257.1(天)$$

流动资产周转快,会相对节约流动资产,相当于扩大了资产投入,增强了赢利能力;反之,若周转速度慢,为维持正常经营,卖家必须满足流动资产周转需要而投入更多的资源,造成资金使用效率低,也降低了赢利能力。

(二)长期安全性分析

长期安全性分析是和风险性分析既相对应又紧密联系的概念。从财务角度看,店铺的风险直接涉及卖家的负债行为及其所影响的资本结构。负债越多,每年需要偿还的本息就越多,无法偿付债务的概率就越高,风险就越大,安全性就越小。

长期安全性分析常用指标有多个,此处仅介绍资产负债率。

资产负债率是负债总额占资产总额的百分比。对债权人来说,负债比率反映向卖家提供信贷资金的风险程度,也反映其举债经营的能力。计算公式为

$$资产负债率＝(负债总额÷资产总额)×100\%$$

【例 3-4】某店铺 2018 年年末负债总额为 6213000 元,资产总额为 18024600 元,则 2018 年年末的资产负债率为

$$资产负债率＝(6213000÷18024600)×100\%≈34.47\%$$

这说明该卖家每 35 元债务,有 100 元的资产作为偿还后盾。

卖家必须将资产负债率控制在一个合理的水平。举债太多,超出债权人心理承受程度,则卖家将很难再借到钱;但举债太少,则表明经营者比较保守,对前途缺乏信心,也表明经营者利用债权人资本进行经营活动的能力很差。

(三)获利能力分析

获利能力即赚取利润的能力。常用指标有销售毛利率、销售利润率、总资产收益率等。

1. 销售毛利率

销售毛利率是毛利占销售收入的百分比,其中毛利是销售收入和销售成本的差。

销售毛利率相关指标计算公式为

$$销售毛利率＝[(销售收入－销售成本)]÷销售收入×100\%$$

【例 3-5】某店铺 2018 年产品销售收入净额是 8000000 元,产品销售成本是 4100000 元,则销售毛利率为

$$销售毛利率＝[(8000000－4100000)÷8000000]×100\%≈48.75\%$$

说明每 100 元销售额能给卖家带来 48.75 元毛利。

销售毛利率反映了产品或商品销售的初始获利能力。从营销策略来看,没有足够高的毛利率,便不能形成较大的赢利。通常,毛利率随行业的不同而高低各异,但同一行业

的毛利率一般相差不大。与同行业的平均毛利率比较,可以揭示卖家在定价政策、产品或商品推销及生产成本控制方面存在的问题。

2. 销售利润率

销售利润率是净利润与销售收入的比值,又称利润边际。它是使用最普遍的赢利能力测定指标。计算公式为

销售利润率＝(净利润总额÷销售收入净额)×100%

净利在我国会计制度中是指税后利润。

【例 3-6】某店铺 2018 年年末净利润总额是 1632400 元,销售收入净额是 8000000元,所以销售利润率为

销售利润率＝(1632400÷8000000)×100%≈20.41%

说明卖家每 100 元销售额可获利 20.41 元。

销售利润率是销售的最终获利能力指标。它与净利润总额成正比关系,而与销售收入净额成反比关系。卖家在增加销售收入的同时,必须相应地获得更多的净利润,才能使销售净利率保持不变或有所提高。

3. 总资产收益率

总资产收益率相关指标计算公式为

总资产收益率＝(净利润总额÷平均资产总额)×100%

平均资产总额＝(期初资产总额＋期末资产总额)÷2

该指标能够衡量卖家运用其资产产生利润能力的高低。

【例 3-7】某店铺 2018 年净利润总额为 1632400 元,期初资产总额为 17234000 元,期末资产总额为 18024600 元,则

总资产收益率＝{1632400÷[(17234000＋18024600)÷2]}×100%≈9.26%

该指标反映卖家资产利用的综合效果。该比率越高,表明资产利用的效率越高,说明在增收节支和节约资金使用等方面取得了良好效果;否则相反。

该指标主要取决于总资产周转速度的快慢及销售利润率的高低。如果销售利润率越高,资产周转速度越快,则总资产收益率越高。因此,提高总资产收益率可以从两方面入手:一方面是加强资产管理,提高资产利用率;另一方面是加强销售管理,增加销售收入,提高利润水平。

第五节 规避知识产权风险

一、什么是知识产权

你登上一架从杭州飞往西安的航班,随即将小米手机调至飞行模式。飞行期间你闲得无聊,发现航班提供机载 WiFi,于是点进在线视频网站,打开一部名为《暗恋·橘生淮南》的电视剧。看到一半手机电量低,你也睡意蒙眬,于是将手机锁屏,插上移动电源进行

充电,然后沉沉睡去……

在上文的飞行场景中,小米是我们众所周知的手机品牌,而手机背后则涉及商标权的保护。

飞行模式、机载 WiFi、键盘锁定、快速充电,这些我们习以为常的便捷操作,背后都是发明专利,而以上领域的很多专利技术同属一家公司——美国高通公司。

而那部电视剧《暗恋·橘生淮南》则涉及影视版权,也属于如今影视圈很火的一个概念——IP 剧。无论是小说、漫画、游戏、综艺节目、歌曲改编的电影都在此列,而 IP 二字,指的就是知识产权(Intellectual Property)。

什么是知识产权呢?

知识产权是指权利人对其智力劳动所创作的成果和经营活动中的标记、信誉所依法享有的专有权利。

我们为什么需要知识产权界定呢?

举个例子,曹雪芹创作的《红楼梦》是中国古代四大名著之一,问世不久,就被传抄全国各地。

程伟元在《红楼梦》序中这样记载:"当时好事者每传抄一部,置庙市中,昂其价,得金数十,可谓不胫而走者矣!"嘉庆初年,"遍于海内,家家喜闻,处处争购"。《红楼梦》让刻板印刷者和手抄者赢利。然而如此畅销的《红楼梦》的作者曹雪芹后半生生活却十分艰辛,有病无法医治,死后甚至只能依靠友人的捐助才得以安葬。

所以,如果没有知识产权的保护,那么知识完全有可能不能转化为个人财富。

📖 知识产权案例

人类的智力劳动成果需要得到某种方式的保护,才能鼓励人类进行发明创造。

二、知识产权的分类

一般来说,知识产权包括商标、专利和版权。

(一)商标

商标是能够将一家企业的商品或服务与其他企业的商品或服务区别开的标志。商标可能是一个单词、字母、图形或是它们的组合,包括图画、符号等平面形象。当前国际上通用的商标注册和保护体系是马德里国际商标体系。

1.马德里国际商标体系

马德里国际商标体系简称马德里体系,是一套方便用户在马德里体系覆盖的 121 个国家(地区)内获得商标注册的系统。它方便用户在全球范围内注册和管理商标。通过马德里体系,商标所有人可以提交一份国际申请,在多个成员国(地区)寻求商标保护。这简化了获取和管理商标注册的流程,也节约了时间和金钱。

马德里体系受两个条约约束:1891 年签订的《商标国际注册马德里协定》和 1989 年通过的《商标国际注册马德里协定有关议定书》。两条约的目标是为商标所有人简化行政程序,使其能在最短时间内以最低成本在所需国家(地区)获得商标保护。这就是马德里体系的目的所在。

马德里体系下的商标国际注册可被视作在多个国家（地区）内注册，因为它同时可在多个国家（地区）产生效力。马德里体系是一个"封闭的体系"，其保护范围限于成员之间。任何自然人或法人，只要在马德里体系的一个成员国（地区）有工商营业场所、住所或者是其国民，均可使用马德里体系申请商标国际注册。

2. 商标权人的权利

商标权人的权利主要有注册商标的专有使用权、禁止权、许可权、转让权等内容。

(1)专有使用权

专有使用权是商标权最重要的内容，是商标权中最基本的核心权利。专有使用权意味着商标权人可在核定的商品上独占性地使用核准的商标，并通过使用获得其他合法权益。

注册商标只能在注册时所核定的商品或者服务项目上使用，而不能用于类似的商品或者服务项目；商标权人也不得擅自改变构成注册商标的标志，也不能使用与注册商标近似的商标。

(2)禁止权

禁止权是指注册商标所有人有权禁止他人未经其许可，在同一种或者类似商品或服务项目上使用与其注册商标相同或近似的商标。商标权具有与财产所有权相同的属性，即不受他人干涉的排他性，具体表现为禁止他人非法使用、印制注册商标及其他侵权行为。

(3)许可权

许可权是指注册商标所有人通过签订许可使用合同，许可他人使用其注册商标的权利。许可使用是商标权人行使其权利的一种方式。许可人是注册商标所有人，被许可人根据合同约定，支付商标使用费后在合同约定的范围和时间内有权使用该注册商标。

(4)转让权

转让权是指注册商标所有人按照一定的条件，依法将其商标权转让给他人所有的行为。转让商标权是商标所有人行使其权利的一种方式，商标权转让后，受让人取得注册商标所有权，原来的商标权人丧失商标专用权，即商标权从一主体转移到另一主体。

3. 商标的地域性与有效期

商标权利的地域性是指一个国家（地区）依照其国家（地区）的商标法或当地的商标条约所授予的商标权，仅在该国（地区）有效，对他国（地区）以外的地区没有约束力。换句话说就是，每个国家（地区）对他国（地区）授予的商标权利不承担保护的义务。

企业要使其商标权在所销售的国家（地区）获得保护，扩大商标权利的地域性，就必须通过一定的方式履行一定的手续。在目前，主要有两种方式：一是直接向所在国家（地区）申请商标注册，二是通过商标国际注册的地域延伸。

商标国际注册是指按照《商标国际注册马德里协定有关议定书》，由世界知识产权组织国际局所进行的商标注册。申请商标国际注册须向商标局提出，其手续既可委托代理人办理也可自己办理。商标局收到申请书及必要的附件、费用后，将有关的申请书寄交设

<![CDATA[["

在瑞士日内瓦的世界知识产权组织国际局，由其办理商标注册。国际局对申请进行审查后，即将该商标注册，颁发商标国际注册证，同时通过指定保护的国家限期进行审查。国际注册商标在某个成员国（地区）内得到保护称为商标国际注册的领土延伸，只有延伸申请在规定的期限之内没有被该成员国（地区）驳回，商标才能在该成员国（地区）受到保护。

商标的有效期，是指商标经核准注册后，在某一法定时间内受到保护，这一法定时间就称为商标的有效期。有效期满后，注册人需要继续使用并受保护的话，则需要按照法定程序办理商标续展手续。

这里要特别提醒的就是美国特有的5年宣誓制度：宣誓在商标注册后5年内，将已注册商标使用在注册所核定的所有或者部分商品和服务上。

4. 商标的作用

商标用于形象识别，是质量的象征。对于新买家来说，商标意味着专业、信赖、可靠，可增大新买家的购买概率。对于回头客来说，商标有助于快速识别产品，让顾客有针对性地进行购买，提高了复购率。

商标属于无形资产，可以转让、授权和质押。如可口可乐公司创始人阿萨·坎德勒所说："即使我的企业一夜之间烧光，只要我的牌子还在，我就能马上恢复生产。"

商标可以避免被抢注，保障产品顺利出口。2001年，联想开始全球化发展步伐，却发现联想的英文名Legend在全球竟被100多家公司注册过商标，遍及娱乐、汽车等行业。联想试着在欧洲买了两个回来，但很快发现，要和全球100多家公司去谈几乎是不可能完成的任务。2003年4月28日，联想无奈之下，宣布花费巨资更换其"Legend"商标为"Lenovo"。

联想商标的演化

商标有助于抵抗山寨产品，实现维权。如拼夕夕、云南中药、老于妈、康帅傅、太白兔等山寨产品极大地损害了正品的利益。

商标成为各大电商平台设置的门槛，平台入驻、参加各种展会等都要求正规商标注册的厂商的产品。

创维电子和它的山寨品牌

（二）专利

专利是对发明授予的一种专有权利，专利权人有权决定他人能否使用及怎样使用其发明。

1. 专利的类型

专利有外观设计专利、实用新型专利、发明专利三种类型。

（1）外观设计专利

外观设计专利是指对产品的形状、图案或其结合，以及色彩与形状、图案的结合所做出的富有美感并适于工业应用的新设计。

（2）实用新型专利

实用新型专利是指对产品的形状、构造或者其结合所提出的适于实用的新的技术方案。

（3）发明专利

发明专利是指对产品、方法或者其改进所提出的新的技术方案。

2. 构成专利的三要素

构成专利必须具备三个要素,即新颖性、创造性和实用性,缺一不可。

(1)新颖性

新颖性是指该发明专利或者实用新型专利不属于现有技术,也没有任何单位或者个人就同样的发明或者实用新型在申请日以前向专利部门提出过申请,并记载在申请日以后公布的专利申请文件或者公告的专利文件中。

(2)创造性

创造性是指与现有技术相比,该发明具有突出的实质性特点和显著的进步。

(3)实用性

实用性是指该发明或者实用新型能够制造或者使用,并且能够产生积极效果。

3. 专利的保护时限

《中华人民共和国专利法》(以下简称《专利法》)第四十二条规定:发明专利权的期限为20年,实用新型专利权和外观设计专利权的期限为10年,均自申请日起计算。

美国专利包括三种不同的专利类型:发明专利、外观设计专利与植物专利。发明专利保护期限为自申请日起20年,外观设计专利保护期限为自授权日起14年,植物专利保护期限为自申请日起20年。另外,美国不保护实用新型专利。

美国专利
权的分类

4. 专利的国际公约

专利的国际申请方面比较重要的公约是1970年的《专利合作公约》(*Patent Cooperation Treaty*,PCT),PCT主要涉及专利申请的提交、检索及审查,以及其中包括的技术信息传播的合作性和合理性等方面的条约。PCT是继《保护工业产权巴黎公约》之后专利领域的最重要的国际条约,是国际专利制度发展史上的又一个里程碑。

PCT不对国际专利授权,授予专利的任务和责任仍然只能由寻求专利保护的各个国家(地区)的专利局或行使其职权的机构掌握。

PCT专利申请人只需提交一份PCT申请,就可以自申请日起30个月内向多个国家(地区)申请专利,而不必在12个月的优先权期限内向每一个国家(地区)分别提交专利申请,为申请人向外国(地区)申请专利提供了方便。在我国,申请人可使用自己熟悉的语言(中文)撰写申请文件,并直接递交到中国国家知识产权局专利局。

申请外国(地区)专利,费用都比较昂贵,主要工业化国家(地区)每个不少于5000美元,有的专利申请费用可多达1万美元以上,同时申请几个国家(地区)的专利将是一笔不菲的费用。利用PCT这一途径申请,可以将主要费用支付的时间最长延长到自优先权生效日起30个月,同时又不影响及早获得申请。

完善申请文件。申请人可根据国际检索报告和专利性书面意见,对申请文件进行修改。对就某一发明在几个国家(地区)寻求保护的任何个人或公司(申请人)来说,使用PCT意味着节省时间、工作量和资金。

(三)版权

版权是用来表述创作者因其文学和艺术作品而享有的权利的法律用语。涉及版权的作品有:图书、音乐、绘画、雕塑、电影、计算机程序、数据库、广告、地图和技术图纸等。

有关版权的国际条约是 1952 年在日内瓦签订的《世界版权公约》,我国于 1992 年加入。所有著作权保护的作品都包括标识©及首次发表的年份。

《世界版权公约》要求成员国(地区)必须予以保护的只有四项经济权利:复制权、公演权、广播权及翻译权。《世界版权公约》对作品保护期的规定是受公约保护的作品保护期不应少于作者有生之年及其死后的 25 年。

无论是商标、专利还是版权,所有这些知识产权都有四个共性:垄断性,即未经权利人的许可,他人不得使用该项知识产权保护的内容;无形性,即知识产权是无形的,不具备客观物理形态,这是其与物权(物权的客体是物品)相比最大的不同;地域性,即知识产权只有在申请的国家和地区受到保护;时效性,即指大多数知识产权的保护期是有限的,法律不会一直保护该项知识产权,一旦超过法律规定的保护期限,法律便不会再对其进行保护。

三、知识产权侵权风险及防范应对措施

(一)侵权行为

1.商标侵权

商标侵权指盗用、仿用别人的商标或标志。

品牌商标侵权是阿里巴巴电商平台上发生得最多的知识产权侵权违规行为,下面列举一些常见问题供参考。

商标侵权案例

(1)未经授权使用他人商标品牌信息,如在产品名称、描述、属性、关键词等公司信息中涉及品牌信息,或在公司介绍、主营产品等产品图片中涉及品牌信息。

(2)获得品牌授权,但信息中还涉及他人品牌。授权范围与发布信息用途不一致,例如,获得产品生产授权但却用于销售产品;授权采购配件生产自有品牌产品却使用原品牌信息;销售发布的信息与获得授权的品牌不一致,如获得授权的是 AFS JEEP,但信息中出现的却是 JEEP。

(3)在信息的其他地方涉及他人品牌,如信息超链接了他人的品牌信息。

(4)涂抹、遮盖商标,故意使用变形词或变形标志等。该情况属于恶意违规行为,有销售假货的嫌疑,阿里巴巴对此将予以严重处罚。

2.专利侵权

专利侵权指未经专利权人许可,以生产经营为目的,实施了依法受保护的有效专利的违法行为。

专利侵权案例

外观设计专利侵权是指对产品的形状、图案、色彩的新设计的侵权。常见的侵权商品有创意首饰、个性工艺摆件及相关外贸商品,相似度达 60% 以上就有可能被判定为侵权假货。

发明专利侵权是指对原创的产品及设计理念的独占保护,保护范围极大,只要相关理念一样的均属于仿冒产品。

3.版权侵权

版权侵权是指侵犯版权人的财产权利,比如未经版权人同意,擅自以发行、复制、出租、展览、广播、表演等形式利用版权人的作品或传播作品,或者使用作品而不支付版权费等行为。

📄照片侵权案例　　📄图案侵权案例

(二)侵权防范

1.了解速卖通平台对知识产权侵权行为的认定

自2017年4月12日起,速卖通更新知识产权新规,针对侵权行为将不再区分是否投诉或是否被平台抽查,侵权严重违规行为也将不再以分数累计,并实行三次违规成立者关闭账号,侵权情节特别严重者直接关闭账号的措施。

📄速卖通知识
产权规则

侵权情节特别严重是指所销售的商品在产品属性、来源、销售规模、影响面、损害等任一因素方面造成较大影响的,或者构成严重侵权的其他情形,如以错放类目、使用变形词、遮盖商标、用引流等手段规避等。

2.慎用高流量词,预防品牌侵权

首先要注册自己的商标,并且进行品牌备案。如果认为某个词是高流量的词,使用前就要去查查是否为商标。产品描述中的词,使用前也需要先去查一下是否为商标。尤其是知名产品商标不能随便使用,一旦被品牌方查到,轻则罚款下架 Listing,重则冻结账号封店。已被注册为商标的词可扫描二维码了解详情。

📄已被注册为商标的词　　📄商标查询网址

3.产品来源方面确保货源合法合规

对于生产型企业来说,自己研发的产品要积极申请专利和版权,做好目标国家知识产权检索工作。对于贸易型企业来说,要保证货源合法合规、保存交易凭证、要求对方提供证明材料、交易发票和合同等。对于跨境

📄专利查询网址

电商卖家来说,要向工厂咨询其研发思路、设计理念,咨询该产品是否有专利;对于主推或是热销的产品,必须签署书面的知识产权授权协议;针对无专利的产品,可以查询一下同类产品的生产者有无专利。

4.店铺管理用词要注意避免侵权他人已有品牌

正确设置店铺名称、产品名称、产品描述，避免侵权他人已有品牌；产品图片不能含有知名品牌全部或部分商标标志；不要使用已有品牌的变形词、衍生词或图案；不模仿底纹或款式类似的知名产品及其品牌包装，如衣服花纹、女包外观等。

BURBERRY
对底纹的保护

(三)侵权应对

1.钓鱼维权的应对

NPE 是英文 Non-practicing Entity 的缩写，中文名称为"非专利实施实体"或"非生产专利实体"。简单来说，NPE 是指代那些拥有大量专利却不利用专利从事生产销售等经营活动的机构。NPE 又被称为专利流氓、专利蟑螂、专利鲨鱼等。

NPE 的手段是把目标锁定在实力薄弱的中小企业身上，它们通常会从研究机构和个人及破产企业处低价收购专利，进行专利储备并伺机寻找猎物。当有关企业使用这些专利后，他们就会有针对性地对其提起专利侵权诉讼和巨额索赔。比如 2006 年，NTP 公司让黑莓支付了高达 6.12 亿美元的和解费用。

NPE 的运作模式有：研究型 NPE 机构，主要以科研机构为主，一般不以营利为目的，侧重于科技创新，如一些高校或科研院所；营利性 NPE 机构，主要通过许可授权或诉讼获得收入，由于自己不从事商品生产，不担心被诉也无专利交叉许可需求，如高智公司，以及 BlueSpike、NTP、Smartflash 等；联盟型 NPE 机构，此类 NPE 相当于特定领域或行业的联盟机构，通过汇集成员专利或购买专利，方便成员使用，如美国知名的专利风险服务机构 RPX（Rational Patent Exchange）。

境内卖家防范
钓鱼维权的措施

2.美国"337 调查"的应对

"337 调查"是指美国国际贸易委员会（USITC）根据美国《1930 年关税法》（*Tariff Act of 1930*）第 337 节（简称"337 条款"）及相关修正案进行的调查，禁止的是一切不公平竞争行为或向美国出口产品中的任何不公平贸易行为。

该条款规定，凡进口到美国的外国（地区）产品，无论是以何种形式进入美国，例如销售、出租、寄售等，若其侵犯了美国本土现有或正在建立中的合法有效的专利权、版权、商标和外观设计等，即可构成"337 条款"违规，就可以对其进行调查。

"337 调查"所指的不公平行为具体是指：产品以不正当竞争的方式或不公平的行为进入美国；产品的所有权人、进口商、代理人以不公平的方式在美国市场上销售该产品，并对美国相关产业造成实质损害或损害威胁；阻碍美国相关产业的建立，或压制、操纵美国的商业和贸易；侵犯合法有效的美国商标和专利权，或侵犯了集成电路芯片布图设计专利权；侵犯了美国法律保护的其他设计权，并且，美国存在相关产业或相关产业正在建立中。

"337 调查"、
法院诉讼和反倾
销调查的区别

如何避免成为"337 调查"的被告呢？

在生产对美出口产品时,先初步调查美国同类产品中是否适用相同或类似技术、外观设计及商标;在接受进口商委托生产对美出口产品的订单时,在委托加工合同中加入关于知识产权侵权纠纷的免责条款;生产或出口前委托有关中介组织进行检索,减少侵权的可能性;委托律师

"337调查"案例

出具出口产品不构成知识产权侵权的法律意见书。

3.知识产权海关备案

海关备案的目的是便于海关及时发现同行侵权货物,经海关调查后认定侵犯知识产权的,由海关予以没收。

尽管权利人不报案,在发现侵权嫌疑货物即将进出口时,也可以向货物进出境当地海关提出扣留侵权嫌疑货物的申请。但如果没有海关监督,权利人自己很难发现侵权线索。

📍 本章小结

开始经营一个速卖通店铺后,怎样使店铺有持续的竞争力,卖家首先应明白数字经济时代竞争力来自顾客价值,需要思考提升顾客价值的策略。其次要懂得电子商务经营的基本法则和思路,如流量、转化率和客单价的概念及其影响因素,成交回头率、退款率、DSR等服务指标的概念及其作用,苦练内功学习打造爆品的方法等。然后还需要关注店铺的财务健康情况,如投资回报率、投资回收期、短期流动性、长期安全性及获利能力等财务指标,应使其处于健康的范围内。最后还需要了解什么是知识产权、知识产权风险的类型,懂得如何规避知识产权风险。

【思考题】

1.怎样提升顾客价值?

2.什么是流量、转化率和客单价?

3.什么是投资回报率?该指标有什么意义?

4.跨境经营的时候一般会碰到哪些知识产权风险?怎样规避?

【操作题】

1.准备一款你自己的产品,做一个将该产品打造成爆品的方案。

2.利用网络搜寻一个最近的知识产权侵权案例,并分析遇到此类侵权时该如何应对。

第四章

选品和定价

【本章重点】

本章主要学习选品与定价的基础内容，知道跨境电商选品的方法及电商产品的价格构成和定价策略。

【学习目标】

本章旨在让学习者了解在速卖通跨境平台如何选品，商品基本的营销阶段及定价策略。掌握针对不同目标市场的选品方法，学会对所选产品给出合适的定价。

第一节　选品思路

商品是一个店铺的基础，选品是第一步，选品一旦选不好，上新了之后也很难推起来，不仅浪费时间，也可能面临库存堆积的情况。"跟风效应"是速卖通选品最大的误区，什么产品成为爆款了，就跟着去做，但其实跟风的产品往往很难成为爆品。卖家要避免误入歧途，正确的选品思路非常重要。

作为一个跨境电商卖家，爆款是每个卖家一开始进入这个行业听到最多的词，怎么才能打造出几款爆款也是卖家思考得最多的问题。爆款不仅可以给平台带来收益，同时也为店铺带来了免费稳定的基础流量，为店铺之后的发展提供必要的保证。卖家可以利用爆款的流量带动店铺其他产品的销量，并且能够在店铺上新的同时充分抢占市场、获得流量，从而提升店铺销量，达到提升店铺品牌形象的作用。这也是很多卖家前仆后继为打造爆款花费很多人力、物力、财力的原因。但是问题来了：卖家应该怎么去选择具有潜力的产品，什么样的产品具有打造爆款的潜力呢？下面举一些简单的例子。

【例4-1】你认为以下哪种产品可能成为爆款？

(1)首页卖得很好的产品，有很多同行都在卖，我也跟风去卖一样的产品。

(2)很新颖的产品，基本上没有卖家在卖，我要做最初的尝试者。

(3)别人卖这款产品价格非常高，我的价格比他有优势，我也要去卖这款产品。

上述这些例子当然是片面的不完全的，那卖家要用怎样的思维去选品呢？

首先，选品的时候要有全局的观念。我们一起来分析一下上述三个观点。从观点(1)可以看出这款产品是有市场的，市场非常大，但是已经有很多同行在卖了，我们怎么做才能脱颖而出呢？这时候就要去想自身的价格是否有优势。观点(3)认为，如果自己的价格对比同行有很大的优势,那么买家可以去尝试;但是如果没有绝对的优势,卖家还是没有办法去吸引客户,因为同行的产品已经有销量积累了。那么卖家可能会想,是不是可以找一款类似的新颖的产品去替代呢?正如观点(2)所说的,至少没有来自同行价格竞争的压力。这些都是卖家在选品的时候需要考虑的问题。

所以对于选品来说,不是简单地去找销量高的产品,也不是单纯地去找价格低的产品,而是要从市场、利润和竞争三个方面来考虑。

正确的选品思路非常重要,不是盲目地选择,毫无根据地选择。接下来从最基础的产品角度、货源角度和市场角度来解析最基础的选品策略。

一、基于产品角度的选品

面对平台上琳琅满目的类目和产品,新手卖家往往会手足无措,如何选择适合自己的产品呢? 有一点很重要,即不要靠感觉选品,要用数据去选择,科学地去选品。

(一)优质产品

选品的时候一定要多对比,不要为了低价选择低质的产品。转化率及客户的基础评价对产品的权重有着决定性影响,纠纷率也会影响店铺的曝光度,质量差的产品直接导致产品流量下滑,而优质的产品可以让卖家在接下来的同行竞争中占据有利的地位。此外还要注意产品是否有品牌,当前速卖通平台主推千强品牌,品牌化的时代已经到来。卖家如果选择有品牌的产品去进行推广,对产品的未来前景有促进作用。

(二)赢利较理想的产品

虽然现在跨境电商市场的利润率已经远远不如前几年,但是跨境电商选品的利润率还是应该保持在 20%~40%。只有不断的赢利才可以带来持续的发展,跨境商品的毛利润算法公式为

商品毛利润=零售价格—产品进价—境外物流费用—其他综合成本

如果商品的综合毛利率低于 20%,建议卖家谨慎选择。

在选品的过程中卖家要有基本的意识,即选择这款产品的时候,对这款产品的定位是什么。产品的定位最基础的有三种:利润款、赢利款和普通款。卖家可根据产品定位去设置合适的利润率。

(三)符合国际物流运输标准的产品

俄罗斯的物流费用变化情况

选择商品品类一定要考虑该商品适合不适合国际物流运输。一些体积巨大、容易破碎的产品做跨境远程运输是不合适的。还有要及时关注平台发布的物流变化情况,及时对物流模板做出改进。卖家在选择品类的时候一定要注意避免商品物流发不了的情况。

(四)售后成本低的产品

就目前跨境出口模式来说,卖家很难真正做到较为完善的售后服务,对于客户的咨询也会因为时差的关系导致回复不是很及时,可能会错过一些商机。买家有售后服务需求,卖家都是贴钱去做,但这样的频率不应该太高,如果频率高就意味着巨大的成本。所以,选择跨境电商商品品类时,应该倾向于那些售后成本比较低或者基本不需要售后服务的产品。这也和上述第一点相契合了,卖家在选品的时候一定要选择优质的产品,降低客户纠纷率,从而减少不必要的售后成本。

(五)可能成为爆款的产品

产品是店铺引流和现金流的核心。卖家不能为了铺量去上品,"产品越多效果就越好",这是完全不正确的想法。店铺的产品不需要太多,核心就是做爆款产品,以单品取胜,爆款产品也是未来跨境电商品牌之路的基础。

爆款的选择策略有很多种,可以运用数据工具,如后台的数据纵横工具调研出行业里哪些是最热、成长最迅猛的产品,通过单品的市场调研分析、竞争对手的市场分析、目标市场客户的消费热度及产品利润价格优势等数据分析,最终确定爆款。爆款的选择主要依据以下几个核心数据:产品的赢利能力、产品的点击率和转化能力、产品的客户价值、产品的竞争力。

(六)没有法律风险并且符合平台规则的产品

跨境平台对于产品的知识产权、盗版侵权都有严格规定,中国卖家应该熟悉各平台的规则,并且熟悉跨境平台的方针政策,避免因为违规的问题给自己的经营带来损失。

(七)差异化的产品

卖家选择的产品一定要有自己的特色,如果选择市场同质化非常严重的产品,价格竞争就会非常大,而且很多竞争对手都有一定的销量和评价积累,卖家很难去打造爆款,因此,进行差异化补品,也是平台需要的。卖家要结合同行的爆款产品,对市场和客户的需求保持足够的敏锐度。

(八)时尚的产品

选品尽量选择买家搜索比较多、当下比较流行的产品,以及市场主推的产品。如之前曾热销的指尖陀螺,要把握准时机,找到切入口,及时售卖。也可以结合中国及各国的潮流趋势,借助一些软件,比如中国的抖音或境外的一些社交软件,及时关注潮流趋势,把握时机。

二、基于货源角度的选品

(一)选择库存充足的产品

爆款的订单量会比较大,卖家要把握好产品的库存,避免之后卖起来了却没有库存了。只有配备一定的库存,做好库存管理,才能提高卖家的物流服务水平,下单的同时及时发货,提升上网率,提高客户满意度。

🔗 7 天上网率

(二)选择颜色、尺码、规格齐全的产品

多种产品
尺码示意

如果产品有多个SKU,为顾客的下单提供多种选择,将有助于提高产品转化率。卖家可以选择几款同类产品组合在一起,提供更多的款式方便买家选择,让买家有更多的选择空间。比如说计划销售连衣裙,卖家可以把同类的几款产品结合在一个产品上,客户体验会更好。

(三)选择自身有优势的生产线的产品

基于目前国际运费成本普遍过高的现实因素,卖家还需要考虑产品的重量和包装尺寸。选择重量轻便、包装方便、便于长途运输的产品,作为跨境平台的主打产品。为了增强客户的黏性和体验,可以在包装上面花点心思,可以提供独特的设计服务,让客户增加对卖家的认同感,增加二次购买的可能性。

优先考虑有价格优势且有不错的货源的产品,这样起步就会强于一些没有货源的卖家,不用担心供货不足,也不用担心囤货,在价格上面又有优势,便可以吸引一大波的流量。

三、基于市场角度的选品

(一)热销产品

可以根据自身平台的类目,结合首页热销的产品,选择类似款式和属性的产品,但是切记不要打价格战,尽量做一些差异化的产品,一定要找更具优势的产品,防止跟风现象的发生。

(二)查询热搜关键词产品

卖家可以通过后台数据纵横的关键词分析筛选出买家热搜的词来参考,通过关键词在首页进行有目的的选品。要注意上架一些季节性的产品或者节日产品,比如复活节、圣诞节产品,但是要注意这些产品不能成为店铺的唯一款,只能作为辅助款,毕竟这些产品的时间性非常明确,过了这个时间就很难推起来。所以对于这些产品,卖家要提前准备,以便更好地占领市场。对于时间性比较强的产品,卖家要充分利用好高热度的阶段。

(三)零少词(蓝海行业)产品

通过后台数据得到一些零少词,选择在蓝海行业中的一些相关产品。

(四)其他平台热卖产品

一些别的平台上热销的产品可能是速卖通平台上没有的。卖家应参考其他跨境平台如Amazon、Lazada、eBay、Wish等热卖的爆品的数据,综合各平台的数据进行分析,对各个平台的产品进行对比,寻找潜力产品。

四、三步骤选品

选品对于中小卖家有非常重要的作用,可以这么说,七分在选品,三分靠运营。下面介绍三步骤选品思路,即刚需选品、反复试销和产品升级。

(一)刚需选品

刚需品是什么?刚需品是生活中的必需品,它是不会因为产品价格的改变而使消费者增加或减少消费的产品,如粮食、蔬菜等。

很多卖家其实并不了解什么是刚需品,经常有卖家说:"我经过对多个平台的对比,发现手机壳是一个不错的选择,因为手机壳是刚需产品,所以我就打算卖手机壳了。"如果进一步追问:"为什么你觉得手机壳是刚需产品呢?"他说:"因为人人都需要它。"

手机壳当然是绝大部分人都需要的产品,但是普通的手机壳能吸引客户吗?在手机壳这类产品上,每个客户的需求点都是不同的,卖家要思考的是怎么满足每个客户的需求。比如,一个买家喜欢粉色的,一个买家喜欢黑色的,一个买家喜欢软壳的,一个买家喜欢硬壳的。每个买家的需求是不同的,这个时候会造成什么结果呢?那就是卖家需不断地备货才能满足不同客户的需求。但是买家的需求又是无法被完全满足的,有时候买家没有选择这款产品的原因可能只是单纯的不喜欢,那么作为卖家就无可奈何了。卖家的库存可能因为最新款手机的问世而无法再动销了。事实上,对于手机壳产品,卖家没有办法保证产品的款式被永久需要,因为外界的某个因素的变化就可能导致卖家的产品不再被需要,卖家只能顺应趋势的变化。生活中大部分人都需要的产品有很多,但却并非每个产品都是刚需品。

那么,卖手机壳就一定不行吗?也不是。确实有卖家在速卖通上仅出售手机壳每天就可以出货上千单。这里的道理在于选择刚需品的时候不要只考虑表面的因素,而要深层次地去思考什么是刚需。刚需品应该是既能够解决用户某方面需求必不可少的物件,又是买家也不会过多地去在意其款式、颜色和外观的产品。而上述的手机壳,在如今手机更新换代非常快的时代,卖家很难跟上买家的步伐,导致的结果就是库存的累积。

(二)反复试销

选择了一款好的产品,并不意味着任一卖家都能够卖到爆。一个卖家在产品上新时选择了至少50款的产品上新,虽然这些产品都是卖家精挑细选的,但是并不一定就能卖得好。很多时候一款产品卖得好或者不好,除了用心选品和努力运营之外,也会有我们无法把握的因素。有些产品分明平台上有卖家卖得很好的,卖家在上新产品的时候也觉得很有竞争力和优势,但就是卖不动。这时候该怎么办呢?很简单,"不要吊死在一棵树上"。选品上架之后,虽然已经用尽各种办法和手段,直通车也进行了测款,但是就是没有办法打造起来的产品,要学会果断放弃。很多卖家不愿放弃的原因是觉得他在这款产品上花了这么多心血,做直通车也花了不少成本,结果却没有带来预期的利润,觉得很不值得。但是卖家要清楚的是,如果在一个打造不动的产品上纠结,会浪费本来可以用在其他产品上进而产生很好结果的机会。对于一款没有价值的产品无须花费更多的时间、精力、金钱,要及时地做出改变。所以打造一款爆品的过程就是一个反复试错的过程,打造一款爆品没有那么简单,卖家能做的就是不断地尝试,不断地舍弃,直至找到一款适合的产品。

关于选品、试销和舍弃,建议卖家查看评估 5～10 款产品,然后从中选择一款产品,在 10 款产品的前期销售中,需要根据销售情况和客户反馈情况,过滤后保留 3～5 款产品,然后,在淘汰掉试销不成功的产品的同时,补充新的选品进来,继续进行销售与淘汰,如此下来,如果计划打造一个 20 款产品且每款都销量不错的店铺,卖家大概需要先后进行 60 款左右的产品试销,而卖家需要查看评估的总产品数量,则有可能多达五六百款。量大是制胜的关键。反复试炼,不断取舍,这是每个卖家在速卖通运营过程中必经的过程。

(三)产品升级

任何产品的销售都不是一帆风顺的,今天卖家发现一款商品销售火爆正在窃喜,可能明天就会有大批卖家涌入,甚至商品被跟卖,蓝海瞬间会变成一片红海。一旦商品被瞄准跟卖,商品首页上出现的基本都是同行竞争者,而且同行的商品价格往往会低于被跟卖的卖家商品的价格,这样跟卖者才能更加有竞争力,这时候被跟卖者要做的不是打折、降低利润,而是需要升级产品。

注册商标做品牌备案固然可以在一定程度上防止被跟卖,可是,真正要解决跟卖,只有一种方法,那就是:"我有,你没有。"当一个产品被独家拥有时,跟卖者解决不了货源的问题,自然也就不再跟卖了。

要选择"我有,你没有"的产品,开模、专供或者包销就是必不可少的了,如果有好的供应商资源,自然可以通过专供和包销的方式,来降低前期的资金投入,但这也要根据卖家和供应商的关系,以及卖家能够销售的货物数量来决定。很多时候,商品销量大了,供应商却转而另找合作对象。开模的话,因为模具所有权归属于卖家,更有利于避免被供应商挟持,这时候卖家可以不用降低价格,可以很有底气地说自己的价格就是最优惠的价格。

当然,开模也不能盲目进行。所有的开模都需要基于前期试销所得出的市场数据,遇到一个产品就盲目地开模,只会导致运营更被动。应在不断地反复试销后找到一款或者几款适合的产品再去开模。

第二节　站内选品

站内选品

选品是一个持续不断的过程,以为选到一款爆品这款产品就会一直爆下去,这种想法是完全不正确的。其实每一款爆品都会有他们的生命周期,在一个爆品的生命周期内,需要在做好运营的同时去选好另外的潜在爆品,做好店铺的能动性发展。具体方法如下。

(1)选品期:科学的选品是关键,切记不能凭感觉选品,通过站内站外的大数据来作为选品的依据。选品也是一个不断比较的过程,通过数据综合对比后胜出的产品才是卖家所需要的产品。

（2）成长期：做好店铺日常的自主营销，及时关注数据的变化，结合直通车及站外营销进行全渠道的营销推广，开始积累数据。

（3）成熟期：产品有了一定的销量与评价基础，利用好流量款，做一些产品信息管理模块分流，提高店铺转化率及客单价。

（4）巩固期：当卖家打造出一款爆款后，身边竞争对手也会学习如何培养类似的产品，这时候身边的竞争明显激烈，卖家需要去做一些巩固动作，比如降低产品利润，提高产品转化率，比如开展一些店铺的折扣活动。

（5）衰退期：这个阶段产品价格战非常严重，加上市场的需求降低和新产品的升级，卖家的订单和流量会减少，这时需要卖家去重新选品并进行优化，切记这时候不要过度地和同行进行价格的攀比，卖家要做的是尽快找到一款产品能够来替代之前的产品，做好店铺的能动性发展。

所以选品是一个周而复始的过程，没有永远的爆品，只有对市场有足够的敏锐度，才能更好地占领市场。下面是 8 种选品的方式，有助于卖家更好地选择符合当下趋势的产品。

一、速卖通热销产品

在速卖通的首页有各类型产品的一个快捷入口，Top Selection、Stores You'll Love、Featured Brands 及 Featured Categories 等是整个速卖通平台的热销产品，这些产品在主流国家的认可度高，卖家可以参考这些产品，选一些类似的产品去打造成爆款，在销量和评价上提升的速度会更快。可以根据自身产品的类目选择相应的入口进行选品。

首页选品示意

二、Flash Deals

Flash Deals 是卖家比较熟悉的平台活动——全球场，该频道是为了提升活动流量，给产品带来曝光位，提高用户体验的频道，每一期展示的是行业小二筛选了很多卖家和产品后审核通过的比较优质的产品，行业小二对整个速卖通的市场趋势和客户需求分析得比较成熟，在选品上更贴合平台和客户的要求，所以全球场是卖家选品很重要的一个参考因

Flash Deals
选品示意

素，也是卖家选品的一个比较好的方式，可以选择符合自身类目的相似款产品进行上新。卖家可以点击 Flash Deals 进入该频道，在最上方会显示可选择的类目，卖家只需选择符合自身平台的类目即可查看对应产品。

三、类目选品

类目选品的流程为：速卖通整体—类目选品—经营类目（包含一级、二级、三级等）—确定产品。

速卖通是一个针对全球客户的平台，每个国家（地区）的使用习惯也有很大的区别，很大一部分客户，尤其是新客户，在速卖通购物时，都会使用平台的类目导航去搜索想要的产品。根据速卖通后台的商铺流量来源分析和商品分析，类目浏览的流量占了很大一部分比例。

■ 类目选品

类目导航也是卖家选品的一个重要渠道。平台的类目导航到每个三级类目下,产品的排序和关键词搜索界面的排序大致相同,所以类目浏览的流量越来越大,转化率也很高,卖家也可以更有针对性地去一些热销的三级类目选品。

通过首页整体类目,卖家可以选择经营的类目。通过一级、二级、三级类目,卖家可以选择对应的大类。根据 Order 降序,能看到卖家选择的类目下的所有产品销量的降序展示。

但要注意的是,类目选品不仅仅是简单地根据这一步骤进行选择,卖家真正要了解的是买家的需求,通过这个方式了解买家的喜好。以下几点是卖家需要了解和学习的。

(1)类目选品并非是要找一模一样的产品。

(2)类目选品锻炼的是卖家对爆款产品的敏锐度。

(3)类目选品主要是为了分析客户的喜好及了解最近的潮流趋势。

(4)类目选品是通过市场调查,对比同行情况,分析客户消费习惯和内在需求的一种方式。

(5)每款产品都是有生命周期的,而客户对产品的需求也是不断变化的,因此要关注市场的变化,不断地与时俱进。

举个最简单的例子,比如一个做童装的卖家,点击进入相应的类目,会看到各种产品,那么他应该重点关注什么呢?他可关注款式,如最近流行的是裙子、裤子、套装还是鞋子配饰,分别用的什么材质,是牛仔的还是棉质的,再看看大概的价格区间。这些都是卖家在类目选品的时候可以去关注的,通过与同行对比,进行综合的分析,会对产品有基本的定位,在接下来的选品中就会有更为明确的方向。

四、直通车选品

直通车推广计划分为两种,即智能测款和重点推广计划。智能测款主要是用来进行测款,重点推广计划主要用来打造爆款,如图 4-1 所示。

图 4-1   直通车推广计划

(一)智能测款推广计划思路

(1)选5~10款相同类目的产品,设置一个快捷推广计划,尽可能地把词加满,多加匹配流量词,让这些产品最大化曝光。

(2)用7~10天的时间观察产品的数据变化,从商品的曝光、商品的点击率、商品的收藏、商品的销量及转化率等维度,进行分析。

(3)挑出这些产品里表现最好的一款产品,即高曝光、高点击、高收藏的产品,加入重点推广计划。

下面以表4-1的直通车测款数据记录为例,说明如何选出适合加入推广计划的产品。

表 4-1　直通车表格数据记录

型号	产品曝光量	产品点击率	产品收藏数	产品销量	产品转化率
产品 1	1000	1.50%	2	1	2.50%
产品 2	500	0.50%	1	0	0.00%
产品 3	200	0.22%	0	0	0.00%
产品 4	400	0.30%	0	0	0.00%
产品 5	5000	1.50%	10	3	1.50%
产品 6	30	0.40%	0	0	0.00%
产品 7	10	0.18%	0	0	0.00%
产品 8	100	0.14%	0	0	0.00%
产品 9	600	0.21%	5	1	5.80%
产品 10	240	0.31%	1	0	0.00%

表4-1中有10款产品的测款数据记录。虽然每款产品都有相应的曝光量,但是部分产品没有收藏数和销量,这些产品暂时不去考虑。对于有转化的产品,如产品1、产品5、产品9都是有销量的产品,产品1和产品5的点击率是一样的,但是产品1的曝光量相对比较低,这时候卖家要思考的是如何去提高产品1的曝光量,从而去提高产品收藏数和销量。产品9的转化率非常高,但是曝光量比较低。所以卖家可以先优化曝光量比较低的产品,再加入推广计划进行比较,可能会有不一样的效果。可以尝试将产品1、产品5、产品9加入重点推广计划。针对不同的效果卖家可以灵活地去变通,改变推广方式。

(二)重点推广计划思路

(1)添加所有系统默认推荐的词。

(2)下载数据纵横搜索词分析里和商品匹配的词。

(3)选择一些直通车关键词工具推荐的词,可以根据产品的匹配度进行选择,一些排名较好的产品不需要加入推广。

(4)有些词需要通过创意标题进行良词推优,等级为"优"的关键词可以展示在第一页的位置,等级为"良"的关键词没有这个权利,应尽可能把等级为"良"的关键词转化成"优"

的等级，获得更大的曝光机会。

（5）调整关键词的出价，保证爆款的曝光量，前期可以先根据推荐的价格出价，每天关注花费情况和获得的反馈情况，再进行上升或下调的调整。

（6）记录每天的数据情况。即使从商品的曝光量、商品的点击率、商品的收藏数、商品的销量及转化率等指标进行分析，也不能保证通过智能测款选出的产品一定就是爆款产品。这是通过前期测试预测的潜力款，所以要实时关注数据的变化，以防出现没转化还一直在烧钱的情况，记录每天的数据，不适合的产品及时更换，不要出现长期烧钱没反馈的情况。

五、数据纵横—行业情报选品

后台数据纵横—行业情报板块可以直观地体现出市场、竞争、利润这三个选品的要素。首先选择卖家所经营的行业大类，通过行业核心指标、行业构成分析及子行业分析，对产品的市场、竞争及利润确定一个基本的定位，如图 4-2 所示。

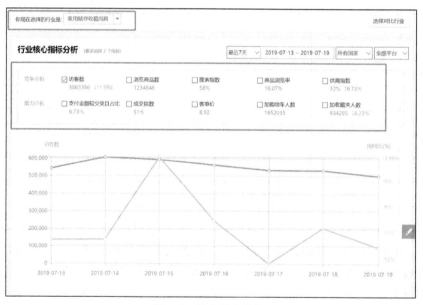

图 4-2　行业核心指标

通过对各行业的访客占比（访客占比越高，市场越大）、支付金额占比（支付金额越大，利润越高）、供需指数（供需指数越小，竞争越小）进行对比。表 4-2 是行业对比数据，这些数据是后台根据类目分别下载的数据计算出平均值而得出的结果。后台选择了家居类目下的园林洒水装置、烘焙套装、垃圾袋、浴室防滑垫。三个数据进行对比后可知，园林洒水装置访客数占比 34.00%，比浴室防滑垫相对低一点，支付金额占比相比其他产品高，供需指数也是 4 个中最低的，对这些数据进行对比，选择园林洒水装置更有可能打造出爆款。烘焙套装访客数占比最低，支付金额占比也是最低的，供需指数最高，说明竞争非常激烈，但是市场很小，利润也不高，不是很适合去选择。另外两个产品的表现都中规中矩，想要打造爆品也是比较难的，在有足够的价格优势的情况下可以尝试。分析结果如图 4-3 所示。

卖家可以通过表的形式把一些想做但是不确定的行业进行对比分析，不要盲目选品，而要用数据说话。

表 4-2　行业对比数据

行业	访客数占比	支付金额占比	供需指数
园林洒水装置	34.00%	12.60%	14.00%
烘焙套装	10.00%	0.36%	47.00%
垃圾袋	21.00%	0.51%	24.00%
浴室防滑垫	35.16%	10.77%	26.00%

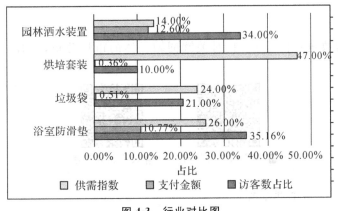

图 4-3　行业对比图

六、数据纵横—选品专家选品

通过后台的数据纵横—选品专家的筛选功能,卖家可以清晰地了解到热销和热搜的三级类目。热销是基于卖家维度的指标,卖家需要理性看待,因为有些热销品的竞争会非常大,其他卖家积累了大量的销量和评价,卖家打造爆款就非常难。这也是类目选品中卖家会遇到的问题,卖家要找的是类似款而不是一模一样的款。热搜是基于买家维度的指标,表示买家近期对某种产品搜索量比较大,用圈的形式表示,圈越大,说明市场需求越多,卖家可以通过热搜关键词进行选品,及时抢占市场。热搜产品是不断变化的,要重点关注,可以定期根据热搜词进行产品的选择。

选品专家热
销/热搜示意

七、数据纵横—搜索词分析选品

(一)搜索词分析作用

通过后台数据纵横—搜索词分析,卖家能更清晰地分析出每个关键词的点击率、转化率、竞争指数等具体参数指标,卖家可以下载最近 30 天的数据表格,筛选出一些高搜索、高转化的优质关键词作为选品的重要依据。搜索关键词分为热搜词、飙升词和零少词三个维度。热搜词是买家搜索频率高的词汇,代表着买家的需要,是卖家选品的重要依据;飙升词代表近期搜索量增大的词汇,有一定的市场趋势指导作用,但是受到节日、季节等多维度的影响,需要理性地筛选;从零少词可以分析出一些蓝海行业,可以对其适当加以关注。

（二）搜索词分析的步骤

搜索词分析基本步骤为:选择所属类目—导出数据—综合分析。

即先选择所属类目,接着导出数据,再根据导出来的数据进行选品三要素的分析。

（三）搜索词分析三要素

选品三要素分析是指市场分析、利润分析、竞争分析。

1. 市场分析

根据搜索指数进行降序排列,对关键词做整体的市场分析,选择搜索热度高的关键词。

📖 搜索词分析界面　　📖 搜索指数降序

📖 支付转化率降序

2. 利润分析

根据支付转化率进行降序排列,选择支付转化率高的关键词。

3. 竞争分析

📖 竞争指数升序

根据竞争指数进行升序排列,选择竞争指数小的关键词。

所有方式的选品都离不开市场、利润、竞争这三点,针对以上三点进行整理,综合分析,筛选出最适合、最具热度和竞争力的关键词,在首页上搜索关键词,进行产品分析,选择类似款产品进行上新。

根据搜索指数降序、支付指数降序及竞争指数升序排列得出的结果表明,卖家想要找的产品是搜索指数高的、支付指数高的、竞争指数低的产品,卖家根据标黄出来的关键词进行对比分析即可得出最适合的关键词,再到首页进行搜索。卖家可以优先用符合这三个条件的关键词进行选品,这些关键词搜索出来的产品往往是近期比较热销和正在上升期的产品,卖家可优先选择。如果没有符合这三要素的,可以根据具体类目具体分析。

八、国家（地区）市场选品

📖 国家市场
选品示意

根据后台国家(地区)市场这个板块展现的数据,来做出店铺的选品。具体的参考维度有:平台主流客单价,主流国家(地区),消费人群性别、年龄、偏好,习俗节日等。根据后台显示的国家(地区)占比情况,了解每个国家(地区)的风俗、喜好、宗教、气候等一些基本情况,才能更好地了解买家的喜好,更精准地进行选品。

第三节 站外选品

一、利用境内境外购物网站选品

可利用 1688、eBay、Amazon 一些境内、境外的网站进行选品。eBay、Amazon 和速卖通面对的都是境外的客户,所以在选品方面具有一定的参考性,可以选择在 eBay 上销量好而速卖通上没有销售的产品进行销售。1688 是境内最大的批发网站,对于没有工厂的卖家来说或许是最好的进货渠道,卖家也可以通过首页跨境专供渠道进行产品的选择,根据产品销量、产品的优势及产品的价格进行筛选,选择最具竞争力的产品,如图 4-4 所示。

图 4-4 利用 1688 网站选品

二、利用社交网站选品

在境内,微信朋友圈、微博、抖音是比较大的社交媒体平台,在这些软件还没有开始风靡的时候,境外已经开始用 Facebook、Instagram 等一些社交媒体软件了。这是卖家选品和营销非常重要的一些平台,卖家可以根据平台用户发布的产品视频,了解境外的趋势,紧跟潮流。这些网站也会发布一些近期比较流行的产品,卖家需要时刻关注境外网站的动向。比如,可以加入 Facebook 的一些小组,一些同行或者买家会在上面发布一些产品,卖家可以借鉴,有人发布这些产品说明这些产品都是被市场所需要的。再如深受广大年轻人喜欢的抖音,其国际版"Tik Tok"也在境外爆红。2019 年第一季度,抖音下载量达 4580 万次,被视为中国移动产品出海的新模式,成为全球下载量最高的 iPhone 应用。抖音海外版"Tik Tok"的爆红,吸引了不少跨境卖家的注意,卖家借助国际版的抖音能够及时了解境外一些有趣的产品及当下比较流行的产品。利用抖音等 APP,可以找产品也可以用有趣的方式上传卖家自己的产品,这也不失为一种好的营销策略。

三、利用境外的明星及影视作品选品

速卖通选品可以参考境外一些明星或者影视作品。如《复仇者联盟》作为一部高热度的电影，一上映就收获了极高的关注度，这个时候卖家可以选择一些该电影的周边产品上架销售，蹭一波电影的热度；也可以关注一些知名博主，他们有时候会推荐一些产品，可以借鉴，就好比国内的网红推荐的一些产品可能是当下最火爆的产品，很多买家也可能会跟风入手。

四、站外选品

第一，不同的国家（地区）对产品的需求是不同的。比如美国和欧洲一些主流国家消费者除了价格之外主要看重的是产品的品质和品牌，而东南亚国家消费者主要看中的是价格，会进行再三的对比。每个国家（地区）市场的喜好是不一样的，只有了解目标市场的风俗、喜好、宗教、气候等一些基本情况，才能够确保选品的正确。

第二，善于发现产品，通过一些社交网站、红人博客、境外影视作品，掌握产品趋势，一些境外的网站也会经常更新一些产品，卖家可以通过这些渠道了解市场情况。

第三，通过速卖通首页及后台数据纵横板块，卖家可以了解热销产品的大类，不要"跟风选品"，要结合后台数据，多分析，理智选品。数据纵横的每个板块都是卖家选品的关键参考因素，要能够玩转数据纵横板块，培养对产品的敏锐度，提高选品的精确度，减少不必要的时间和金钱的浪费。

第四节　产品定价

产品定价

在确定产品价格的时候，卖家很容易产生以下误区。

第一，产品价格越低越好。抱着这种想法定价，产品就需要通过打折或者返现来参加促销活动，结果价格越来越低，没有利润了，遇到运费上涨的情况就会亏损，卖家只能被迫去改价。

第二，只要不亏就好。抱着这种想法定价，平台产品没办法打折参加活动，遇到一些额外的情况，如物流亏损、退换货等情况，亏损会比原来计划的多很多。

第三，把价格设置得低一点，至少首页看上去价格是最低的，然后把运费设置高一点，从运费中获取利益。现在平台的政策越来越完善了，这种做法是不符合平台规定的，所以不建议这样的定价操作，被发现就会受到处罚。这种情况卖家可能会获得高的点击率，因为价格很低，但是转化率不会很好，用户跳转率太高，对产品的权重也有影响。

卖家要避免上述说的3种误区，找到适合自己的正确的定价方式。接下来先从影响定价的因素来了解如何定价，再结合定价策略具体分析。

一、影响定价的因素

价格太高没人买，价格太低没利润，如何确定一个合适的商品价格是一门学问，一个好的定价将直接决定卖家是否可以赢利。那么，该怎么对自己的产品进行定价呢？影响产品价格的因素又有哪些呢？下面我们具体来分析。

(一)成本利润因素

1.货品成本

货品成本顾名思义就是货品的生产成本,对于自己有工厂的卖家来说,计算该成本是比较简单的,而从另外渠道进货的卖家则必须要精准计算好进货成本。

2.运费

跨境物流运费相对境内的运费更加复杂,运费偏高,所以在设置运费模板时一定要注意,产品包邮和不包邮对整体的定价影响非常大。卖家应根据产品的情况进行有针对性的设置,对于包邮的产品在定价的时候应加上邮费。比如,不同行业的卖家所面向的国家(地区)是不同的,如果面向的是美国,那么就可以针对美国进行包邮,运费比美国低的国家(地区)都可以进行包邮。运费比美国高的国家(地区),卖家可以让买家去承担超额运费。再比如假发,非洲是假发最主要的市场,这个时候运费的分配肯定也会不同。要根据行业去进行具体设置。

3.利润

(1)速卖通的产品分为利润款、引流款及普通款产品。针对不同的产品卖家可自行设置不同的利润。

(2)引流款:这类产品利润偏低,甚至只能基本保本,但能有效地占据排名,为店铺带来大量的访客和点击量。可以设置3~4款引流款,不需要太多,保证能够引进流量就可以了,重点关注流量情况。

(3)利润款:这类产品销量没有引流款高,竞争偏小,但是能为店铺带来高利润的产品,引流款和利润款相辅相成,形成转化,达到店铺利益的最大化。

(4)普通款:即正常销售的产品,搭配其他产品销售。一个店铺普通产品占大多数,卖家在定价的时候利润设置得一般,价格上和同行的差距不大,保持在首页最高价和最低价之间。

4.平台佣金

平台收取的佣金在5%~8%不等,不同类目的产品,平台收取的成交佣金是不一样的。

5.促销成本

速卖通平台借鉴淘宝的模式,越来越重视营销活动,店铺打折、联盟营销、直通车、平台大促活动等,活动非常多。

活动多,意味着可能带来更好的销量,但同时,参加营销活动则意味着成本的增加,利润率的下降,卖家在定价的时候要考虑促销成本,防止出现价格定得过低无法进行打折的情况,这样将无法参加平台的活动,从而错过获得流量的机会。

为了后续的活动,卖家需要在定价时有所考虑:是所有活动都不参加直接定最低价,还是定一个稍高的价格,参与到平台活动中呢? 以下是三种方案,不同的卖家可自行选择。

方案一:直接把价格一步到位定到最低,几乎不参加任何活动,凭着低价,抢到更多的订单,也减轻后续为各种活动来回调整价格的麻烦。

方案二:从发布产品开始就定很高的价格,持续高比例地打折,依靠高折扣引入较多的流量。平台搜索结果中折扣在搜索优先中占有一定的百分比,具体比例是多少,属于平台内部机密,作为卖家,一般获取不了各属性所占搜索权重的数据。一方面,打折的同时还可以保持着较高的利润率,最重要的是,由于可以持续的高折扣率,自然更容易参与到平台大促活动中来。

方案三:部分产品设置高价格,高比例打折,部分产品设置最低价,不参加任何活动。低价产品在活动期外通过低价吸引客户,引入流量。高价产品参加活动,享受活动带来的流量。

(二)心理因素

从卖家的心理角度出发,可能多一元少一元对卖家最终的利润没有太大的影响,但是对买家的购买行为却有很大的影响。比如我们去淘宝购物,看到很多9.9元的产品或一些打折的产品会心动,卖家就是通过这些神奇的数字来刺激买家的消费。比如"0.9元效应"——人们会觉得0.9元比1元钱要便宜很多,购买的欲望会增强很多。平台上的产品价格可以根据产品不同的定位来进行设置,一些普通产品在定价的时候不妨用这些数字来做结尾;一些需要参加平台活动的产品可以根据折扣进行计算,从而定出一个刺激消费的价格。

(三)产品生命周期

价格是一个随市场不断变化的因素,而不是一个固定的值。应根据产品生命周期,在产品生命周期的不同阶段制定不一样的价格。

在产品刚上架的阶段,可以采取适当的低价策略,达到吸引流量的目的。但是,也必须在充分考虑产品利润的基础上定价,否则对于卖家非但赚不到应得的利润,还会让顾客认为卖家的产品有质量问题,得不偿失。在产品的成长阶段,销量越来越好的话,可以适当提高少许价格;反之,销量如果不乐观,则可以适当放低价格,继续引流。

在产品的成熟期,卖家应该考虑的是如何打造自己的品牌,制定的价格可以加上品牌价值,那卖家就可以把产品的成熟期继续延长。

在产品的最后一阶段——衰退期,大量卖家涌入,按照市场制定的价格已经无法赢利,甚至会亏本销售,这时该考虑清理库存,然后退出市场。考虑到一款产品上架之后,修改产品本身的价格对产品销售有很大的不良影响,在衰退期,卖家需要做的是通过不同的折扣力度来改变价格,而不是修改产品本身的价格,所以卖家在最初定价的时候需要慎重一点。在产品上新阶段,卖家可以适当采取大折扣的策略来吸引客户,引入流量;等销量趋势向好,积累了数据之后,卖家可以适当地提升价格,折扣力度可以适当减小。但如果销量不好,需要再加大折扣来刺激客户消费。这是一个比较好的方法,对产品自身的影响较小,通过折扣来改变价格,不同的阶段设置不同的折扣实现价格的变化,达到利益最大化。

二、基于成本的定价策略

(一)不同价格之间的关系

价格可能不是影响产品销量的唯一因素,但却是一个重要的因素。在速卖通平台,对排序起着重要影响的两个因素是销量和关键词。而影响销量的因素在于价格,卖家需要了解不同价格之间的关系。举例如下。

上架价格：产品上传的时候填写的价格。

销售价格：平台活动和店铺活动越来越多，卖家的上架价格往往不是最后的销售价格，会参加相应的活动，销售价格就是打完折后显示的价格。

成交价格：卖家下单之后所支付的价格。

销售价格＝上架价格×折扣

成交价格＝销售价格－平台优惠（店铺满减活动、店铺优惠券、卖家手动调价）

（二）成本定价法

成本定价是多种基本定价方式里最基础的定价方式，基本不需要考虑外界的因素。接下来了解成本定价法如何对产品进行定价。

成本定价是从卖家自身成本出发，简单地依据供应商给出的价格进行计算的方式。

计算出基于成本的定价，卖家只需知道商品的成本，并提高标价以创造利润。成本中什么是商品本身的货物成本，什么是物流成本等概念就不在这里赘述了，物流运费设置在后面的章节会具体地讲解。

成本价格计算公式为

价格＝成本＋运费＋期望的利润

假如卖家采购或制作一件裙子需要花 11.5 美元，这件裙子的平均运费是 3.0 美元，那么保守地估计，成本是 14.5 美元。如果卖家想在每件售卖的裙子上赚取 10.5 美元的利润，那么裙子的定价就应该是 25.0 美元。

当然，卖家也可以使用百分比来计算定价。比如，简单地在产品成本上加上卖家期望达到的利润率来定价格。

【例 4-2】成本是 5.0 美元（包含了产品成本和国际运费在内），卖家期望的毛利润率是 20%。速卖通成交佣金是 8%，部分订单产品的联盟费用是 3%～5%。

我们可以计算：价格＝[5.0÷(1−8%−5%)]÷(1−20%)≈7.2（美元）。如果保守一点进行计算，则价格＝5.0÷(1−8%−5%−20%)≈7.5（美元）。卖家保守一点进行计算，有助于减少突发情况带来的损失，但是价格也不能定得过高，过高的定价会导致商品无法销出。

如果上架的产品准备作为活动款，那么卖家在定价的时候要有相对较大的利润空间，一般可以用 40% 来计算，计算公式为

上架价格＝销售价格÷40%

这里注意是销售价格，如果用成本价来计算，那么卖家的利润是远远不止 40% 的，要注意这一点。参加活动的折扣要高于平台所规定的最低折扣，而不同的类目最低折扣是不同的。但也不能高于 50%，因为折扣过大容易让人产生虚假折扣的想法。据速卖通官方统计，折扣一般在 30% 左右是买家比较容易接受的，不高也不低，属于比较合理的范围。

平台活动
资质报名

基于成本的速卖通定价策略可以使卖家避免亏损，但它有时可能也会导致利润下降。

比如,顾客可能会乐意为商品支付更多的费用,从而使产品利润增加;也可能因为价格太高放弃产品,导致销售的商品数量减少,利润降低。

成本定价方式虽然简单,但是在这种方式下,卖家对价格没有足够的了解,比如,这款产品平均在市场上的价格是多少,怎样的价格比较有优势,同行的具体价格如何,这些都不了解,所以产品上传了之后到底是否有竞争力,卖家心里也会缺少一个基本的认知,虽然简单,但是不精确,没办法知道这个价格是不是买家能接受的价格。

> **【例 4-3】**卖家计划上新一款产品,产品成本价是 4.5 美元,境外运费预计是 5.0 美元,卖家期望赚取 30% 的毛利润,该商品不需要联盟佣金(8%)。请计算出这款产品的上架价格。计算的时候需要考虑到速卖通的平台佣金,还需考虑到人民币相对于美元的汇率。
>
> 上架价格＝(4.5＋5.0)÷(1－8%－30%)≈15.3(美元)

三、基于竞争对手的定价策略

发布产品的时候,与其单单追求发布的速度,倒不如在每一条产品的发布过程中去搜索该产品在整个平台的销售情况。在搜索的首页,自然就能了解销量较好的价格区间,以此区间为依据,价格不要过低,但肯定也不能过高。很多卖家发布产品时,仅仅根据自身的进货成本、重量运费、包装成本、佣金、汇率、潜在损耗、预期利润等几个因素来制定价格,而这样的定价往往会出现一个结果,要么价格过高没人买,要么价格过低,加剧了整个平台关于该类产品的价格战。参考同行的价格,还可以挖掘出更多未知的信息,比如,根据竞争对手的价格,卖家无论怎样核算都核算不出利润,那么对手真的就是亏本卖的吗?未必。这时候,卖家自然需要根据对手的销售价格,以倒推的方式去推研各个环节的成本构成。推研的好处在于,卖家会发现很多未发现的利润点。比如,推研过程中,卖家可能会意识到自己的运费成本过高而去寻找更合适的货代或发货方式;卖家可能会发现拿货成本太高从而寻找性价比更高的供应商;卖家可能会发现其他卖家拆掉了原有的大而重的包装从而来降低成本;等等。比如首页上出现的 0.99 美元还包邮的产品,了解运费规则的卖家都知道,0.99 美元连运费都不够。那么他们是怎么赚钱的呢?根据对竞争对手的研究,不难发现,其实一般这些产品的进货价都在几分钱左右,尤其义乌小商品市场的东西很多论斤卖,所以进货就很便宜。再比如运费,如果一个卖家选择平邮,邮费也要 6~7 美元,所以对于这一卖家来说,0.99 美元连运费都不够,但是其他卖家可能会发燕文物流,一般重量比较轻的产品只要 2~3 美元。这个例子主要说明,在首页上看到低价的产品不要觉得其他卖家是为了抢流量都在亏本卖,同行也不会全部都做亏本的生意,卖家要通过和同行的对比找到自己可以提升的点,以及节约成本的途径,无论是产品成本还是物流成本。

这种定价模式,只有当卖家与竞争对手销售完全相同产品的时候才能发挥效果。在首页上寻找和自家产品相同款的产品,如果发现首页上没有和自家相同款的产品,说明自家的产品是新颖的、没人售卖的,但是也可能是一些违禁品。这点一定要更加注意。一般卖家去查找的时候总会找到一些一模一样的产品,这时候卖家要做的就是根据同行的价格去制定出一个基本的价格区间,每个卖家的价格肯定都是不一样的,知道自己产品是什么样的定位,是应该比同行的价格更低,还是应该处在这个区间内,这些都需要卖家自己决定。比如,卖家通过对比确认同行产品的价格已经是最低价了,卖家想要吸引更多的流量,那么就应在最低价的基础上减 5%～15%,作为产品的销售价格。那么这款产品卖家可以作为平台的引流款去培养,但是这种产品不能上架太多,毕竟卖家最终的目的还是赢利,只需要确定 3～4 款的引流款就能带动平台的流量。

速卖通违禁品

但是这种基于竞争对手的速卖通定价来定价的方式的不足在于,如果一款产品目前首页的最低价是 5.00 美元,卖家就定价 4.59 美元,并期待订单蜂拥而至,但是却发现结果并非如此。因为同行正在用 4.39 美元发起挑战。导致的结果就是双方不断降价,利润空间压缩到最低,最后赢利越来越少,导致恶性竞争的发生。所以在进行价格战的时候一定要理性竞争,避免过分地进行价格战。

【例 4-4】卖家选择了一款产品,根据成本定价法算出来的价格是 7.5 美元,毛利润是 40% 左右,表 4-3 是卖家根据关键词在首页上搜出来的几个比较有代表性的同行的价格,现需根据表 4-3 上显示的价格确定上架价格及销售价格。

表 4-3　同行价格展示

编号	价格/美元
同行 1	5.5
同行 2	6.5
同行 3	6.3
同行 4	7.0
同行 5	5.0

表 4-3 中的 5 个价格,同行的最高价是 7.0 美元,最低价是 5.0 美元,卖家算出来的价格是 7.5 美元,相较于首页,这个价格是偏高的,但是由于不知道首页中的同行的利润是多少,所以针对不同的利润我们可以给出以下几种方案。

如果我们上架的价格是 7.5 美元,而且没有任何的优惠活动,那么我们是完全没有竞争力的,所以针对这款产品我们的上架价格可以确定为 7.5 美元,然后针对上架价格给予相应的折扣,比如 20% 的折扣,确定销售价格为 6.0 美元,处在一个中间的价格。

如果想把这款产品当作引流款来打造,那么我们就要用最低价 5.0 美元来作为一个标准,我们要比这个价格稍微再低一点,然后去倒推我们有没有赢利的空间。如果有,我们可以去尝试一下;如果我们无法达到这个价格以下,那么这款产品就不适合当流量款去打造,我们可以再找别的款。

四、基于产品价值的定价策略

基于产品的价值来对产品进行定价,这是 3 种方式中最复杂的定价方式。如果采用这种方式,卖家需要对市场进行研究和对客户进行数据分析,卖家需要对买家购买这款产品的原因进行分析,了解买家最在意的产品功能是哪些,购买这款产品的时候因为价格而购买的买家的占比是多少。基于产品价值的定价是一个相对较长的过程。随着卖家对市场和产品的了解加深,产品的价格需要不断地进行变动,不能只设定一个价格就完事了。

相对于基于成本的定价策略和基于竞争对手的定价策略,基于产品价值的定价策略能给卖家带来更多的利润,因为在定价之前对市场和顾客进行了调查,对于市场更具敏锐度。

五、免费定价策略

产品定价
注意事项

基于成本定价、基于竞争对手定价、基于产品价值定价是速卖通最常用的 3 种定价方式,基本上 99% 的卖家都采用上述 3 种方法进行定价。但是也有极少数的人会用到免费定价的方式。免费定价主要是通过完全免费、有限免费、部分免费、捆绑式免费的方式,给买家带来好的体验,先占领市场再获得利益的一种定价方式。这种定价方式不是很常见,总体来说前期消耗的时间成本较多,投入的资金较大。

📍 本章小结

选品和定价是速卖通新手存在的一个难点和问题点。本章介绍了基于产品角度的选品思路、基于货源角度的选品思路、基于市场角度的选品思路,速卖通热销产品、Flash Deals、类目选品、直通车、数据纵横—行业情报、数据纵横—选品专家、数据纵横—搜索词分析、国家市场选品等 8 种速卖通站内选品方式,以及利用境内、境外购物网站、社交网站、境外的明星及影视作品等站外选品方式。在分析价格影响因素的基础上,介绍了基于成本的定价策略、基于竞争对手的定价策略、基于产品价值的定价策略、免费定价策略。

通过本章对选品及定价的方法介绍,相信大家对速卖通跨境平台已经有了初步的了解,希望新手卖家在实际操作过程中,运用教材里提到的一些基本方法去实践,自己获得选品定价的经验。

【思考题】

1. 选品有哪些基本方式?

2. 跨境产品价格组成部分有哪些?写出产品价格的基本算法。

3. 定价的主要方式有哪些?分别在什么情况下用什么定价方式?每种定价方式举一个例子。

【操作题】

1. 选择一个适合速卖通平台售卖的类目,并说明参考的数据渠道来自哪里。

2. 选好售卖的类目后,选择适合在平台上售卖的产品,选出 3 款产品并说明具体的选品过程。

3. 对这 3 款产品给出相应的定价,结合成本、运费、利润、平台佣金,说明相应的计算过程(国际运费可暂定一个值)。

第五章

跨境物流

【学习重点】

本章重点学习跨境物流的主要运输模式、跨境的主要物流方式尤其是速卖通的线上发货物流方案、速卖通物流模板设置及发货流程。

【学习目标】

本章旨在让学习者了解跨境物流的概念及其发展现状，熟悉主要跨境物流方式及其选择，掌握速卖通运费模板设置，了解跨境电商关境。

第一节　跨境物流简介

一、跨境物流的概念

跨境物流是指两个或两个以上国家或地区之间进行的物流服务。和境内电商相比，跨境电商交易双方分属于不同国家或地区，商品需要卖家通过跨境物流方式递送到买家手中。以速卖通平台一个发国际邮政小包的订单为例：买家在平台上下单支付后，首先卖家通过境内物流送至境内海关，进行报关，通关后再经由航空运输从境内机场送达目的地机场，然后经目的地海关清关后，最后通过目的地本地物流将包裹完成派送，如图 5-1 所示。如果包裹运输途中发生中转，还需要进行中转国（地区）海关的报关和清关手续，如果使用新加坡邮政挂号小包将包裹从中国发往法国，包裹会在新加坡中转，再发往法国。

图 5-1　跨境物流空运流程

与境内物流相比，跨境物流涉及两个或两个以上国家或地区的关境，需要经过报关和清关手续，工作内容比较复杂，环节比较多。此外，全球有 200 多个国家和地区，没有一家物流企业能依靠自身能力单独提供全部国家和地区之间的跨境物流服务，卖家往往需要在众多的跨境物流服务商中进行选择。因此，跨境物流成为跨境电商的难点之一。

二、跨境物流的主要运输模式和痛点

（一）跨境物流的主要运输模式

跨境物流的运输模式主要分为两大类：一类是直邮模式，即商品从卖家的国家或地区直接寄送到买家所在的国家或地区，国际邮政、国际专线和国际快递都属于这种模式；另一类是海外仓模式，即商品被提前寄送到买家所在的国家或地区，存储在仓库中，订单产生后再通过本地物流完成派送。目前，我国跨境电商零售所使用的跨境物流仍以直邮模式为主，海外仓模式的使用率较低，据不完全统计，我国跨境电商 70％ 的包裹都是通过邮政系统投递的，其中中国邮政占据 50％ 左右的份额。但是，随着跨境电商的快速发展和竞争加剧，越来越多的企业开始布局海外仓，以提高产品在国际市场的竞争力。

（二）跨境物流的痛点

目前，跨境物流主要存在以下五大痛点。

1.配送时间长

跨境平台商品包邮所使用的物流服务一般是国际邮政小包。国际邮政小包虽然价格便宜，但时效不稳定，在一些国家（地区），其包裹妥投时间有时需要两个月，如果再遇到恶劣天气或是罢工，妥投时间可能更长。如此之长的配送时间，不仅极大地考验了境外买家的耐心，同时也严重阻碍了跨境电商的发展。

2.包裹无法全程跟踪

随着近几年电商物流的不断发展，境内电商物流的包裹已经基本实现了实时追踪，而在跨境物流中，除了国际商业快递外，大部分包裹的物流跟踪信息在出境之后都存在更新不及时和信息不完整的问题，有些国家或地区甚至不提供包裹跟踪信息。一些物流比较发达的国家或地区，由于人力成本较高，对于普通等级的物流服务提供的跟踪信息有限。而物流发展相对滞后的国家或地区，则受相关基础设施限制而不能提供及时和完整的物流跟踪信息。缺少物流跟踪信息让卖家在处理未收到货纠纷时无法判断包裹的状态，不能确定是丢失了还是延误，因而要承担退款所带来的损失。

3.关境障碍

跨境物流涉及两个或两个以上国家或地区的关境。对于境的跨境电商卖家而言，只要不寄送违禁品，并且如实申报的话，一般都可以通过中国海关。即使不能通关，最多支付境内运费，就能拿回退件。而目的地清关则更加关键，因为世界各国（地区）的海关都有各自的进口贸易政策，一旦发生扣关，处理会更加复杂。如果包裹被直接没收或者被退回，卖家将面临损失，还可能要支付额外的费用；如果卖家要补交相关文件的话，则可能面临无法提供、沟通困难或者派送延迟等问题，最终可能导致在承诺运达时间内包裹未妥投，买家投诉要求退款。有些国家（地区）的清关速度较慢，如巴西和阿根廷，即使包裹能够顺利通关，也可能因为包裹太多、节假日、天气、罢工等因素造成清关时间过长，最终导致买家投诉退款。

4.包裹破损或丢失

在跨境物流中,包裹从揽收到最后投妥,可能会经过多次的转运,容易出现包裹破损甚至丢失的情况,不仅严重影响客户的购物体验,而且由于取证困难等原因,也很难获得物流服务商的赔偿,最终卖家要承担相应的损失。

5.退换货困难

由于境内物流运费较便宜,时效较快,也不涉及关境,所以境内电商一般都提供退换货服务。但是在跨境电商中,由于物流运费较高,时效较慢,而且涉及不同国家(地区)的关境,如果商品退回的话,物流运费一般会高于卖家发货时所支付的运费,而且在通过中国关境时可能产生进口关税。因此,采用直邮模式销售的商品一般都不提供退换货服务,除非商品货值较高,像手机、平板电脑等。一旦买家有退换货要求,卖家一般会和买家协商部分退款而不退换货。只有通过海外仓模式销售的商品才适合提供退换货服务,但商品数量相对较少。

跨境物流中存在的诸多痛点对跨境电商的发展造成了严重的影响。不过随着跨境电商的发展,跨境物流已经由过去单一邮政包裹转变为"邮政物流为主,其他物流并存"的多元化物流业态。跨境物流体系的逐渐完善也使得跨境电商的产品朝着更加多元化与多样化的方向发展,一些更大尺寸和重量的商品也开始逐渐走入跨境电商的经营范围。相信在未来,跨境物流将会有更加丰富的服务形态,从而有效推动出口跨境电商的快速发展。

第二节 跨境物流方式介绍

一、国际邮政物流

在介绍国际邮政具体渠道之前,我们首先了解一个组织,即万国邮政联盟(Universal Postal Union,UPU,简称万国邮联)。它是联合国一个商定国际邮政事务的专门机构,总部设在瑞士首都伯尔尼。其宗旨是组织和改善国际邮政业务,发展邮政方面的国际合作,以及在力所能及的范围内给予会员所要求的邮政技术援助。万国邮联规定了国际邮件转运自由的原则,统一了国际邮件处理手续和资费标准,简化了国际邮政账务结算办法。截至2014年12月,万国邮联共有包括中国在内的192个成员。正是由于这个组织的存在,中国的跨境电商商家可以通过万国邮政系统很方便地将包裹从中国寄送到世界上其他国家(地区)。

万国邮联为跨境电商提供了经济而方便的物流服务。起初,万国邮联规定两国(地区)之间根据发送邮件总重量的差额设定应支付的邮资,包括每件包裹的处理费用和每千克费用。然而,随着跨境电商的快速发展,万国邮联所制定的资费标准也面临着新的问题。由于该资费并没有包含在目的国(地区)投递包裹的单位成本,随着跨境电商包裹的增加,包裹投递成本较高的国家(地区)的邮政系统出现了较大亏损。尽管2016年万国邮联针对跨境电商调整了资费标准,但邮资费用不对称的情况依然存在,近年来,一些国际邮政的邮寄资费也在提高。但总体来讲,国际邮政物流仍然是目前跨境电商所使用的最经济和最方便的物流服务。据不完全统计,我国跨境电商70%的包裹都是通过邮政系统投递的,其中中国邮政占据50%左右的份额,其他被商家使用较多的邮政有中国香港邮政、新加坡邮政、英国皇家邮政等。

下面我们重点介绍几种常用的国际邮政物流服务。

(一)中国邮政挂号小包

中国邮政挂号小包(China Post Registered Air Mail,简称中邮挂号小包)是中国邮政针对 2 千克以内小件物品推出的空邮产品。中邮挂号小包运送范围为全球 176 个国家及地区,目前是在速卖通上使用最多的标准类物流之一。速卖通平台线上发货系统支持中邮挂号小包,卖家可以通过平台进行下单、揽收、支付、查询跟踪、理赔等,还能享受一定的运费折扣。卖家也可以通过线下的货代公司发货,发货量大的卖家还可以申请成为邮局的协议客户,以获得更大的运费折扣。

速卖通线上
发货——中国
邮政挂号小包
详情信息

中邮挂号小包的运费根据包裹重量按克计费,1 克首重,每个包裹限重在 2 千克以内,并且对每个包裹收取挂号服务费。部分国家(地区)的配送费和挂号费采用分区定价,对于 0～150 克、151～300 克和 301～2000 克有不同的配送费和挂号费,而其他国家(地区)则采取固定的配送费和挂号费。根据 2019 年 4 月公布的资费标准,速卖通线上发货的中邮挂号小包到主要国家(地区)的资费等详情可参见速卖通线上发货的相关页面。

时效方面,正常情况下 16～35 天到达目的地。特殊情况 35～60 天到达目的地,特殊情况包括节假日、政策调整、偏远地区等,有时也可能超过 60 天。

中邮挂号小包的重量和体积限制如表 5-1 所示。

表 5-1　中邮挂号小包的重量和体积限制

包裹形状	重量限制	最大体积限制	最小体积限制
方形包裹	≤2 千克	长＋宽＋高≤90 厘米,单边长度≤60 厘米	至少有一面的长度≥14 厘米,宽度≥9 厘米
圆柱形包裹		2 倍直径＋长≤104 厘米,单边长度≤90 厘米	2 倍直径＋长≥17 厘米,单边长度≥10 厘米

中邮挂号小包可提供网上跟踪查询服务,能够提供国内段收寄、封发、交航及目的国(地区)妥投等信息,这些信息可在速卖通平台或中国邮政官网上查询。

中邮挂号小包
速卖通线上发货
资费表及实例

对于无法投递或收件人拒收的邮件,中邮挂号小包提供集中退回服务,不收取退回的运费。通过速卖通线上发货的中邮挂号小包,卖家还能获得纠纷赔偿,如果包裹自揽收或签收成功起 60 天内(巴西为 90 天内)未妥投,引起买家纠纷赔款的话(不可抗力及海关验关除外),卖家将获得赔偿,赔偿金额以订单在速卖通的实际成交价为依据,最高不超过 300 元人民币。

(二)中国邮政平常小包

中国邮政平常小包(China Post Ordinary Small Packet,简称中邮平常小包)是中国邮政推出的经济型空邮产品。它与中邮挂号小包基本一致,只是没有挂号服务,不提供网上跟踪查询服务。

速卖通线上发货的中邮平常小包叫作"中国邮政平常小包＋"(China Post Ordinary Small Packet Plus,简称中邮平常小包＋),是针对订单支付金额5美元以下、重量2000克以下小件物品推出的空邮服务,运送范围通达全球200多个国家和地区。

与中邮平常小包不同的是,中邮平常小包＋只提供境内段收寄、封发、计划交航等跟踪信息,但不提供境外段跟踪信息。30克及以下的包裹按照30克计算运费,30克以上的包裹首重价格按30克计算,高出30克部分一般按30～80克和80克以上有不同配送费价格,部分国家(地区)采取固定配送费价格。中邮平常小包＋的详细资费表参见速卖通线上发货相关页面或扫描二维码获取。

速卖通线上发货——中国邮政平常小包＋详情信息

由于不收取挂号费,降低了包裹的运费成本,中邮平常小包＋适合寄送一些重量轻、货值低的商品,例如饰品、手机壳等商品,这类商品重量不到50克,单价本来就低,如果还要使用中邮挂号小包的话,产品价格将失去竞争力。但是由于中邮平常小包＋无法查询包裹出境后的跟踪信息,丢包率也明显高于中邮挂号小包,因此使用这种物流服务的售后纠纷也较多,容易降低买家的购物体验。

需要特别说明的是,对于中国邮政平常小包＋的使用,速卖通平台对一些国家(地区)进行了限制,例如,西班牙、沙特阿拉伯、阿联酋、巴西、乌克兰和白俄罗斯等国家(地区)的所有订单均不能使用中邮平常小包＋;俄罗斯只允许订单支付金额不超过2美元的物品使用线上发货的中邮平常小包＋,特殊类目除外;其他国家(地区)只允许订单支付金额不超过5美元的物品使用线上发货的中邮平常小包＋,特殊类目除外。

(三)中国邮政航空大包

中国邮政航空大包(China Post Air Parcel,简称中邮大包)。中邮大包除航空大包外还有水陆路大包和航空水陆路大包,本书所提及的"中邮大包"仅指航空大包。中邮大包可以寄达全球200多个国家或地区,价格低廉,清关能力强,对时效性要求不高,重量较重(超过2千克)且体积较大的包裹,可选择使用该物流服务发货。目前,速卖通平台线上发货系统不支持中邮大包,卖家只能通过货代公司或邮局进行发货。

中邮大包详情信息

(四)e邮宝

e邮宝(ePacket,又称EUB)是中国邮政速递物流为适应跨境电子商务轻小件物品寄递市场需要推出的经济型国际速递业务。e邮宝利用EMS网络为主要发运渠道,出口至境外邮政后,通过目的国(地区)邮政轻小件网络投递邮件。目前,e邮宝业务已通达俄罗斯、美国、巴西、西班牙等39个国家和地区。

e邮宝运费根据包裹重量按克计算配送费,并且每件收取固定的操作处理费。英国的配送费和操作处理费采用分区定价,对于0～499克、500～1999克和2000～5000克有不同的配送费和操作处理费,而其他国家(地区)则采取固定价格。美国、巴西、新西兰、日本和哈萨克斯坦按照

e邮宝资费表及案例

50 克首重计费,即不足 50 克的按 50 克计算。乌克兰按照 10 克首重计费,其他国家和地区按照 1 克首重计费。英国每件包裹限重在 5 千克以内,以色列每件包裹限重在 3 千克以内,其他国家每件包裹限重在 2 千克以内。

时效方面,e 邮宝正常情况 7~10 个工作日到达目的地,俄罗斯、乌克兰、沙特阿拉伯需 7~15 个工作日。特殊情况 15~20 个工作日到达目的地,特殊情况包括生产旺季(例如"双 11"期间)、节假日、政策调整、偏远地区等。

速卖通平台线上发货系统支持 e 邮宝,卖家可以联系中国邮政速递官方客服热线 11183 申请上门揽收,也可以自行送到邮政速递物流营业网点。e 邮宝提供收寄、出口封发、进口接收实时跟踪查询信息等服务,不提供签收信息,只提供投递确认信息。卖家可以通过 EMS 官网、拨打客服热线 11183,或登录目的国(地区)邮政网站查看邮件跟踪信息。e 邮宝暂不提供邮件的丢失、延误、损毁补偿、查验等附加服务。对于无法投递或收件人拒收的邮件,提供集中退回服务,不收取退回的运费。

总体来说,e 邮宝虽然资费略高于中邮挂号小包,但它的时效性更好,通关能力强,丢包率也较低,性价比高。例如,中邮挂号小包到美国的时效为 15~30 天,而 e 邮宝的时效是 7~10 个工作日。e 邮宝的缺点是适用国家(地区)较少,目前仅开通了 39 个国家和地区的线路。

(五)新加坡邮政小包

新加坡邮政小包(Singapore Airlines Packet,简称新加坡小包),是新加坡邮政推出的一项针对重量在 2 千克以下的物品的邮政小包服务,它具有时效好、通关能力强的特点,可寄达全球 200 多个国家和地区。新加坡小包又分为挂号小包和平邮小包,平邮小包不提供物流跟踪信息,通常我们所说的新加坡小包是指新加坡邮政挂号小包。新加坡小包价格适中,服务质量高于国际邮政小包的平均水平,是目前寄送手机、平板电脑等含锂电池商品的常见物流服务。

新加坡邮政小包详情信息

速卖通平台线上发货系统支持新加坡小包,由递四方速递公司提供代理服务。卖家可以通过平台进行下单、揽收、支付、查询跟踪、理赔等操作,还能享受一定的运费折扣。卖家也可以通过线下的货代公司发货。最新资讯信息可登录新加坡邮政官网查询。

(六)中国香港邮政小包

中国香港邮政小包(简称香港小包)是指通过中国香港邮政发送到境外客户手中的 2 千克以内的国际航空小包,可寄达全球 200 多个国家和地区,最早被用于跨境电商领域。香港小包有普通空邮与挂号两种服务,中国香港邮局称邮政小包普通空邮为大量投寄空邮(Bulk Air Mail Service),称邮政小包普通空邮挂号为易网邮服务(iMail Service)。前者费率较低,邮政不提供跟踪查询服务;后者费率较高,可提供网上跟踪查询服务。通常我们所说的香港小包是指中国香港邮政小包普通空邮挂号。目前,速卖通平台线上发货系统不支持香港小包,卖家只能通过货代公司进行发货。如果想要获取最新资讯,请登录中国香港邮政官网查询。

中国香港邮政小包详情信息

二、国际快递物流

国际快递是指在两个或两个以上国家(地区)之间所进行的快递物流业务。全球性国际商业快递物流包括 DHL、UPS、TNT、FedEx、EMS 等,它们通过自建全球网络,使用 IT 系统及遍布在全球各地的本地化服务,为全球用户提供良好的物流体验。例如,UPS 的包裹寄送到美国,可在 48 小时之内送达。此外,EMS 依托邮政网络,在目前境内的快递公司中拥有最完善的国际化业务。

与国际邮政物流不同的是,国际快递物流在计算运费时所使用的计费重量是取货物实际重量和体积重量的较大者。这是由于运输工具(飞机、火车、轮船等)运载货物的货仓容积有限,如果货物的重量轻而单位体积偏大,如棉花、编织工艺品等,单一地按照实际重量计费将导致亏损。本书中所介绍的国际商业快递所采用的体积重量的计算公式为

体积重量(千克)＝长(厘米)×宽(厘米)×高(厘米)÷5000

【例 5-1】问:一个国际快递包裹的实际重量为 25 千克,它的尺寸为长 90 厘米,宽 70 厘米,高 50 厘米,那么它的计费重量是多少?

答:包裹的体积重量是 90×70×50÷5000＝63(千克)

由于体积重量 63 千克大于实际重量 25 千克,计费重量取较大的体积重量,即 63 千克。

此外,国际快递除重量运费外,一般还会收取燃油附加费、偏远地区附加费等费用。相比国际邮政物流,国际快递物流能提供更加优质和快捷的服务,价格自然要昂贵许多。因此,只有寄送高货值的商品和满足客户较高时效性要求时,跨境电商卖家才会选择国际快递物流。

下面我们简要介绍几种常用的国际快递物流。

(一)DHL

DHL 又称敦豪航空货运公司,1969 年创立于美国旧金山,公司的名称 DHL 由三位创始人姓氏的首字母组成。DHL 现隶属德国邮政,是全球快递、洲际运输和航空货运的领导者,也是全球第一的海运和合同物流提供商,其业务遍布全球 200 多个国家和地区的 12 万个目的地,是全球国际化程度最高的公司之一。DHL 是进入中国市场时间最早、经验最为丰富的国际快递公司,在中国航空快递市场占有率达到 36%。像中国邮政分普通邮政和 EMS 一样,DHL 也分邮政和快递两块业务。不过 DHL 快递并不等同于中国的 EMS,它除了收发与德国有关的国际快递外,还在全球提供紧急文件和物品的输送服务。

速卖通平台线上发货系统支持中国香港 DHL 快递(HK DHL Express),卖家可以通过平台进行下单、支付、查询、跟踪等,还能享受一定的运费折扣。卖家也可以通过线下的货代公司发货。获取更多资讯可登录 DHL 官网,或咨询货代公司。

DHL 详情信息

(二)UPS

UPS 全称是 United Parcel Service,即联合包裹服务公司,1907 年创立于美国西雅图,是世界上最大的快递承运商与包裹递送公司,也是运输、物流、资本与电子商务服务的提供者。UPS 提供以下 4 种主要的快递服务。

(1)UPS Worldwide Express Plus:全球特快加急服务,资费最高。

(2)UPS Worldwide Express:全球特快服务,资费较高。

(3)UPS Worldwide Saver:全球速快服务,资费适中。

(4)UPS Worldwide Expedited:全球快捷服务,相对最慢,资费最低。

在 UPS 的运单上,前三种服务都是用红色标记的,最后一种服务是用蓝色标记的。速卖通平台线上发货系统支持 UPS Worldwide Saver (俗称"红单")和 UPS Worldwide Expedited(俗称"蓝单")两种,卖家可以通过速卖通平台进行下单、支付、查询跟踪等,还能享受一定的运费折

📖 UPS 详情信息

扣。卖家也可以通过线下的货代公司发货。获取更多资讯可登录 UPS 官网,或咨询货代公司。

(三)TNT

TNT 全称是 Thomas National Transport,创立于 1946 年,集团总部位于荷兰阿姆斯特丹,是全球领先的快递服务供应商。利用公司遍布全球的航空与陆运网络,TNT 提供全球门到门、桌到桌的文件和包裹的快递服务。特别

📖 TNT 详情信息

是在欧洲、亚洲和北美洲等地,TNT 快递可以针对不同顾客的需求,提供 9 点派送、12 点派送、隔日派送、到付快件等服务。目前速卖通平台线上发货系统暂不支持 TNT 快递,卖家可以通过线下的货代公司发货。获取更多资讯可登录 TNT 官网,或咨询货代公司。

(四)FedEx

FedEx 全称是 Federal Express,即联邦快递公司,于 1973 年成立,总部位于美国田纳西州孟菲斯。FedEx 是全球最具规模的速递运输公司之一,致力于提供快捷可靠的速递服务,递送到全球 200 多个国家及地区。FedEx 运用覆盖全球的航空和陆运网络,确保分秒必争的货件可于指定日期和时间前迅速送达,并且设有"准时送达保证"。FedEx 提供两种快递服务,分别为联邦快递优先型服务(FedEx International Priority,FedEx IP)和联邦快递经济型服务(FedEx International Economy,FedEx IE),两种服务基本都使用同样的派送网络,清关能力都比较强,主要区别在于以下两个方面。

(1)FedEx IP 可为全球 200 多个国家和地区提供快捷、可靠的快递服务,时效快;而 FedEx IE 只为全球 90 多个国家和地区提供快递服务。

(2)FedEx IP 递送时效为 2~5 个工作日,FedEx IE 递送时效一般为 4~6 个工作日;价格上 FedEx IE 比 FedEx IP 优惠,具有一定的优势。

📖 FedEx 详情信息

速卖通平台线上发货系统支持 FedEx IP 和 FedEx IE,卖家可以

通过平台进行下单、支付、查询跟踪等,还能享受一定的运费折扣。卖家也可以通过线下的货代公司发货。获取更多资讯可登录 FedEx 官网,或咨询货代公司。

(五)EMS

EMS 全称 Express Mail Service,即特快专递邮件服务,是中国邮政速递物流与各国(地区)邮政合作开办的一项寄递特快专递邮件的服务,可直达全球 99 个国家和地区。由于是和其他国家(地区)的邮政合办的,所以 EMS 国际快递在各国(地区)邮政、海关、航空等部门均享有优先处理权。这是 EMS 与很多商业快递最根本的区别。EMS 的运费相比国际四大快递便宜,没有燃油附加费和偏远地区附加费,到亚洲国家(地区)的一般时效为 2～7 个工作日,而到欧美国家(地区)的一般时效为 5～10 个工作日。

速卖通平台线上发货系统支持 EMS 国际快递,卖家可以通过平台进行下单、支付、查询、跟踪等,还能享受较大的运费折扣。卖家也可以通过线下的货代公司发货。获取更多资讯可登录 EMS 官网,或咨询货代公司。

📖 EMS 详情信息

三、国际专线物流

国际专线物流是跨境电商发展背景下出现的一种新型跨境物流模式,通常跨境专线物流需要通过航空包裹的方式进行运输,然后通过合作公司将包裹派送到目的国(地区)。国际专线物流的优势在于可以将大批量的包裹集中在一起统一进行派送,借助规模效应降低物流运送成本,对于降低跨境物流成本意义重大,尤其对固定市场的跨境电商而言,是一种行之有效的跨境物流解决方案。下面我们介绍几种速卖通平台线上发货常用的国际专线物流。

(一)Aramex

Aramex 创建于 1982 年,其强大的联盟网络覆盖全球,总部位于中东,是中东地区最知名的快递公司和第一家在美国纳斯达克上市的中东国家公司。Aramex 与中国外运股份有限公司于 2012 年成立了中外运安迈世(上海)国际航空快递有限公司,提供一站式的跨境电商服务及进出口中国的清关和派送服务。Aramex 快递在境内俗称"中外运安迈世"或"中东专线",是发往中东地区的国际快递的重要渠道。它具有在中东地区清关速度快、时效

📖 Aramex 详情信息

高、覆盖面广、经济实惠的特点。目前,Aramex 在速卖通线上发货系统中支持 36 个发货目的国(地区),卖家可以通过速卖通线上发货系统进行 Aramex 快递的下单、支付、查询、跟踪等,还能享受一定的运费折扣。获取更多资讯可登录 Aramex 官网。

(二)中外运—西邮经济小包

中外运—西邮经济小包(Correos Economy)是中外运空运发展股份有限公司联合西班牙邮政推出的经济小包服务,适合速卖通卖家寄送重量不超过 2 千克的包裹。该物流服务采用国际商业快递干线运

🔗 中外运—西邮
经济小包详情信息

输,商业清关加末端西班牙邮政平邮派送,运送范围为西班牙全境邮局覆盖地区,正常情况下 20～25 天可以实现西班牙大陆地区妥投。其运费根据包裹重量按克计费,1 克起重,每个包裹限重在 2 千克以内。卖家可以通过速卖通平台进行下单、揽收、支付、查询、跟踪、理赔等操作,还能享受一定的运费折扣。

四、海外仓物流方式

(一)海外仓概述

海外仓是指为商家在销售目的地进行货物仓储、分拣、包装和配送的一站式控制与管理服务。使用海外仓是解决跨境电商物流痛点的一个有效方案,也是跨境电商企业扩大境外市场的必然选择。目前,境内已经有很多物流服务商提供海外仓服务,如出口易、递四方、万邑通、大龙网等。

(二)海外仓物流构成

海外仓物流包括头程运输、仓储管理、本地配送三部分,如图 5-2 所示。

图 5-2 海外仓物流的构成

1. 头程运输

卖家通过海运、空运、陆运或者联运的方式将商品运送至海外仓。

2. 仓储管理

卖家通过物流信息系统,远程操作海外仓货物,实时管理库存。

3. 本地配送

当目的国(地区)买家下单后,海外仓中心根据订单信息,通过当地邮政或者快递将商品配送给买家。

(一)使用海外仓的优点

使用海外仓具有以下优点。

第一,帮助卖家拓展销售品类。有些品类的尺寸和重量偏大,如家具、汽车零配件、运动器械等,受物流方式限制;有些品类是航空禁运的商品,如含锂电池的电子类产品等,可以通过海外仓进行销售。

第二,跨境电商平台对于使用海外仓的商品一般会有曝光量和流量倾斜,能带来更高的转化率和销量。

第三,由于头程运输可以使用海运或陆运,物流运费成本会比较低,而且货物一般使用传统贸易方式,报关和清关会容易些。

第四,由于货物提前运达目的国家(地区),使用海外仓服务可以使运输时效大大提高,特别是在销售旺季,能有效降低物流纠纷,也可缩短卖家的回款周期。

第五,方便卖家提供退货、换货、重发等售后服务,从而优化跨境电商的用户体验,让境外客户能够放心购买。

第六,能够利用更加专业的仓储管理经验,帮助卖家把主要精力放在产品和服务上。

(二)使用海外仓的风险

使用海外仓具有以下风险。

第一,投入成本较大,需要提前备货,将商品批量运输至海外的仓库,并支付相应的仓储费用。一旦销售不畅而造成库存积压,将面临较大的资金压力。如果选择运回中国,将成为商品的进口活动,除了回程的货运费用外,还需要缴纳各类进口费用。即使是选择海外销毁,也需要支付相应的费用。

第二,卖家对货物的管理受到限制,货物发到海外仓库后,将按照服务商的规定进行管理,例如,退回来的商品可能无法再次销售,或是需要支付额外的检查费和包装费。

第三,海外仓储也会面临所在地的政治、法律、社会等风险。

(三)适合使用海外仓的商品

对于选择哪些商品使用海外仓,卖家可以根据自己公司的实际情况和具体商品来衡量。以下是一些适合使用海外仓的商品。

(1)尺寸和重量大的商品,如家居园艺、汽车零配件、运动器械等,选择海外仓,能突破产品的规格限制和降低物流费用。

(2)单价和毛利润高的商品,如电子产品、首饰、手表、玻璃制品等,选择海外仓,可以控制破损率和丢件率,为销售高价值商品的卖家降低风险。

(3)周转率高的商品,如时尚衣物、快速消费品等畅销品,卖家可以通过海外仓更快速地处理订单,回笼资金。

(4)有明显淡旺季的商品,如符合欧美节日主题的商品,适用海外仓,因为对于节日消费品,买家更加注重时效。

(5)已经形成一定销售规模的商品,可以选择海外仓。

(6)一些航空禁运的商品,例如利润较高的液体类商品或带锂电池的商品等。

(四)速卖通平台海外仓配置

速卖通平台于2015年2月开始支持海外仓服务。目前,速卖通并没有官方海外仓,卖家可以使用第三方海外仓或者自建海外仓,并完成相应配置,境外消费者就可以在商品页中选择海外仓发货地。卖家在速卖通配置海外仓服务的步骤如图5-3所示。

(1)提前备货到海外仓,确保是速卖通平台支持或指定国家(地区)的海外仓,并且商品对应类目也开通了海外发货地,即商品设置后台有该国家(地区)发货地。目前,速卖通可设置的境外发货地包括美国、英国、德国、西班牙、法国、意大利、俄罗斯、澳大利亚、印度尼西亚、智利、巴西、捷克、土耳其等。越南、匈牙利、乌克兰、阿联酋、以色列、南非、尼日利亚、波兰的海外仓仅开通了部分类目的海外发货地功能。对于未开放境外发货地设置功能的类目,即使卖家申请了海外仓发货地设置权限也暂无法设置。

(2)报名申请成为海外仓卖家,平台会在7个工作日内完成审核。

(3)通过审核的卖家能够开通境外发货地设置权限。

(4)卖家在运费模板中增加境外发货地,并设置运费和运达时间。

(5)编辑使用海外仓的商品,使用包含境外发货地的运费模板。

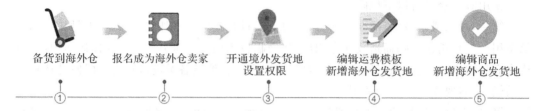

图 5-3　速卖通卖家设置海外仓发货地示意

五、菜鸟物流

菜鸟网络是 2013 年由阿里巴巴集团牵头成立的第四方物流平台,2015 年开始搭建跨境物流体系。经过几年的发展,菜鸟物流已经搭建起全球最大的开放式跨境物流网络菜鸟平台,目前已经建立了覆盖全球五大洲的海外仓网络和航空干线资源能力。菜鸟网络已在全球拥有 100 多个合作伙伴,重点与俄罗斯邮政、西班牙邮政、英国皇家邮政、新加坡邮政、瑞典邮政等全球物流企业达成了深度合作,在世界各国各地区为卖家提供优质的跨境物流服务。

菜鸟网络通过与速卖通合作,重新规划了跨境物流线路,按照包裹的价格、重量,推出分层物流方案,陆续推出无忧物流、超级经济、特货专线、海外仓等四大解决方案,逐步打造出一张全球化的物流网络。从本质上说,菜鸟网络是将之前介绍的国际邮政、国际快递、国际专线和海外仓 4 种物流方式进行资源整合的结果。

接下来我们简要介绍菜鸟网络主要的 4 种物流方案。

(一)速卖通无忧物流

速卖通无忧物流(又称 AliExpress 无忧物流)是 2015 年速卖通和菜鸟网络联合推出的官方物流服务,为速卖通卖家提供包括稳定的国内揽收、国际配送、物流详情跟踪、物流纠纷处理、售后赔偿在内的一站式物流解决方案。使用速卖通无忧物流,卖家可以放心地在速卖通平台上经营,也能降低物流不可控因素的影响。速卖通无忧物流分为 4 种服务:简易服务(AliExpress Saver Shipping)、标准服务(AliExpress Standard Shipping)、优先服务(AliExpress Premium Shipping)和自提服务(AliExpress PUDO Shipping)。除部分特殊国家(地区)外,物流信息全程可跟踪,速卖通会在订单详情页面直接展示物流跟踪信息,卖家也可以在菜鸟官网查询物流信息。

1.速卖通无忧物流简易服务(AliExpress Saver Shipping)

速卖通无忧物流简易服务是专门针对速卖通卖家发送小包货物推出的简易挂号类物流服务,但只有订单支付金额不超过 5 美元(西班牙不超过 10 美元),并且包裹重量不超过 2 千克(西班牙不超过 0.5 千克)才能使用。递送国家目前只有俄罗斯、西班牙、乌克兰、智利和白俄罗斯 5 个国家。

速卖通无忧物流简易服务的运费根据包裹重量按克计费,1 克起重。俄罗斯接受含电池类物品(电池需内置),不接受纯电池类物品。正常情况下,15～30 天可以实现大部分地区妥投。

速卖通无忧物流简易服务的优点是适合很轻的、低货值的包裹,与其他挂号小包相比,其运费价格有优势。其缺点是递送国家(地区)不多,对发货订单的金额有限制,并且当包裹超过一定重量时,运费会高于其他挂号小包。

速卖通无忧物流简易服务详情信息

2.速卖通无忧物流标准服务(AliExpress Standard Shipping)

速卖通无忧物流标准服务是菜鸟网络与优质物流商合作所搭建的覆盖全球的物流配送服务。通过领先业内的智能分单系统,根据目的国(地区)、品类、重量等因素,匹配出最佳物流方案,主要使用的是国际邮政物流和专线物流,能够递送到全球 200 多个国家及地区,核心国家(地区)预估时效为 16～35 天。

无忧物流标准服务分为小包和大包。申报重量和实际重量不超过 2 千克的、单边长度不超过 60 厘米并且长宽高之和不超过 90 厘米的包裹为小包。申报重量或者实际重量超过 2 千克的包裹,或者单边长度超过 60 厘米的包裹,又或者长宽高之和超过 90 厘米的包裹为大包。

小包的运费根据包裹重量按克计费,1 克起重,大包的运费按 0.5 千克起重,每 0.5 千克续重,不足 0.5 千克按 0.5 千克计费,最大不超过 30 千克。部分国家(地区)不支持寄送大包货物。

速卖通无忧物流标准服务详情信息

3.速卖通无忧物流优先服务(AliExpress Premium Shipping)

速卖通无忧物流优先服务是菜鸟网络与优质物流商合作所搭建的覆盖全球的物流配送服务。通过领先业内的智能分单系统,根据目的国(地区)、品类、重量等因素,匹配出最佳物流方案,主要使用的是国际快递,能够寄送到全球 177 个国家及地区。需要注意的是,只有当订单支付金额不超过 600 美元(巴西为小于 100 美元)时,才能使用速卖通无忧物流优先服务,并且包裹重量不超过 70 千克(俄罗斯和巴西不超过 30 千克)。

速卖通无忧物流优先服务详情信息

4.速卖通无忧物流自提服务(AliExpress PUDO Shipping)

速卖通无忧物流自提服务是菜鸟网络推出的一种快速自提物流服务,包裹投递时放入目的国(地区)的自提柜中,买家自行提取。目前,该服务递送国家只有俄罗斯。菜鸟网络与优质物流商合作,采用优质干线资源运输,快速运输到俄罗斯,和当地的快递公司合作完成清关和配送服务,服务覆盖俄罗斯境内 183 个城市的近 800 个自提柜,正常情况下 15～20 天可

速卖通无忧物流自提服务详情信息

以实现俄罗斯大部分地区妥投。需要注意的是,只有当订单支付金额不超过 600 美元,并且包裹重量不超过 15 千克时,才能使用速卖通无忧物流自提服务。

(二)菜鸟超级经济小包

为丰富速卖通线上发货物流渠道,给卖家提供更多物流选择,速卖通平台于 2018 年 6 月推出线上发货服务"菜鸟超级经济小包"(Cainiao Super Economy),该物流服务是针对 2 千克以下小件物品推出的经济类邮政产品。

目前该物流只能递送到以下国家。

(1)俄向国家:俄罗斯、白俄罗斯、乌克兰。

(2)欧向国家:保加利亚、克罗地亚、捷克、爱沙尼亚、法国、德国、英国、匈牙利、意大利、拉脱维亚、立陶宛、荷兰、波兰、葡萄牙、罗马尼亚、斯洛伐克、斯洛文尼亚、西班牙、比利时、奥地利、塞浦路斯、丹麦、芬兰、希腊、爱尔兰、卢森堡、马耳他、瑞典。

🔗 菜鸟超级经济
小包详细信息

(3)其他国家:哈萨克斯坦、马其顿、塞尔维亚、土耳其。

(4)美国。

此外,使用菜鸟超级经济小包对订单支付金额也有限制,俄向国家不超过 2 美元,其他国家不超过 5 美元。

(三)菜鸟特货专线

为了解决 2 千克以下小件特殊货品(如液体、粉末类、膏状、含磁类等)的物流问题,2018 年 9 月起菜鸟网络与目的国(地区)邮政联合陆续推出了 3 种专线物流服务,分别是:菜鸟特货专线—超级经济(Cainiao Super Economy for Special Goods)、菜鸟特货专线—简易(Cainiao Saver Shipping for Special Goods)和菜鸟特货专线—标准(Cainiao Standard Shipping for Special Goods)3 种物流方案,三者对比的详细信息如表 5-2 所示。

表 5-2　菜鸟特货专线比较

专线名称	目的国家	订单支付金额限额	物流详情
菜鸟特货专线—超级经济	俄罗斯	≤2 美元	
	其他国家	≤5 美元	
菜鸟特货专线—简易	俄罗斯	≤5 美元	
菜鸟特货专线—标准	俄罗斯	无	

(四)菜鸟海外仓

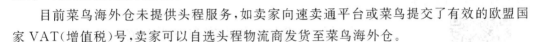

菜鸟海外仓服务是阿里巴巴集团旗下速卖通及菜鸟网络联合海外优势仓储资源及本地配送资源,同时整合国际头程物流商和出口退税服务商共同推出的物流服务,为速卖通商家提供境内揽收、境内验货、出口清关退税、国际空海干线运输、进口清关、送仓、海外仓管理、仓发、本地配送、物流纠纷处理、售后赔付一站式的物流解决方案。

目前菜鸟海外仓未提供头程服务,如卖家向速卖通平台或菜鸟提交了有效的欧盟国家 VAT(增值税)号,卖家可以自选头程物流商发货至菜鸟海外仓。

六、跨境物流方式的比较

综上所述,接下来我们对上述的几种跨境物流方式进行比较,如表5-3所示。通过比较,新手卖家能够对各种物流方式有比较清晰的了解。

表 5-3   跨境物流方式比较

跨境物流方式	妥投时效	成本	适用商品	目前使用率
国际邮政物流	慢	低	低货值商品,品类限制多	高
国际快递物流	快	高	高货值商品,品类限制较多	较高
国际专线物流	较快	较低	货值适中商品,品类限制较多	高
海外仓物流	快	不确定	各种商品,品类限制少	低

国际邮政物流得益于万国邮联的物流网络,运费成本最低,适合寄送低货值的商品,目前在跨境电商中使用率是最高的。同时,由于运费价格低,它的服务质量一般,妥投时效慢,能够寄送的商品品类也因为重量、尺寸、航空安检等而有很多限制。

国际快递物流能够提供优质和快捷的服务。它的妥投时效快,但是成本也高,一般用来寄送高货值商品。虽然国际快递物流可以寄送的包裹的重量和尺寸都更大,但是航空安检的限制同样使一些商品品类无法使用。

国际专线物流通过规模化的集运,降低了物流运送的成本,目前也被广泛使用。它的妥投时效和物流成本介于国际邮政物流与国际快递物流之间,适合寄送货值适中的商品。国际专线物流和国际邮政物流一样,能够寄送的商品品类也因为重量、尺寸、航空安检等而有所限制。不过,一些专线物流能够寄送较大重量和尺寸的商品。

海外仓物流一般使用传统贸易方式将大量货物提前运到目的国(地区)仓库,然后进行本地配送,所以它的妥投时效快,成本也低于其他物流方式。但是如果商品发生滞销,会导致较高的仓储费用及其他费用。随着跨境电商的发展,海外仓物流作为扩大海外市场的必然选择,使用率也将逐步提高。

菜鸟物流属于第四方物流,虽然起步较晚,但发展迅猛。菜鸟提供的很多经济类物流渠道不仅支持低价商品,出现纠纷赔付还由平台承担,为卖家提供了较大的便捷,在缩减跨境物流成本的基础上提高了单件产品赢利的空间。不足之处在于,目前菜鸟提供的物流方案只面向少量国家(地区),有些物流方案的价格偏高,有待继续优化。

第三节 速卖通线上发货物流方案

通过上一节的介绍,新手卖家对于如何选择合适的跨境物流方式有了一个基本的认知,但是对于如何选择合适和可靠的物流渠道,卖家仍然需要花很多时间去做深入了解和对比,这对于很多跨境电商新手卖家来说是一个难题。对此,速卖通推出了线上发货服务来帮助平台上的卖家。

一、速卖通线上发货物流方案和主要渠道

速卖线上发货物流方案列表

速卖通线上发货是由速卖通与菜鸟网络联合多家优质第三方物流商打造的物流服务体系。速卖通线上发货物流方案及主要物流渠道如表 5-4 所示。速卖通线上发货可以使用的物流渠道分为以下四类。

表 5-4 速卖通线上发货的物流方案及主要物流渠道

物流方案	物流渠道
经济类	中国邮政平常小包＋、4PX 新邮经济小包、中外运—西邮经济小包等
简易类	速卖通无忧物流简易服务,菜鸟特货专线—简易
标准类	中国邮政挂号小包、e 邮宝、4PX 新邮挂号小包、Aramex、速卖通无忧物流标准服务、速卖通无忧物流自提服务等
快速类	速卖通无忧物流优先服务、DHL、TNT、UPS、FedEx、EMS 等

(一)经济类

物流运费成本低并且目的国(地区)包裹妥投信息不可查询的邮政经济小包,适合寄送 2 千克以下、货值低、重量轻的商品。

(二)简易类

邮政类简易挂号物流渠道,可以提供全程关键物流追踪信息查询,适合寄送 2 千克以下、货值较低的商品。

(三)标准类

包含邮政挂号物流和专线物流,运费成本适中,除特殊国家(地区)外,全程物流追踪信息可查询,大部分品类都可以寄送。

(四)快速类

包含商业快递和邮政提供的快递物流,运费成本较高,时效快,全程物流追踪信息可查询,适合寄送高货值的商品。

二、速卖通线上发货优点

与线下发货相比,速卖通线上发货主要有以下优点。

(一)渠道稳定,时效快

线上发货所引入的物流渠道都是经过平台认可的优质物流渠道,比线下的物流渠道更加稳定。卖家使用线上发货,速卖通平台可以全程跟踪物流追踪信息,从包裹进入物流商仓库起即可跟踪到物流信息,妥投时效也高于线下的物流渠道,因物流商原因在承诺时效内未妥投而引起的纠纷赔款,由物流商承担。

(二)服务有保障

对于线上发货指定物流渠道的包裹,一旦发生丢包、破损、运费争议等情况,可以在线发起投诉申请赔偿。一旦无法与物流商达成一致,菜鸟物流的客服人员就会介入,依据投诉赔付条款进行判责和赔款退还处理。此外,如果卖家遇到物流相关的投诉,无须提交发货底单等相关证明文件,若订单被提起纠纷或者卖家物流服务评价获得低分,该订单将不被纳入店铺考核相关指标的计算。

(三)价格有市场竞争力

卖家可以享受速卖通专属合约运费,对于发货量不太多的中小卖家,线上发货的运费价格低于市场价,只发一件也可以享受折扣。

(四)资金周转更灵活

运费可以通过卖家的速卖通收款账户结算,卖家收到的美元可以直接用来支付运费。

第四节　速卖通物流模板设置

速卖通商家在发布商品时,必须选择一个运费模板。运费模板定义了商品寄送的国家和地区、可以使用的物流渠道、运费及承诺运达时间。卖家可以为店铺里的所有商品统一定义一个运费模板,也可以为不同类型的商品分别定义运费模板。由于速卖通平台面向全球买家,而不同国家和地区可以使用的物流渠道和运费都有所不同,所以与境内电商相比,速卖通平台的运费模板设置更复杂,这对于刚刚入驻速卖通平台的新卖家来说是迫切需要解决的难点之一。

在本小节中,我们将首先介绍速卖通平台预先设置的"新手运费模板",了解运费模板的内容,然后再进一步介绍如何创建一个新的运费模板,以满足不同店铺的需求。

我们首先了解一下,在运费模板中应该如何选择可发货的国家及地区。虽然速卖通支持销售商品给几乎所有的国家及地区的消费者,但是并不是所有的国家及地区都有可靠的物流渠道、合理的运费成本、较多有相应购买能力的潜在消费者。因此,新卖家在选择发货国家及地区时,需要进行筛选。第一,可以考虑速卖通平台统计出的热门国家及地区。第二,再考虑一些物流可方便寄达、人口较多并且人均 GDP 高于或接近中国大陆的国家及地区。据世界银行 2017 年世界各国及地区人均 GDP 排行榜,中国大陆人均 GDP 为 8827 美元,全球排名第 74 位。速卖通上主要的可发货国家及地区可扫描二维码了解(仅供参考)。对于其他国家和地区,卖家可以根据店铺经营情况进行添加。需要注意的是,有些国家或地区在某种物流渠道中无法选择是因为该物流渠道不能寄达该国家或地区。

速卖通上主要的可发货国家及地区

一、新手运费模板

对于新手卖家来说,可以考虑使用速卖通平台提供的"新手运费模板"。进入速卖通卖家后台,点击"商品管理"—"模板"—"物流模板"。进入后,点击名称为"Shipping Cost Template for New Sellers"的模板后,就可以查看"新手运费模板",如图 5-4 所示。

查看运费模板:新手运费模板

如何选择国际物流?国际物流选择多,差别大,请您根据产品特点选择合适的物流方式
【物流方案选择】【物流方案列表】
如何设置运费模板?超过80%的买家选择购买免运费商品,建议您将价格低的物流方式设为卖家承担运费
【运费模板设置教程】【承诺运达时间设置】
出单了如何发货?建议您选择速卖通线上发货,价格低有保障
【发货攻略】【速卖通线上发货】【下载线上发货报价】

提醒:请您按照平台物流规则进行运费设置,对参加活动的产品编辑运费模板时,不会对状态为"活动中"的产品生效

发货地: ● China

| 运费组合 | 运达时间组合 |

AliExpress Saver Shipping

运费组合	运送国家(地区)	收费标准
1	所有国家(地区)	标准运费减免(0%)

AliExpress Premium Shipping

运费组合	运送国家(地区)	收费标准
1	所有国家(地区)	标准运费减免(0%)

图 5-4　新手运费模板

所有运费模板的设置都有"运费组合"和"运达时间组合"两个页签。"运费组合"中定义的是可以选择的物流渠道,包括可运送的国家和收费标准。"新手运费模板"中设置的物流渠道包括:速卖通无忧物流简易服务、速卖通无忧物流标准服务、速卖通无忧物流优先服务、中国邮政挂号小包、EMS 及 e 邮宝。如图 5-5 所示,"新手运费模板"中的 China Post Registered Air Mail(中邮挂号小包),只寄送速卖通主要的买家国家(地区),运费为标准运费的 0 折(标准运费是各物流渠道在中国大陆地区公布的价格)。其余国家(地区)不发货包含了两重意思:一是这些国家(地区)不通邮或者邮路不够理想,二是这些国家(地区)有更好的物流渠道可选。

China Post Registered Air Mail		
运费组合	运送国家(地区)	收费标准
1	Brazil, United Kingdom, United States, Spain, France, Russian Federation, New Zealand, Turkey, Austria, Australia, Sweden, Norway, Germany, Belgium, Ireland, Italy, Switzerland, Poland, Denmark, Israel, Singapore, Korea, Thailand, Malaysia, Japan	标准运费减免(0%)
2	其余国家(地区)	不发货

图 5-5　"新手运费模板"的中邮挂号小包的运费组合

"运达时间组合"中定义的是每种物流渠道中,到运送国家(地区)的承诺运达时间。这个时间也是卖家发货后,买家可以确认收货的默认时间。一旦包裹在承诺运达时间内未妥投,买家可以发起纠纷申请退款。"新手运费模板"中的中国邮政挂号小包定义的承诺运达时间最长为 60 天,最短为 39 天。为避免重复设置,不发货的国家(地区)也会出现在运达时间组合中,运费模板根据"运费组合"中的设置判断可发货的国家(地区)。

"新手运费模板"的中邮挂号小包的承诺运达时间

二、新增运费模板

在熟悉运费模板设置之前,"新手运费模板"可以满足平台新卖家的上品需求,但是店铺运营一段时间后,大部分卖家都需要进行运费模板的自定义设置,即新增一个运费模板。如图 5-6 所示,点击"新增运费模板"按钮,然后输入运费模板名称,点击"保存"按钮,之后找到新建的运费模板,选择"编辑"就可以进行运费模板的自定义设置。

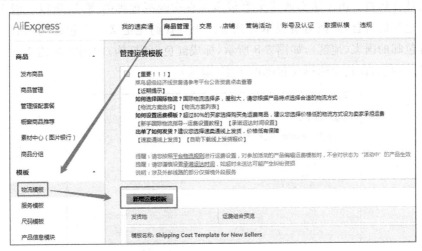

图 5-6　新增运费模板

新建的运费模板设置也是按速卖通线上发货的四类物流方案显示,"其他物流"则是卖家自定义的非线上发货的物流渠道。设置的内容包含三个方面:一是勾选使用的物流渠道,二是设置运费,三是设置运达时间。图 5-7 所示的是标准类物流的设置,在运费设置中,可以选择标准运费的折扣、对所有国家及地区包邮,也可以针对不同国家(地区)进行自定义。运达时间可以统一设置,或者针对不同国家(地区)进行自定义。速卖通无忧物流服务的运达时间是统一设置的,不能自定义。

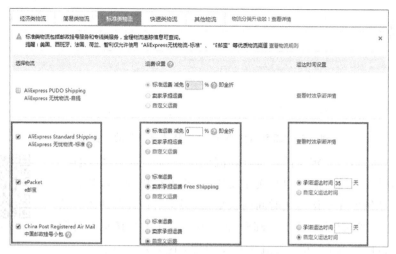

图 5-7　标准类物流设置界面

（一）自定义运费

下面以"标准类物流"中的"中邮挂号小包"为例,介绍如何使用自定义运费。

中邮挂号小包一般是标准类物流中运费最便宜的,所以经常被设置成包邮的物流渠道。但是,如果寄送的国家(地区)比较多,有些国家(地区)的运费比较贵,就不能包邮了,需要收取部分运费。这时候,我们可以在运费设置中选择"自定义运费"。

在"自定义运费"中,可以定义多个运费组合,每个运费组合中的国家(地区)都按照相同的规则计算运费。由于速卖通的买家很多都喜欢购买包邮的商品,所以一般卖家都会设置一个包邮的组合,而把运费成本算到价格中。我们先定义一个包邮的组合。首先是选择所有包邮的国家(地区),如图 5-8 所示,标成红色(已打钩)的国家是速卖通上的热门国家(地区),我们在其中选择要包邮的国家(地区)。

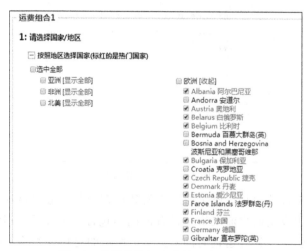

图 5-8　选择运费组合中的国家(地区)

然后,在"设置发货类型"中选择"卖家承担运费",并点击"确认添加"按钮,如图 5-9所示。

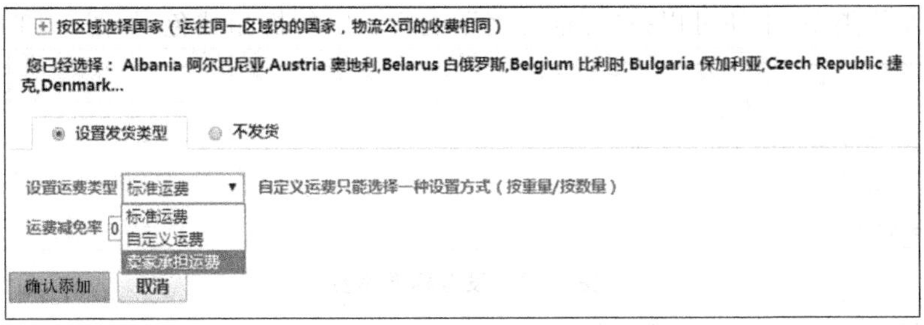

图中内容：

按区域选择国家（运往同一区域内的国家，物流公司的收费相同）

您已经选择：Albania 阿尔巴尼亚,Austria 奥地利,Belarus 白俄罗斯,Belgium 比利时,Bulgaria 保加利亚,Czech Republic 捷克,Denmark...

◉ 设置发货类型　　○ 不发货

设置运费类型　标准运费　▼　自定义运费只能选择一种设置方式（按重量/按数量）
标准运费
运费减免率 0　自定义运费
　　　　　　卖家承担运费

确认添加　取消

图 5-9　设置包邮运费组合

这时，我们已经创建好了一个包邮的组合，接下来点击"添加一个运费组合"，创建一个收取部分运费的组合，如图 5-10 所示。

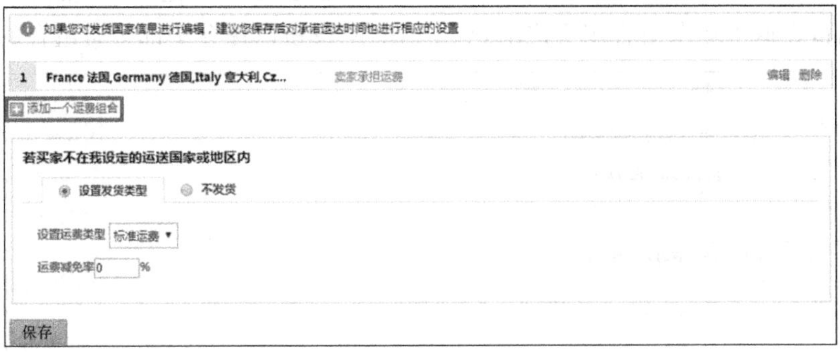

ⓘ 如果您对发货国家信息进行编辑，建议您保存后对承诺送达时间也进行相应的设置

1　France 法国,Germany 德国,Italy 意大利,Cz...　卖家承担运费　　　　　　　　编辑 删除

⊞ 添加一个运费组合

若买家不在我设定的运送国家或地区内

◉ 设置发货类型　　○ 不发货

设置运费类型　标准运费 ▼

运费减免率 0　%

保存

图 5-10　添加运费组合

在新的运费组合中，勾选需要使用相同运费计算规则的国家（地区），例如，亚洲的文莱、欧洲的塞尔维亚和南美洲的阿根廷 3 个国家。然后，在"设置发货类型"中选择"自定义运费"和"按重量设置运费"，输入首重、首重运费、续重范围、续重和续重运费，如图 5-11 所示。最后点击"确认添加"按钮，一个按重量收取部分运费的组合就创建好了。

图 5-11　按重量自定义运费

"自定义运费"中，还可以按照数量设置运费，适用于商品重量基本相同的情况，如图 5-12所示。

图 5-12　按数量自定义运费

"设置发货类型"中还可以按"标准运费",进行一定的折扣减免,如图 5-13 所示。

图 5-13　设置标准运费

　　按照同样的方法,可以继续添加其他部分收费的组合,为不同的国家(地区)组合定义不同的运费计算规则。我们将在下一小节介绍如何选择自定义运费组合中的国家(地区),以及如何决定所填写的首重和续重运费。对于不在任何运费组合中的国家(地区),既可以选择"设置发货类型",定义默认的运费计算规则,也可以选择"不发货",如图 5-14 所示。最后,在退出运费组合定义之前,点击"保存"按钮以保存全部运费组合的设置。

图 5-14　设置不发货组合

（二）自定义运达时间

　　下面仍然以中邮挂号小包为例,介绍如何使用自定义运达时间。

　　如果可发货的国家(地区)时效差别明显,不适合设置统一的承诺运达时间,就可以在运达时间设置中选择"自定义运达时间"。与"自定义运费"设置相似,可以定义多个运达时间组合,在每个组合中,先勾选具有相同承诺运达时间的国家(地区),然后设定承诺运达时间,如图 5-15 所示。对于速卖通线上发货的物流渠道,如果物流商有时效承诺,就可以考虑将承诺运达时间设置成相应的时间。

图 5-15　设置承诺运达时间

点击"添加一个运达时间组合"增加新的运达时间组合。对于不在任何运达时间组合中的国家(地区)，必须设置默认的承诺运达时间，如图5-16所示。最后，在退出运达时间组合定义之前，点击"保存"按钮以保存全部运达时间组合。

1	Japan 日本,Singapore 新加坡...	承诺运达时间为39天	编辑 删除
2	Austria 奥地利,Bulgaria 保加利亚...	承诺运达时间为60天	编辑 删除

添加一个运达时间组合

若买家不在以上国家/地区内
承诺运达时间为 60 天

保存

图 5-16　设置默认的承诺运达时间

值得注意的是，卖家必须根据自身的实际情况进行运费和运达时间的自定义设置，切勿盲目模仿。由于国际物流可能受到国家政策、运费调整、极端天气、政治原因等多种因素影响，卖家应根据影响因素适当调整运费模板。

最后，在退出运费模板设置之前，一定要点击"保存"按钮，如图5-17所示，否则所有修改会被取消。

□ EKC 易可成	○ 卖家承担运费　● 自定义运费	● 承诺运达时间 90 天　○ 自定义运达时间
□ eTotal eTotal	○ 卖家承担运费　● 自定义运费	○ 承诺运达时间　　天　● 自定义运达时间

添加发货地　点此申请海外发货地设置权限　　　　　　　　我想添加新的物流方式?告诉我们

保存　取消

图 5-17　保存运费模板设置

三、自定义运费的国家(地区)选择与运费计算

上文我们介绍了如何自定义运费。那么如何选择包邮的国家(地区)和不包邮的国家(地区)呢? 对于不包邮的国家(地区)，其运费又该如何计算呢? 接下来我们将进行介绍。

运费计算
注意事项

(一)自定义运费的国家(地区)选择

由于速卖通的很多买家都喜欢购买包邮的商品，而且速卖通的商品浏览列表中也有包邮的过滤条件，所以一般卖家都会设置一个包邮的运费组合，而把运费成本算到价格中。速卖通上的商品价格不能针对每个国家(地区)设置，如果将所有的国家(地区)设置为包邮，包含到商品价格中的运费成本该如何选择就比较困难了。如果选择其中最高的运费作为运费成本，就会导致商品价格较高，不利于吸引运费较便宜的国家(地区)的买家；如果选择其中最低的运费的话，又可能无法赢利，甚至亏损。一个较好的方法是综合考虑运费与主营类目的主要买家国家(地区)的实际情况。

中邮挂号小包自
定义运费设置实例

（二）运费计算实例及注意事项

左边二维码是关于中邮挂号小包自定义运费设置的一个实例。需要注意的是，有些国家（地区）由于中邮挂号小包暂停服务没有出现在任何运费组合中。中邮挂号小包资费按照速卖通线上发货价格，设置结果可扫描二维码了解。

第五节　速卖通物流发货基本流程

速卖通订单支持两种发货方式：一种是线上发货，一种是线下发货。

一、速卖通线上发货流程

速卖通线上发货基本流程如图 5-18 所示。使用速卖通线上发货的卖家，可以直接在速卖通后台在线选择物流商并创建物流订单。在指定城市，物流商提供免费的上门揽收服务，对于其他城市，卖家需将包裹自行寄至物流商仓库。在物流商发货之后，卖家可以在线支付运费，对于后续发生的物流纠纷也可以在线发起投诉。速卖通作为第三方，将全程监督物流商服务质量，保障商家权益。具体发货步骤可参考第十一章第一节的相关内容。

图 5-18　速卖通线上发货流程

二、速卖通线下发货操作流程

如果是线下发货，物流订单的创建在线下物流商系统中完成，卖家只需要在订单详情界面点击"填写发货通知"按钮，然后填写正确的物流服务、国际物流单号及发货状态，并提交，即完成发货流程。

第六节　跨境电商关境

关境是"海关境界"的简称，又称为"关税国境"，是执行统一海关法令的领土范围。关境是跨境电商物流中一个必不可少的关键环节，涉及大量通关知识，速卖通卖家需要了解相关基本制度及注意事项，以避免或应对包裹被扣关或退回的情况。

大多数的速卖通买家是购买个人物品。关境对进出境个人邮递物品的管理原则是：既方便正常往来，照顾个人合理需要，又要限制走私违法活动。根据该原则，关境规定了个人每次邮寄物品的限定价值、免税额及禁止或限制邮寄物品的品种。对邮寄进出境的物品，关境会进行查验，并按章征税或免税放行。如果买家所购买的商品价值超过其所在国（地区）的免税额，则有可能需要为商品交纳关税。境内的跨境电商涉及的关境至少有两个：一个是中国大陆的出口关境，另一个是买家所在的目的国（地区）的进口关境。

一、境内出口报关

(一)海关查验

跨境电商寄出的包裹,在通过我国关境时,须向海关申报,待海关查验和征税后放行,这一手续称为"报关"。在我国跨境电商零售出口中,只要卖家遵守相关的法律法规,不运输明令禁止的违禁品,并且出口报关所申报的货物与实际货物一致,一般海关查验都没有什么问题。

📖 海关查验的禁运品参考信息

(二)海关申报

根据中国海关规定:针对申报金额超过(不含)5000元人民币或者重量超过(不含)100千克的单个包裹,要求进行正式报关。如卖家出口的包裹超过该限制,则必须在包裹内附上正式报关单(报关委托书)、箱单、发票和销售合同。若卖家未提供,可能会导致包裹退回。

国际邮政包裹的申报金额和重量一般达不到这一限制,所以一般不需要正式报关,报关的单据就是每个包裹上粘贴的CN22面单,上面包含了邮件种类、内件详细名称、重量及申报价值(美元),如图5-19所示。数量一般不显示在面单上,但是在物流下单时,需要填写。

中国邮政 CHINA POST　**VPG POST**	跟踪小包 TRACKED PACKET
协议客户: Zhang Ming	
FROM: Wenyi Road No. 222, Hangzhou, Zhejiang　15812344321	**12345**
CHINA　310012	
A:　James Jestrab　12345 Victory 1, Prague, Czech Republic　00420601234567　Czech Republic	
退件地址: 中邮杭州仓	
LF974026013CN	

航 空 BY AIR　SMALL PACKET	**VPG POST**	
报关签条(CUSTOMS DECLARATION)	邮 2113 CN22	可以经行开拆 May be opened
邮件种类 Category of item 请在适当的内容前划√	√	礼品 Gift	商品货样 Commercial Sample
	文件 Documents	其他 Other
内件详细名称和数量 Quantity and detailed description of contents	重量(千克) Weight(kg)	价值 Value
Cap	**0.18**	**8**
协调系统税则号列和货物原产国 (只对商品邮件填写)HS tarifff number and country of origin of goods(For commercial items only)	总重量(千克) Total Weight	总价值 Total Value
CN	**0.18**	**8**
我保证上述申报准确无误 本语件内未装著法律或邮政和海关规章禁止寄递的任何危险物品 I,the undersigned,certify that the particulars given in this declaration are Legislation or by postal or customs regulations.		
寄件人签字Sender's signature: _____		CN22

图 5-19　中邮挂号小包面单

(三)发票

1.发票的类别

如果是国际快递报关,需要提供货物的发票。发票分为形式发票(Proforma Invoice)和商业发票(Commercial Invoice)。两者包含的内容基本相同,主要区别是形式发票是一种非正式的"试算发票",而商业发票是正式发票。原则上,用于报关的发票必须是商业发票,但在实际操作中,用形式发票也可以。

形式发票和商业发票都必须是打印原件，不可以使用传真件或复印件，如果有手写修改处必须盖章。图 5-20 为 UPS 所提供的发票模板，仅供参考。

INVOICE

From	
Tax ID/VAT No: Contact Name: Company Name: Address: City State/Province: Postal Code & Country: Phone:	Waybill Number: Date: Invoice Number (Reference 1): Purchase Order Number (Reference 2): Terms of Sale (Incoterm): Reason for Export:
Ship To	**Sold To / Importer Information**
Tax ID/VAT No.: Contact Name: Company Name: Address: City State/Province: Postal Code Country: Phone:	Tax ID/VAT No.: Contact Name: Company Name: Address: City State/Province: Postal Code Country: Phone:

Units	Unit of Measurement	Description of Goods	Harmonized Code	Country of Origin	Unit Value	Total Value	Currency

Additional Comments: Declaration Statement:	Invoice Line Total: Discount/Rebate: Invoice Sub-Total: Freight: Insurance: Other: Total Invoice Amount: Currency

I certify that all statements made and all information contained herein are true and correct.

Shipper Signature / Title　　Date:　　Total Number of Packages:
Total Weight:

图 5-20　UPS 发票模板

2. 发票的内容

(1)发票字样。

(2)寄件人(From)的税号或增值税号(Tax ID/VAT No.)、姓名(Contact Name)、公司名称(Company Name)、地址(Address)、邮编(Postal Code & Country)和电话(Phone)。

(3)收件人(Ship To)的税号或增值税号、姓名、公司、地址、邮编和电话。

(4)运单号码(Waybill Number)、发票号码(Invoice Number)或采购订单号码(Purchase Order Number)。

(5)发票上总价值中包含的定义费用的销售条款(Terms of Sale Incoterm)，使用贸易术语,如 FOB、CFR、CIF 等。

(6)包裹内每种物品的信息,包括数量(Units)、单位(Unit of Measurement)、物品描述(Description of Goods)、海关编码(Harmonized Code)、原产地(Country of Origin)、申报单价(Unit Value)、总价值(Total Value)、货币单位(Currency)等。

(7)运费(Freight)、保险费(Insurance)及发票总金额(Total Invoice Amount)。

(8)包裹数(Total Number of Packages)和包裹的总重量(Total Weight)。

(9)发货人的签名(Shipper Signature)和日期(Date)。

二、目的国（地区）清关

跨境电商的包裹在抵达目的国(地区)关境后,须依照目的国(地区)的法律法规办理海关申报、查验、征税等手续后,才能被放行,这一手续被称为"清关"(Customs Clearance)。相比境内出口报关,目的国(地区)清关更加复杂,因为世界各国(地区)的海关都有各自的进口贸易政策。速卖通平台的买家基本以个人买家为主,卖家不仅要了解主要目的国 📄 主要目的国家 (地区)的免税额 (地区)的个人免税政策,同时也要了解货物扣关的原因及处理办法。

(一)货物扣关原因

在目的国(地区)遇到最多的问题是扣关,即包裹被海关扣押无法清关。速卖通卖家遇到这种情况时不要紧张,先了解包裹被扣的原因。因为每个国家(地区)的关境条例都有所不同,当发生扣关时,关境部门会给出一份说明,其中就会说明扣关的原因。货物被扣关的原因如下。

(1)申报时填写的物品不详细、不清楚,须重新提供证明函,说明货物的具体品名及其用途。

(2)货物申报价值过低,有逃税嫌疑。

(3)国际快递货物单、证不齐全,如发票、装箱单、进口许可证、3C 认证等。

(4)货物属于禁止或者限制进口的物品。

(5)收件人条件不允许,例如没有进口权。

(6)货物价值超过了关境的最低免税额。

(7)违反其他相关规定。

(二)扣关常见处理方法

相关常见处理方法如下。

(1)如果货物申报价值过低或者超过了最低免税额,要求交纳关税且税金不高时,那么可以和买家协商分摊比例。

(2)如果需要相关的单、证,那么提供相关文件给关境部门。

(3)如果收件人没有进口权,可以找有进口权的公司代理清关。

(4)如果无法清关,可以向关境部门申请退回。

(三)降低包裹被扣关概率的注意事项

降低包裹被扣关概率的注意事项如下。

(1)在填写申报信息时,注意邮件种类勾选"礼物"(gift),但是物品描述中不能写"gift"。关境对于合理范围内的个人物品查验会松一些。申报价值可以填写适当低一些,但是不能低于实际价值太多,否则,会引起关境部门的注意。例如,物品描述为"手机",但是申报价值只有20美元。一旦关境工作人员发现这类问题,一般会按照同类型商品在当地的平均价格进行征税。

(2)对不同的国家(地区)采用不同的申报策略。例如,美国海关查验不太严,申报价值可以适当填低些,德国海关查验严格,申报价值就不能填太低。

(3)了解各国(地区)的关境政策,避免寄送目的国(地区)禁止或者限制进口的物品。例如,澳大利亚海关不允许进口电池类产品。

(4)选择在目的国(地区)容易清关的物流渠道。邮政挂号小包和EMS在大多数国家(地区)都有较强的清关能力,尤其是在俄罗斯、巴西等国家,国际商业快递都容易被扣关,而邮政挂号小包和EMS在清关方面有绝对优势。

(5)重量越大、体积越大、物品数量越多的包裹越容易被扣关,可以分多个包裹分时段发送。

本章小结

跨境物流是跨境电商的关键环节之一,也是跨境电商的难点。通过本章的学习,希望新手卖家对跨境物流有一个基本的认识,对国际邮政、国际快递、国际专线、海外仓、菜鸟物流等主要跨境物流方式的特点和适用情况有所了解,了解跨境电商出入关境的注意事项,能够创建速卖通运费模板为买家设置可选的物流服务和应付的物流运费,并能够完成速卖通的物流发货操作。

【思考题】

1.请简要说一说跨境物流和境内电商物流的区别。

2.请比较一下菜鸟物流不同解决方案的优缺点。

【操作题】

1.结合考虑物流价格成本、产品属性、国家(地区)等因素,请为自己的速卖通店铺设计一个物流方案。

2.根据物流方案请为自己的店铺设置一个运费模板。

第六章

视觉美工

【本章重点】

本章重点学习速卖通平台对图片的基本要求及店铺装修的基本方法。

【学习目标】

通过本章学习，了解视觉营销的基本概念和作用，熟悉速卖通平台对图片的基本要求，掌握速卖通店铺装修的基本方法。

第一节　跨境电商视觉营销概述

由于电商的局限性客观存在，跨境电商平台和境内电商平台一样，商品图片的视觉美工效果直接影响成交转换率。尤其近年来跨境电子商务蓬勃发展，对视觉营销提出了更高的要求。

所谓视觉营销是指利用色彩、图像、文字等造成的冲击力吸引潜在买家的关注，由此增加商品和店铺的吸引力，从而达到营销制胜的效果。

视觉营销的作用主要体现在三个方面：首先，通过视觉营销引起潜在买家的关注，为店铺带来流量；其次，优秀的视觉营销能吸引买家的兴趣和促成下单，从而提高转化率；最后，通过视觉营销还能在买家心目中树立良好的店铺形象，培养忠诚客户。如何做好视觉营销，实现店铺商品高转化率是跨境电商美工最为关注的问题。

第二节　速卖通商品图片要求及常见问题

一、速卖通平台商品图片基本要求

随着跨境电商的不断发展，速卖通平台也越来越重视商品的视觉呈现，商品图片的视觉效果将直接影响到商品的曝光量及平台营销活动的入选概率。速卖通商品的图片分为主图、颜色图和详情图，主图和颜色图呈现效果如图 6-1 所示。

速卖通商品
图片基本要求

速卖通平台对主图和详情图有一定的要求：主图建议准备 6 张图片，详情图建议准备 5 张图片以上，图片格式为 JPG 或 JPEG，文件大小在 5M 以内；建议图片尺寸大于 800 像素×800 像素；横向和纵向比例建议在 1∶1 到 1∶1.3；图片中商品主体占比建议大于70%；背景为白色或纯色，风格统一；如果有标志，建议放置在左上角，不宜过大。以下是一些行业对商品主图的要求。

图6-1　速卖通商品页示例

(一)女装行业商品主图的要求

女装类商品图片的背景最好是白色或者浅色底的，如图6-2所示。图片上除了英文标志统一放在左上角外，不允许放置任何尺码、促销信息、水印、文本等信息；图片主体比例要求占整个图片70%以上，禁止出现任何形式的拼图；主图建议准备6张图片，顺序依次为：模特或实物正面图、背面、侧面和细节图。

图6-2　女装主图示例

(二)男装行业商品主图的要求

男装的主图必须大于 800 像素×800 像素,尺寸必须为正方形,主图不允许拼图,如图 6-3 所示。商品图片建议上传 5～6 张,建议拍摄衣服(或模特)正面图和背面图,同时也要有侧面图、细节图和商品实拍图;品牌标志放置于主图左上角,大小为主图的 1/10;图片上不允许出现中文字体、水印、促销信息等。

图 6-3 男装主图示例

(三)童装行业商品主图的要求

童装类商品的图片背景要求白底或纯色,如图 6-4 所示。不允许有杂乱背景展示,模特居中展示,需要占主体的 70％以上,不允许加边框和中文水印,品牌标志统一放在左上角;童装允许两张拼图,左图模特,右图实物图,但不允许 3 张及以上的拼图;主图建议为正方形,尺寸大小为 800 像素×800 像素,建议上传 6 张图片,顺序依次为:模特(或商品)的正面图、侧面、背面、细节图、商品实拍图。

图 6-4 童装主图示例

(四)婚纱礼服行业商品主图的要求

婚纱礼服类商品的主图背景建议为浅色、纯色或是白色;如图 6-5 所示。主图必须大于等于 800 像素×800 像素;主图图片必须达到 6 张,第一张为正面全身图,第二张为背面全身图,且有至少 3 张细节图;主图中的真人模特必须露出头和脸,禁止将头剪裁掉或是在脸部出现马赛克;主图不允许拼接,不能添加边框和促销文字说明;品牌标志放置于主图左上角;商品大小需要占图片比例 80% 以上,多色商品主图禁止出现九宫格拼图。

图 6-5　婚纱主图示例

(五)鞋业商品主图的要求

鞋子的图片背景建议采用纯白底或者简单的自然场景,如图 6-6 所示。建议不要用深色背景及光线较暗的实拍图片;图片重点展示单只或者一双鞋子(应占据图片 60% 以上的地方);品牌标志固定在图片左上角,且不宜过大;鞋子上不能出现水印;图片尺寸必须大于等于 800 像素×800 像素及其以上,图片长宽比例保持为 1:1,图片数量必须在 5 张以上;图片上不能出现边框、中文和任何促销信息;不能使用拼接图片,不要在一张图片上展示商品的多种颜色。

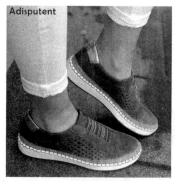

图 6-6　男鞋主图示例

图 6-7　钱包主图示例

(六)箱包行业商品主图的要求

箱包行业的商品图片建议采用白底或纯色的背景,如图 6-7 所示。主图主体大小占整体图片 50%～75%,居中摆放,正面为佳,必须完整出现单一商品主体;主图要求大于等于 800 像素×800 像素,不能出现多图拼接和促销文字;图片数量建议在 5 张以上,可包括箱包的各面图(六面最佳,至少正反面)、包身细节图和包内部细节图等;第一张主图不建议选择模特图片或背带图片,特别是无法展示商品整体的模特图。

 速卖通平台服装鞋包行业图片优化规范要求

(七)配饰行业商品主图的要求

配饰商品的主图必须大于 800 像素×800 像素,尺寸建议为正方形;允许在一张图片中出现多个商品,但不宜过多,也不允许出现拼图;商品主图图片不得少于 5 张,其中建议第一张为商品正面图,第二张为侧面图,如图 6-8 所示。

(八)其他行业商品主图的要求

速卖通 3C 数码配件行业发布商品时,商品的正面、侧面、背面和电源接头等图片要求清晰可识别,同时要求商品基本信息(包含商品品牌信息、认证信息和参数信息)与属性信息一致,如果主图中标识了符合 GS、UL 等非强制性指标的商品需要提交相关证明文件。如果发布属性 CE 认证勾选"是"的商品,要求在主图或商品详情页中至少上传一张真实的且带有清晰认证标志的商品图片、商品包装或是标签图片。图片中需有明确的 CE 认证标志,如图 6-9 所示。

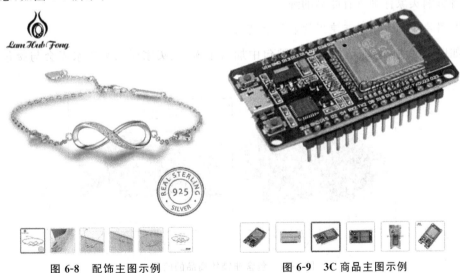

图 6-8　配饰主图示例　　　　图 6-9　3C 商品主图示例

二、商品图片常见问题及优化建议

美国策略专家罗杰·艾尔斯曾说过:"7 秒钟便决定了您在别人眼中的形象。"线上销售商品的呈现效果对订单转换起到至关重要的作用。相比境内电商平台,跨境电商平台对商品图片的呈现要更加真实简约。但很多卖家没有关注平台对图片的基本要求，导致上传的商品图片不太规范而影响流量。

(一)商品图片常见问题

1. 商品背景不是白色或者纯色

为了能够突出商品，绝大多数跨境电商平台的商品主图都要求是白色或者纯色的背景，如果上传不符合要求的商品图片，将会影响到商品的搜索和排名。如图 6-10 所示，左图是正确案例，右图是错误案例。

图 6-10　商品图片的背景问题

2. 商品图片分辨率不够高

平台规定主图的最长边小于 800 像素的图像将不会启用放大功能，分辨率低的商品图片将影响买家仔细查看商品的细节。

3. 图片中加入了搭配使用的非销售商品

如图 6-11 所示，右边的图片在腰包中加入水壶，让买家误以为该水壶会与腰包一起销售，是错误案例。左图是正确案例。

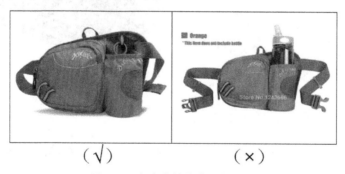

图 6-11　包含非销售商品的问题

4. 图片失真

为了节省拍摄成本，有时候卖家会使用合成图来展示商品的穿戴效果或使用场景，如果使用不当，会夸大或缩小商品的真实大小，这样的图片容易误导买家，导致买家收货后发起纠纷。

5.其他问题

过度夸大商品功能也会误导部分买家去尝试,从而带来不必要的纠纷。还有一些平台明确规定不能使用拼图,但卖家还是在主图中出现拼图,进而影响商品的流量和转化率。

(二)商品图片优化建议

1.商品图片要简洁明了

上传商品前除了要明确速卖通对图片的具体要求,还要尽量保证商品图片干净、清晰、有质感,图 6-12 是两个模特的摆拍效果图,这两张图片中模特的摆拍比较简约自然,和背景色也比较协调。另外,还要注重搜索抓取规则,带有边框、文本或合成的图片将不利于搜索引擎抓取。

图 6-12 商品(模特)摆拍姿势示例

2.注意图片格式及大小

上传商品图片时,在满足平台要求的情况下,要尽可能上传高清图片,同时合理选择图片格式,建议跨境卖家尽量选用 JPEG 格式的图片,因为 JPEG 格式压缩效果较好,且肉眼看不出与其他更大格式的画质的区别。此外,图片大小要合适,要求在 5M 以内。图片太小了影响显示效果,太大了又会影响图片的下载时间。

3.注意图片版权

与境内电商平台相比,速卖通更加注重对知识产权、版权和肖像权的保护,知名品牌或者知名人物未经正规授权,绝对不能私自盗用其图片。同时卖家要注意对原始图片信息的保存,可有效避免日后被其他卖家恶意投诉。

第三节 速卖通店铺装修

店铺装修

一、速卖通店铺结构

速卖通是一个比较注重店铺概念的平台,首页就是店铺的门面,卖家都非常重视。店铺的整体风格往往会给人留下非常重要的印象,同时也是店铺的另一张名片,店铺的风格要尽量和主营类目搭配,同时选择合适的主题色系。以服装行业为例,服装背景色通常为纯色,背景干净无杂物,且店铺商品的图片背景统一,这样的图片可以在很大程度上让客户的注意力集中在商品上。

　　速卖通店铺首页结构通常会包含店招、导航栏、首焦海报、店铺优惠券、类目入口、热卖商品、新品推荐、商品列表等模块,常见的店铺首页结构如图 6-13 所示,左图为 PC 端的常见布局,右图是无线端的结构。其中店招和导航栏的位置是固定的,处于店铺首页的最上方,店铺优惠券模块只在无线端店铺首页有,当营销活动中创建了优惠券就会自动显示,位于导航栏下方,PC 端则需自定义。其他模块的位置可以自由调整。不同的店铺可以根据自身需要设计不同的店铺首页结构。

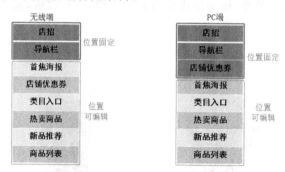

图 6-13　速卖通店铺首页结构

(一)店招和导航栏

　　在店铺首页结构中处于最上方的就是店招,店招是一个店铺的招牌,它会显示在一个店铺的任何页面,因此,店招是一个店铺最重要的广告位。从几个主流跨境电商平台的店招来看,简约化是一种趋势,大部分官方店的店招选择纯白色背景,内容只显示品牌和搜索框,店铺品牌标志在字体选择上比较倾向于更具现代感的衬线字体。如图 6-14 所示,通过店招的打造,让买家感受品牌的价值。

图 6-14　由品牌和搜索框组成的店招

　　也有很多专卖店或专营店,主要销售有品牌授权的商品,这类店铺的店招通常显示店铺名称和搜索框,如图 6-15 所示。

图 6-15　由店铺名称和搜索框组成的店招

　　除了品牌标志和搜索框,有些店招还放置了二维码,主要是为了引导买家通过扫描该二维码进入移动端店铺,如图 6-16 所示。

图 6-16　由品牌、搜索框和二维码组成的店招

店招的内容不是一成不变的，卖家可以根据需要进行修改，尤其在大促活动或者节假日活动时，除了前面提到的基础内容以外，还可以在店招中增加一些大促或主推商品的信息，如图 6-17 所示。

图 6-17　包含大促信息的店招

(二)导航栏

　　速卖通店铺的导航栏会显示在一个店铺的任何页面，能指引顾客快速找到自己感兴趣的店铺内容。PC 端店铺导航栏默认包括店铺首页(Store Home)、所有商品(Products)、促销商品(Sale)、热销商品(Top Selling)、新品(New Arrivals)和评价(Feedback)等模块，如图 6-18 所示。卖家也可以添加自定义导航，灵活运用好店铺的自定义导航，这对于卖家的店铺商品流量至关重要！无线端店铺导航栏要简洁些，只包含店铺首页(Store Home)、所有商品(Products)和 Feed 频道(用于粉丝营销)，而且不允许添加自定义导航。

图 6-18　PC 端店铺导航栏

(三)海报

　　海报(Banner)在速卖通店铺首页中的呈现也越来越被卖家重视，海报的形式也越来越多样化，主要有首焦海报、商品海报和轮播图等形式。通过海报可以传递重要信息，例如店铺主营商品、主推的活动、店铺新品，同时设计购买按钮引导买家快速下单。尤其首焦海报对于一个店铺购买转化率来说非常重要。图 6-19 就是一张风格鲜明的首焦海报，凸显了该店铺的整体风格。

图 6-19　优秀店铺海报示例

(四)类目入口

类目主要是指网上电子商务平台为适应当今时代的消费人群在网上商店有针对性地选购各种各样的商品而对商品做出的归类。装修得当的店铺类目入口设计能引导买家快速挑选到理想的商品,有利于提升店铺的人气和形象。图 6-20 是一个女装店铺类目入口的展示,选择商品图片要具有代表性,同时在色彩、款式上要清晰明了。

图 6-20　店铺类目入口展示

(五)热卖商品和新品推荐

热卖商品和新品推荐也是平台推荐设置的模块,热卖商品推荐能告知买家店铺最受欢迎的商品。新品推荐向买家推荐店铺新上的商品,如图 6-21 所示,经常上传新产品有助于提高店铺权重,提升店铺竞争力。

Autumn New Arrival

Sale on 7th,August-Fans Enjoy 8% More

INMAN 2019 Outono Nova Chegada Stand up Collar Doce Sólidos Magr...
US $22.56

INMAN 2019 Outono Nova Chegada de Algodão Elástico O-pescoço...
US $17.05

INMAN 2019 Outono Nova Chegada Com Decote Em V Sólidos Todos...
US $26.52

INMAN 2019 Outono New Arrival Literária Luz Laço Azul Jacquard...
US $28.29

INMAN 2019 Outono Nova Chegada de Algodão Elástico Duplo Lace...
US $17.87

INMAN 2019 Outono Nova Chegada O-pescoço Drop-ombro Manga...
US $28.35

INMAN 2019 Outono Nova Chegada Com Capuz de Algodão Sólida...
US $48.64

INMAN 2019 Outono Nova Chegada Viscose Mistura O-pescoço Manga...
US $22.04

图 6-21　新品推荐模块

（六）商品列表

商品列表主要展示店铺日常销售的其他商品，方便买家滚动浏览每个类目下最吸引人的商品。建议按照类目放置，每个类目挑选一些优质商品展示。

为了达到较好的视觉效果，推荐在热卖商品、新品推荐和商品列表等模块采用一张主推商品图加上瀑布流的方式呈现。

二、速卖通店铺装修模块介绍

（一）店铺装修新功能

以往速卖通平台自带的店铺选修模块较为简单，要想进行个性化店铺装修，需要额外购买装修模板。自2018年3月起，为了优化店铺装修的操作体验，提供更好的买家端访问体验，速卖通平台推出了新版店铺装修功能，从2019年开始速卖通店铺全部采用新版装修模板，新的装修版本采用更简单的交互方式，主要支持以下的新功能。

（1）全新的交互方式和界面，页面模块自由增减，在编辑页面时可以根据展示需求增减对应的功能模块。

（2）同时支持PC端和无线端页面独立编辑、展示，根据不同端的展现需求设置独立的页面布局。

（3）支持多语言文案，支持官方热区模块，降低做热区的成本。

（4）支持定时发布，可以设置在最近7天内的任意时间点发布页面（以UTC-8美国时间为准）。定时发布成功后，届时将自动生效，并替换为线上首页。

（二）店铺装修入口及装修模板

登录速卖通账号，进入卖家后台，选择"店铺"下的"店铺装修及管理"，如图6-22所示。点击"进入装修"按钮就可以进入编辑环境。

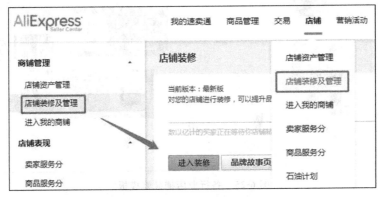

图6-22　进入店铺装修及管理

速卖通店铺装修模板对于PC端页面与无线端页面需要分别编辑，如图6-23、图6-24所示，两者编辑页面稍有不同，但大多数功能是相同的。PC端和无线端均支持首页、自定义页和大促活动页的设置。

图 6-23　PC 端装修模板界面

图 6-24　无线端店铺装修界面

🔗 "速卖通服务市场"的模板市场

另外,新版店铺装修系统还免费提供了 11 个不同行业类目的装修模板,包括无线端和 PC 端,如图 6-25 所示,方便卖家进行快速设置。如果需要更多的装修模板,可以进入"速卖通服务市场"的"模板市场"(ht-tp://fuwu.aliexpress.com/template)进行挑选。

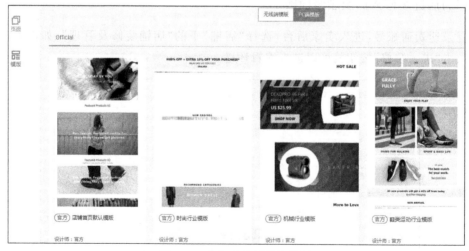

图 6-25　各行业店铺装修模板

速卖通店铺装修的模块主要由图文类、营销类和商品类三个大模块构成,如图 6-26 所示。其中图文类模块包含文本、轮播图、热区图文、双列图文、单列图文等内容;营销类模块目前仅包含满件折;商品类模块包含商品列表、排行榜、猜你喜欢、智能分组和新品。模块可以通过拖拽进行调整,所有模块均增加翻译工具及在线制图工具。

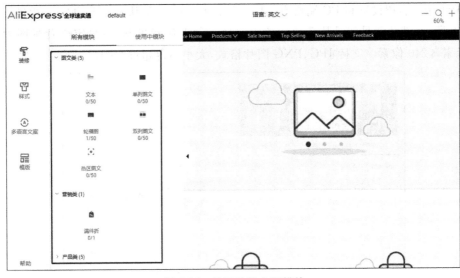

图 6-26　首页装修主要模块

新版店铺装修系统提供的页面背景可选颜色不多,只提供了三种颜色,操作方法也非常简单,只需要点击"样式",选择相应的颜色即可。

三、店招和导航模块设计

(一)店招设计

在店铺装修工具中,店招属于默认模块,在页面编辑器的顶端已经预置好。卖家自定义设置好以后,店招会在该店铺中任何页面中显示。

卖家可以选择店铺名称或者店铺标志作为店招,PC 端店招默认背景图是纯白色,卖家也可以自定义背景图,设置界面如图 6-27 所示。如果是选择店铺名称做店招,系统会自动读取店铺名称;如果选择店铺标志,要求上传的店铺标志图片高度为 72 像素,宽度为 72~640 像素,支持 JPG、PNG 图片格式,大小不得超过 2MB。如果选择自定义背景图,要求图片为 1920 像素×90 像素。图片格式和大小同店铺标志。

图 6-27　PC 端店招设计

无线端的店招设置和 PC 端略有不同,只有两个选项:默认背景和自定义背景图。如图 6-28 所示,默认背景就是从 7 种颜色中选择一种默认背景颜色;自定义背景图大小为 750 像素×240 像素。支持 JPG、PNG 图片格式,大小不得超过 2MB。

图 6-28　无线端店招设计

(二)导航栏设计

店铺装修中导航栏也属于默认模块,在页面编辑器的顶端已经预置好,在该店铺中任何页面中显示。卖家在 PC 端可以进行自定义设置,可以添加新的导航项,对部分导航项也可以自定义顺序,如图 6-29 所示。无线端的导航栏不允许修改。

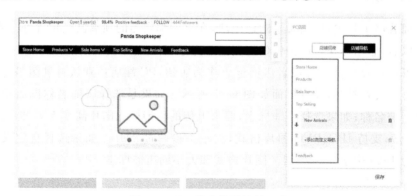

图 6-29　PC 端店铺导航栏设计

四、轮播图设置

轮播图是速卖通店铺非常重要的商品展示模块。在店铺装修页面中选中"轮播图"模块,然后拖拽到编辑器中的可选区域,就可以添加轮播模块。每个轮播图模块最多可以放置 5 张海报图片。

PC 端和无线端的轮播图尺寸略有不同:PC 端的轮播图宽度是 1920 像素,高度是 640～750 像素,如图 6-30 所示;无线端轮播图的宽度是 750 像素,高度不能超过 960 像素,如图 6-31所示。图片支持 JPG、PNG 图片格式,大小均不得超过 2MB,并且一组轮播图的高度必须相同。

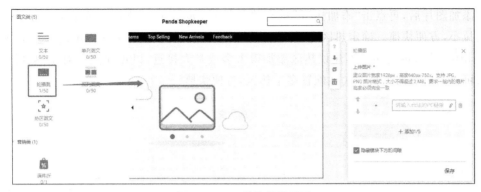

图 6-30　PC 端轮播图设置

轮播图设置过程中，可以通过模块右侧工具进行图片添加和图片顺序调整操作。切记一定要给图片添加链接，否则买家无法跳转进入相关商品页进行购买，影响购买体验。图片链接要求填写 aliexpress.com 域名下 https 协议的链接。

图 6-31　无线端轮播图设置

五、热区图文设置

如果想要允许买家在图片上点击不同区域就进入不同页面，那可以使用热区图文。

使用热区图文，首先必须上传一张图片，建议图片宽度是 1200～1920 像素，高度不超过 1080 像素，支持 JPG、PNG 图片格式，大小不超过 2MB。设置界面如图 6-32 所示。

图 6-32　热区图文设置

添加图片后,再点击"添加热区"进行热区编辑,如图 6-33 所示。每个热区支持任意拉大拉小,方便快捷。确定热区范围后,必须添加链接,链接要求填写 aliexpress.com 域名下 https 协议的链接。不建议热区添加得太多或是太接近,以免误点。对于热区图文,卖家可以通过热区工具一次性配置多个热区,方便快捷。

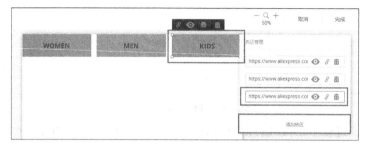

图 6-33　热区编辑

六、图文模块设置

图文模块分为单列图文和双列图文两种。单列图文只能放 1 张图片,双列图文可以放 2 张,支持 JPG、PNG 图片格式,大小不得超过 2MB。在每张图片的底部可选添加文本,文本长度不限。图片链接可选填,链接需要是 aliexpress.com 域名下 https 协议的链接。

PC 端单列图文图片建议宽度是 1200～1920 像素,高度不超过 1080 像素,设置界面如图 6-34 所示。无线端单列图文图片建议宽度是 750 像素,高度不超过 960 像素。

图 6-34　PC 端单列图文设置

PC 端双列图文图片建议宽度为 588 像素,高度不超过 1080 像素。设置界面如图 6-35 所示。无线端双列图文图片建议宽度为 351 像素,高度不超过 960 像素。

图 6-35　PC 端双列图文设置

七、文本模块设置

如果仅需要显示文字,可以使用文本模块,如图 6-36 所示。每个文本模块最多可添加 3 段文本,每段文本长度不限,可选填链接,链接需要是 aliexpress.com 域名下 https 协议的链接。文本样式有大标题、中标题、正文 3 种可选,分别对应不同的文字大小。另外有 4 种背景颜色可选。

图 6-36　文本模块设置界面

八、商品列表模块设置

商品列表模块一般用来展示店铺中销售较好或者较新的商品。每个商品列表模块的顶部有主标题和副标题可选设置,所选商品可以自动选择,按照指定的商品分组和排序方式展示,也可以完全手动选择。每个商品模块可以选择展示 2～24 个商品,如图 6-37 所示,PC 端还可以选择每行展示的商品数,可以放置 2～4 个商品。无线端由于屏幕的局限,每行固定展示 2 个商品。

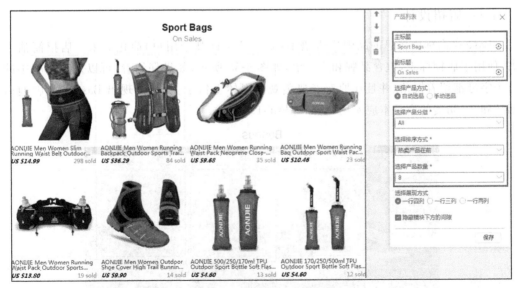

图 6-37　PC 端商品列表模块

九、店铺装修预览及发布的注意事项

装修页面编辑后,保存、预览及发布要注意以下几点。

(1)每一次页面的任何编辑操作,建议卖家都记得保存。操作完毕后,先预览店铺页面,确认无误后再发布。

(2)执行发布操作时,可以选择立即发布,装修页面5~10分钟后生效。也可以指定发布时间。

(3)以上介绍的各种模块,店铺首页并不一定要全部使用,店铺首页中要展示的是整个店铺的精华,吸引买家进入浏览,最终形成转化。如果首页内容冗长,反而会降低转化率。卖家需要根据自己的店铺情况挑选并组合搭配出合适的设计效果,从而起到吸引买家的目的。

第四节　3C数码配件行业店铺设计效果案例

3C数码配件品类是跨境电商出口的重要品类之一,速卖通平台也是如此,尤其近几年3C数码配件销售呈火爆增长趋势。本小节将结合一个3C数码配件品牌(Baseus)的官方店作为店铺设计的案例进行分析。

Baseus速卖通官方旗舰店

Baseus(倍思)是深圳市时商创展科技有限公司旗下一个集研发、设计、生产、销售为一体的3C数码配件品牌。Baseus先后花了两年多的时间孵化及培育品牌成长,在全球37个国家和地区成功注册商标。2012年倍思天猫旗舰店开始正式运营,2016年由阿里巴巴速卖通、天猫联合招商入驻跨境电商线上零售,Baseus速卖通官方店PC端店铺详情可扫描二维码进行查看。

一、店招设计

Baseus商标由倍思的品牌广告语Base on User(基于用户)简化而来。店招简洁大方,使用了店铺标志,包含品牌和广告语,如图6-38所示,如果仔细看,可以发现品牌中的每个字母都留着锐角,并且在原有经典美观的黑体上做了美化,体现出Baseus品牌迎刃而解和"一切美的商品本应实用"的品牌核心理念。

图6-38　Baseus店招和轮播图设计

二、首页轮播图设计

首页轮播图对于一个店铺的购买转化非常重要,Baseus 官方店导航栏下面的轮播图采用了 5 张图片,分别展示 5 种主推商品,如图 6-38 所示。每张海报上除了清晰的商品图片和简洁的标题外,还添加了"Shop Now"的红色按钮引导买家点击进入商品详情页。

三、店铺优惠券

由于目前默认的优惠券模块仅在无线端显示,Baseus 官方店 PC 端首页使用热区图文模块制作了一个店铺优惠券模块,显示在轮播图下方。该店铺的优惠券模块背景选择了首页主要的背景色,设置了 4 种不同面额的优惠券,如图 6-39 所示,优惠券的面额展示较为清楚,买家点击任何一张优惠券都会进入优惠券的详情页,进而可以查看店铺优惠信息。

图 6-39　店铺优惠券

四、类目入口

3C 行业的配件类目众多,设置商品类目入口非常有必要,这样能帮助买家快速找到自己想要购买的商品。该店铺采用了"简笔画＋文字"的方式标示了商品类目,如图 6-40 所示,买家点击相应的标志就可以进入到对应类目的商品列表。

图 6-40　类目入口

五、热卖商品

据眼动仪测试,大多数买家习惯水平浏览商品图片,以 S 或 Z 字形路径浏览。该店铺使用热区图文模块来设置热卖商品,而没有直接使用商品列表模块,既保留了符合买家浏览习惯的商品布局,又使得店铺首页的布局不显得单调,如图 6-41 所示。

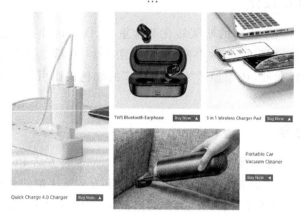

图 6-41　热卖商品

六、新品推荐

与热卖商品一样，新品推荐模块也使用热区图文模块来设置，但是布局与热卖商品不一样，以避免单调。一共展示了 5 种新品，每种商品下方显示了商品的名称及购买按钮，如图 6-42 所示。

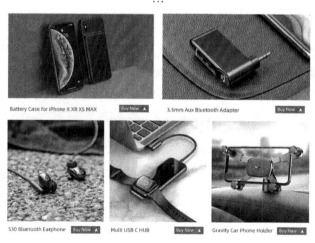

图 6-42　新品推荐

七、商品列表

3C 数码配件行业的商品属于科技类商品，科技类商品一般都具有很强的现代感。该店铺的商品图片统一采用纯色或单一背景，突出商品本身，简洁大方。商品列表同样没有直接使用商品列表模块，而是用热区图文模块来设置，可以减少所显示的文字。此外，商品按类目展示，每类商品都以爆款商品海报开始，然后再展示其他同类商品，如图 6-43 所示。分类显示有助于买家能快速找到需要的商品，每个商品分类入口通过海报的形式来传递能达到最佳效果。

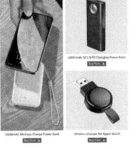

图 6-43　按分类展示商品列表　　图 6-44　通过使用场景展示商品列表

另外,也可以按使用场景展示,如图 6-44 所示,由于 3C 数码配件有一定的使用成本和认知成本,把一个商品分组打包成在同一个使用场景下进行营销,让买家有一种代入感及认可感。

📍 本章小结

相比境内电商,跨境电商在视觉上趋于简约,建议图片背景为白色或纯色,主图大小要求大于或等于 800 像素×800 像素,图片不能有边框和水印,不要拼图。另外,对商品品牌标志也有规定,上传商品前需先了解清楚速卖通平台对不同行业图片设计的具体要求。

速卖通店铺首页主要由店招、导航栏、店铺优惠券、轮播图、类目入口、热卖商品、新品推荐、商品列表等模块构成。速卖通店铺新版装修功能采用更简单的交互方式,方便卖家灵活地设置 PC 端和无线端的店铺首页。

速卖通店铺装修模块介绍及分行业店铺设计效果指导可扫描二维码查看。

🔗 店铺装修模块介绍及分行业店铺设计效果指导

【思考题】

1.店铺首页有什么作用?店铺首页主要由哪几个部分构成?

2.店铺首页轮播图海报应包含哪些内容?设计轮播海报的原则有哪些?

3.寻找一个优秀行业店铺设计效果案例,并分析其为什么优秀。

【操作题】

1.请至少完成 5 个商品的主图设计。

2.请设计一张产品海报。

3.请完成一个店铺装修。

第七章

产品管理

【本章重点】

本章重点学习速卖通后台关于产品的功能性区域——产品管理,以及各部分在产品管理中的对应效果和重要意义。

【学习目标】

通过学习本章内容,学习者应了解产品管理的含义和基本内容,产品分组、产品发布和自定义信息模块编辑发布的一般流程,以及将产品管理的意义和作用充分发挥出来的方法。同时,在了解了产品管理的内涵之后,在实际操作中能够举一反三,针对不同情况采取合适的对策和措施。

第一节　产品发布

产品发布

优质的产品信息能提升产品的成交概率,加快买家的下单决定。优质的产品描述应该做到标题专业、图片丰富、描述详尽、属性完整、价格合理、免运费和备货及时等。接下来我们一起来看一下如何在速卖通发布产品吧!

一、产品发布流程

在网上交易,买家无法看到产品的真实信息,只能根据产品的图片、描述来进行判断,因此真实准确地描述一个产品尤其重要。在速卖通发布一个产品主要包含以下几个步骤,如图7-1所示。

从图7-1中可以很直观地看到一个产品的发布流程。首先,点击进入发布产品页面,选择接下来要发布产品的合适类目,再根据产品的信息填写需要填写的内容,这些信息都是能够直接影响买家是否下单的因素。首先是关键词,好的产品标题可以给商品带来曝光,可以让更多的买家直接搜索到店铺商品,好的图片可以提升买家的浏览率,完整的产品属性、详细的产品详情页及有竞争力的价格能够直接促使买家下单,所以卖家在发布产品的时候要更加仔细和用心,一个好的产品是需要不断地进行对比和优化的。接下来对发布产品的每个步骤进行详细的讲解。

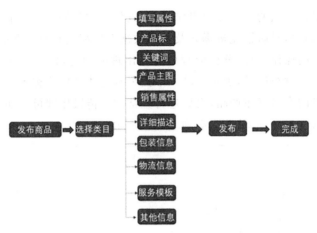

图 7-1　产品发布流程

登录速卖通账号，点击左侧的发布商品按钮，进入产品发布页面，如图 7-2 所示。

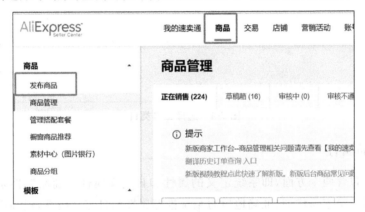

图 7-2　发布产品页面

二、类目选择

卖家发布产品一定要根据产品所属的实际类目进行选择，方便买家更加快速地找到产品，如图 7-3 所示。

图 7-3　类目选择页面

发布产品既是最基础的店铺后台操作,同时也是最重要的一个环节,店铺定期上新产品,维持一定的上新率,对店铺流量曝光及其他数据表现都是有所帮助的。下面结合一个案例介绍产品发布的操作流程,分析流程中可能出现的问题,以及如何去解决这些问题,以便更精确更好地去发布产品,展示产品。下面来看具体操作流程示例。

选择新品对应的类目发布产品,之后进行正常的上传操作即可。如需要上传水瓶,在对应输入框内输入"water bottle"即可,如图 7-4 所示。

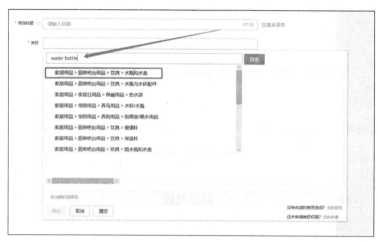

图 7-4　选择正确类目

三、商品属性

商品属性包含两个方面,即系统定义的属性和自定义属性。商品属性是买家选择商品的重要依据。卖家需详细、准确地填写系统推荐属性和自定义属性,提高曝光量。红色 * 号是必填内容,其他可选择性填写,能够填写的尽量填写详细,可以给买家更好的选择。

(一)系统属性

系统属性是指由平台自身系统向商家推荐填写的商品属性。

(二)自定义属性

自定义属性的填写可以补充系统属性以外的信息,让买家对产品了解得更加全面,尽量把能展示的都展示在上面,如图 7-5 所示。

四、产品标题和关键词

产品标题是买家搜索到商品并吸引买家点击进入商品详情页面的重要因素。字数不应太多,要尽量准确、完整、简洁。一个好的标题应包含产品的名称、核心词和重要属性。例如,Baby Girl Amice Blouse Pink Amice Coat With Black Lace / Suit Must Have Age Baby:1-6 Month Sample Support。

注意:不要在标题中罗列、堆砌相同意思的词,否则会被判定为标题堆砌。

图 7-5　产品属性页面

五、产品主图

添加标题时,可以在产品图片模块里面,选择添加最多 6 张图片作为产品主图。选择图片的时候可以从电脑和商铺本身的图片银行进行选择,可以逐张添加或者一次性添加 6 张主图,如果不小心添加错了图片,在店铺后面优化调整的时候可以逐张删去主图和一次性删掉所有主图。在选择产品图片时,可以选择发布多图产品。多图产品的图片能够全方位、多角度展示商品,大大提高买家对商品的兴趣。建议上传不同角度的商品图片。多图产品最多可以展示 6 张图片。横向纵向比例应为 1∶1,图片尺寸应大于等于 800 像素×800 像素,如图 7-6 所示。

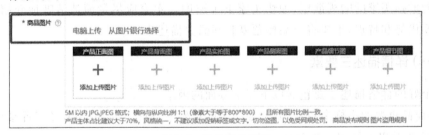

图 7-6　商品图片页面

六、商品销售属性

商品销售属性包含颜色、价格、库存等设置,同一款产品可以根据不同颜色设定不同价格,也可以设置不同的库存。

(1)针对不同颜色可以设置不同的价格,具体根据产品而定。

(2)对于每个颜色的产品,可以上传本产品的缩小图,也可以选择系统定义的色卡。

(3)对于同一款产品,不同颜色的可以按照不同的颜色设置是否有库存。

(4)针对不同产品设置不同的属性,如图 7-7 中杯子的容量,比如婴儿服装的尺寸等。

(5)对应编码可自行设置,方便查找产品。

产品销售属性页面如图 7-7 所示。

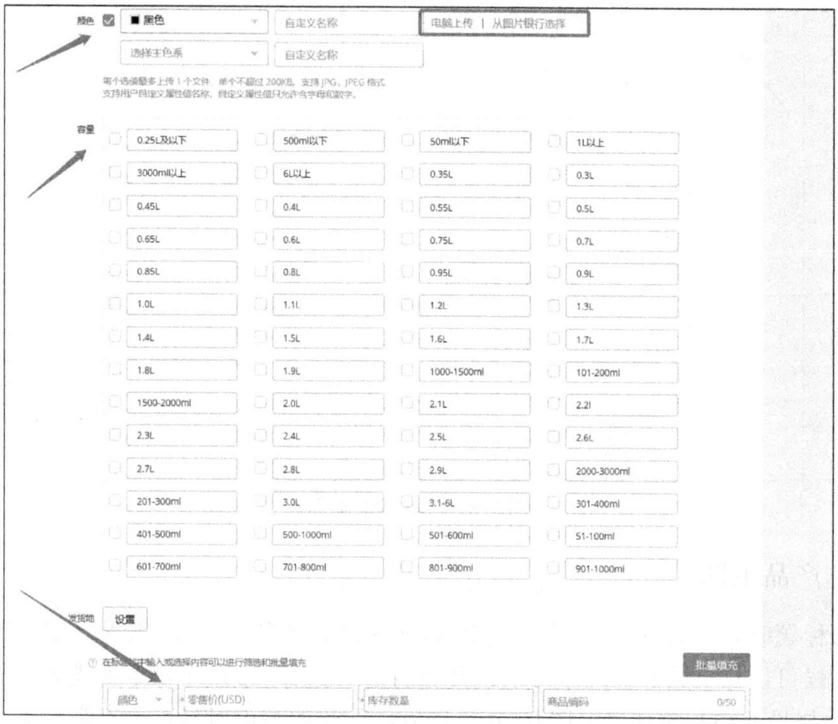

图 7-7　产品销售属性页面

七、商品详情

商品的详细描述是让买家全方位地了解商品并产生下单意向的重要因素。优秀的产品描述能增强买家的购买欲望,加快买家下单速度。卖家应尽量简洁清晰地介绍自己商品的主要优势和特点,不要将产品标题复制到简要描述中。

（一）详情描述三要素

一个好的详情描述主要包含以下三个方面的因素。

(1)商品重要的指标参数和功能(如服装的尺码表、电子产品的型号及配置参数)。

(2)5 张及以上详细描述图片。

(3)售后服务条款。

商品详情页面

在上面所提及的产品上传流程中,由于每款产品本身特质和属性不会完全一致,同时每个卖家的出发点,或者说针对性不同,所以在商品详情填写编辑时根据不同目的可以有不同的应对技巧。比如一家护肤品官方店在速卖通上刚起步,作为一家新店,应当注重给买家的购物体验,在多方面的细节上建立起买家对于店铺一定的信任感。

（二）新版详情页面的升级

新版详情页面将进行以下全面升级。

第一,PC 端和无线端详情一键同步,无须重复编辑。

第二,图文分离,更好地支持多语言翻译。

第三,新增视频模块,更全面地展示商品卖点。

八、产品包装和物流模板

在填写"包装与物流"模块时,一定要填写产品包装后的重量和体积,这会直接跟运费价格相关,请一定要准确填写,如图 7-8 所示。

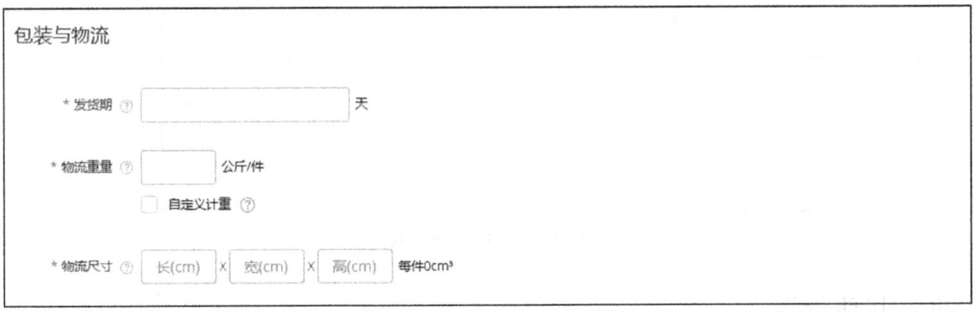

包装与物流
* 发货期 ⑦ ☐ 天
* 物流重量 ⑦ ☐ 公斤/件 ☐ 自定义计重 ⑦
* 物流尺寸 ⑦ 长(cm) X 宽(cm) X 高(cm) 每件0cm³

图 7-8　包装物流页面

设置完包装信息模块之后,合理的运费设置可以大大降低产品的成本,因此在设置之前,一定要先跟物流公司确认好物流的价格和折扣,然后再定义运费。目前有两种方式可供选择。

(1)直接选择完整提供的新手运费模板。后期可以选择采用速卖通合作的物流服务商或者自己联系货代公司发货,如图 7-9 所示。

图 7-9　新手运费模板

(2)自定义运费模板。根据自己的经验及与快递公司协商好的物流折扣,设置合理的运输方式及价格。可设置多个,每款产品选择合适的物流模板,如图 7-10 所示。

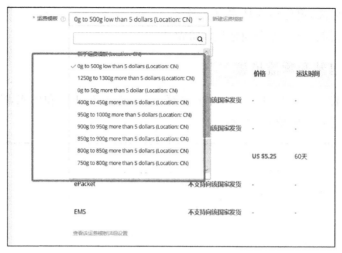

图 7-10　自定义运费模板

九、其他设置

除了上面所提到的信息设置之外，还需注意选择正确的产品分组，方便后期买家在店铺中查找产品，同时也便于卖家后期对产品的管理，如图 7-11 所示。

图 7-11　产品分组选择

在编辑完产品之后，点击"提交"按钮，就可以看到产品进入审核状态，审核期最长为 3 天，不过通常情况下审核时间很快，24 小时以后就可以去检查一下产品的审核情况，审核通过后，买家就可以找到发布的产品。

总体来说，产品发布主要就是上述的步骤，卖家在设置这些信息的时候需要特别注意的是产品属性、价格、库存、发货期及产品运费模板等，在后台更新之前，这些信息在加入店铺活动后是无法直接修改的，后台更新之后是可以进行修改的，这些是比较重要的内容，所以在填写的时候还是要注意。此外，在产品标题处需要密切结合平台热搜词和产品本身特性词，充分利用好标题的作用，发挥好标题的作用，对于卖家而言，买家在前台搜索到的关键词主要是展示在产品标题上面的，因此该款产品的搜索曝光量及访客点击量都会受到标题的影响。除此之外，其他信息的编辑填写也需要仔细地对待，同时结合不同的产品类目和具体店铺情况运用相应的技巧去完成产品的发布。

第二节　产品分组

产品分组是卖家在发布产品的时候就可以完成的操作,对琳琅满目的产品做好分组,可以节省很多的时间成本,也能够更好地进行产品管理。

产品分组的好处在于:不同品类产品各就其位,方便买家快速便捷地找到对应产品;产品线更加清晰,方便卖家对产品进行管理;个性化的产品分组方便卖家做有针对性的营销。

一、产品分组的基本内容

卖家可以创建个性化的产品分组,在产品大组下也可以创建子分组,创建成功后,可以对组进行修改命名、添加新的产品进入产品组、把某一产品移出产品组等操作。产品大组最多能建 10 个,大组下面的子分组最多也是 10 个。

二、产品分组的操作方法

产品分组的操作比较简单,进入卖家后台,点击"商品管理"下面的"商品分组",内容就一目了然了。卖家可以在后台"商品"—"商品分组"—"新建分组"里新建产品大组,比如商铺是售卖护肤品类的,则可以根据产品特点和类别进行新建产品大组——面膜(Facial Mask)。在建立了产品大组之后,在对应的大组下面创建其子分组,即从属于大组产品内的子产品。如面膜 Facial Mask 大组下面创建罐装面膜(Canned Mud Mask)和深度补水面膜(Deep Moisture Facial Mask),即从一个大分类中延伸出两个从属的小分类。另外,可以通过开启或关闭"商铺中展开分组"功能,设置产品组是否在店铺前台显示。

产品分组
的操作方法

在分组的时候要结合店铺产品实际情况,确定一个分组的总思路,从而发散出相关的子分组,这个才是产品分组的真正目的和意义所在。

第三节　产品更新和优化

对于店铺发布的产品,很多卖家认为只要发上去了就等于出单了,不用再做任何的操作。这显然是不对的。对于上新的产品,卖家要及时做好每天的数据积累,观察一周左右,这一周会有效果好的商品和效果不好的商品,针对效果不好的商品怎么去做更新和优化是卖家除发布产品之外提升店铺数据的另一关键要素。对于产品优化来说,卖家除了对产品自身的标题、首图、详情页优化外,还可以借助平台上的一些板块进行优化。比如,产品信息板块,卖家可以通过添加产品信息模块,用高流量产品带动低流量产品,提高平台流量,提高转化率。接下来通过后台的四个板块,即产品信息模块、商品诊断、管理搭配套餐和排名查询工具来进行具体分析。

一、产品信息模块

(一)产品信息模块的用途

产品信息
模块的操作

自定义信息模块是一种新的管理产品信息的方式,卖家可以为产品信息中的公共信息(如售后物流政策等)单独创建一个模块,并在产品中引用。如果需要修改这些信息,只需要修改相应的模块即可。

模块除了可以放置公共信息外,还可以放置已上线的关联产品,这不仅解决了新详情描述编辑器上线后没有关联产品的问题,而且如果卖家想在产品里面放一些活动介绍,也不必去更新并修改上千个产品,无论是在时间上还是人力上都大大提高了效率。

自定义信息模块的用途和好处总结起来可以分为以下两点。

(1)可以放入产品、文字、图片,插入链接,方便卖家做营销。

(2)每个商品详情页都可以使用。

(二)产品信息模块的基本内容

速卖通产品信息模块分为两种,一种是自定义模块,一种是关联产品模块。关联产品模块就是平台提供给卖家的关联营销模板,操作非常简单,只要选择"添加商品"即可,这里不作赘述。但缺点是限定最多只能放 8 个产品,分两行,每行 4 个,样式也是单一的,很多人觉得不好看。而自定义模块,一般用来放一些重复的信息内容,比如卖家关于支付、物流、售后服务的一些信息,这样的信息在每个产品详情页都会重复添加,所以放在自定义信息模块中,只要描述中插入模块即可统一管理。值得注意的是,产品详情页里面最多只能放两个自定义信息模块,所以卖家在设置自定义信息模块的时候要考虑到这一点。

(三)自定义信息模块的操作方法

(1)在"卖家后台"—"商品管理"中,可以找到"产品信息模块"的入口。在这里卖家可以对产品信息模块进行管理操作。

产品信息模块页面　　模块类型选择页面　　选择产品页面

(2)创建模块。目前卖家可以创建关联产品模块和自定义模块这两种模块。关联产品模块,可以选择最多 8 个关联产品。自定义模块,通常可以填写一些公共信息,如公告、活动信息、物流售后政策等。

(3)关联产品模块需要填写模块标题(只能输入英文,用于卖家自己区分模块),选择至少一个产品。

(4)点击预览来查看模块在买家前台实际展示的效果。

(5)在自定义模块卖家同样需要填写标题,跟关联产品不同的是,自定义模块中可以随意填写卖家需要的内容。需要注意的是：自定义模块的内容是需要通过审核的，只有审核通过的自定义模块才能够被使用。

（6）使用模块。首先，在详情描述编辑器中点击"插入产品信息模块"。可以自己编辑图片。然后，选择需要插入的模块，接着点击超链接按钮，可添加所需的超链接。单击"提交"按钮，则成功添加自定义模块。最后，插入成功后，卖家可以随意拖动模块放到想要的任何位置。

📄 关联产品模块预览　　📄 自定义模块编辑页面　　📄 如何使用自定义模块

二、商品诊断

（一）商品诊断的含义

在卖家完成上面的产品发布步骤后，产品成功发布，但有时候平台检测出某款产品属性或者关键词等信息有和平台规则不符的地方，则会在后台显示，一旦出现如图 7-12 所示的情况，则需要卖家立即处理以降低诊断带来的影响。

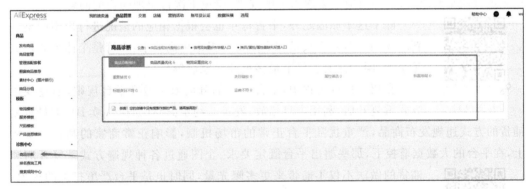

图 7-12　产品诊断页面

（二）商品诊断出现的原因

为了优化平台整体信息质量，平台会陆续就不同行业下的问题商品进行整顿，且由于行业类目不同，也会有着相应的处罚规则释义，同时会进行定期更新。因此卖家在发现店铺产品出现诊断问题时要及时了解情况，并能对照规则进行相应的修改，及时恢复对产品的曝光。

1. 商品诊断的原因

出现商品问题诊断的原因是多方面的，具体原因得看店铺产品违反了平台哪条搜索规则，将会受到的处罚也因不同的规则而异。比如说信用及销量炒作，其定义是指通过不正当方式提高账户信用积分或商品销量、妨害买家高效购物权益的行为。包括采用以下形式来提高销量及信用积分。

(1)卖家利用第三方平台(包括其他卖家)提供的工具、服务或便利条件进行虚假交易。

(2)卖家自己注册或操纵其他账号,购买自己发布的商品进行虚假交易。

(3)卖家与买家串通进行虚假交易。

(4)以直接或是间接的方式,变更商品页面信息、大幅度修改商品价格或商品成交价格等。

(5)其他非正常交易手段。

2.对应的处罚方式

对应的处罚方式如下。

被平台认定为构成信用及销量炒作行为的卖家,平台将删除其违规信用积分及销量纪录,并在搜索排序中做靠后处罚。还将视情节严重程度给予冻结账号甚至关闭清退店铺的处罚。

速卖通平台规则(卖家规则)

但是也有特殊情形,比如说补偿型:卖家为了避免纠纷给买家做一定的补偿,采用重拍发货或其他补偿方式,导致商品成交价格远低于实际价格。针对这种情况,平台早已在发布类目中增添了特殊类目(Special Category),可解决此类问题,将不作为有效举证内容,因此卖家一旦被诊断出这种问题,就应当即刻去了解原因及后果,同时采取适当的措施进行调整修改。此外,更应该去深入了解规则,避免下次再出现同样的问题。

速卖通卖家招商规则

除了这个原因之外,平台每年也会根据相应的情况进行规则调整并新增规则。对开店数量和商品发布提出更高要求:不管是个体工商户或是企业,同一注册主体下最多可开6家店铺。

在招商推进过程中,平台发现部分商家不遵守平台规则,通过规避方式重复开店,利用类目错放、发布非约定商品(如挂 A 卖 B)、大量重复铺货的方式违规发布商品,严重扰乱平台正常的市场机制,影响正常商家的利益。事实上,在平台的大数据监控下,那些超出平台既定要求、企图通过各种规避方式重复开店和

速卖通四套积分体系处罚节点一览表

铺货的做法不仅不能带来更多曝光量,同时也是平台严厉打击的现象,并不利于店铺的转化。同时,未来平台会进一步推进精细化和专业化管理,对同一卖家开店数量和对商品发布的管理将更严格。根据2019年8月6日最新发布的速卖通发布规则,全平台将全面开展违规商品整顿事宜,对违规商品退回不可上架,并根据情节严重程度对账号执行冻结甚至关闭处置。

平台也一直在建议卖家注意以下方面:正确展示及发布品牌商品,需实物拍摄,多角度、突出重点和细节的展示,图片要清晰;标题应包括品牌名和商品名称;属性栏应勾选已完成商标资质审核的品牌名;主图应清晰展示产品图片;左上角建议展示品牌标志;详情或主图中至少有一张展示商品实物本身的标志(部分配附件行业可根据行业的特性,选择在包装上展示标志)。

卖家务必遵守商品发布规范,针对未正确展示及发布的商品,平台保留下架删除的权利。

(三)搜索诊断作弊规则及案例解析

对于各种搜索作弊行为,平台搜索系统将自动进行日常的监控和处理,及时清理作弊的商品,并陆续在卖家后台"搜索诊断"工具中对卖家搜索作弊的违规情况进行提醒。

对于搜索作弊行为,平台不仅会对该件违规商品给予搜索排名靠后的处理,而且会根据卖家搜索作弊行为累计次数的严重程度对整体店铺给予搜索排名靠后或屏蔽的处理,情节特别严重的,平台将给予冻结账户或关闭账户的处理。搜索作弊的行为主要有以下几种类型。

1.类目错放

类目错放是指商品实际类别与发布商品所选择的类目不一致。这类错误可能导致网站前台商品展示在错误的类目下,平台将进行规范和处理,卖家需检查错放产品的这类信息,进行修改,新发产品也要正确填写类目信息。

例如,手机壳错放到化妆包"Cosmetic Bags & Cases"中,正确的类目应该为"Luggage & Bags—Digital Gear Bags—Mobile Phone Bags & Cases"。

对类目错放的商品,平台会将其在搜索排名中靠后,并将该商品记录到搜索作弊违规商品总数里,当店铺搜索作弊违规商品累计达到一定量后,将给予整个店铺不同程度的搜索排名靠后处理;情节严重的,将对店铺进行屏蔽;情节特别严重的,将冻结账户或直接关闭账户。

如果要避免在商品发布过程中发生类目错放的情况,那么要做好以下几点:首先,要对平台的各个行业、各层类目有所了解,知道自己所售商品,从物理属性上来讲应该放到哪个大类目下,如准备销售手机壳,应知道它是属于手机大类下的;其次,可在线上通过商品关键词查看此类商品的展示类目,作为参考;最后,根据自己所要发布的商品逐层查看推荐类目层级,也可以参考使用商品关键词搜索推荐类目,从而在类目推荐列表中选择最准确的类目,发布同时要注意正确填写商品重要属性(发布表单中标星号或绿色感叹号)。

2.属性错选

属性错选是指卖家发布商品时,类目选择正确,但选择的属性与商品的实际属性不一致的情形。这类错误都可能导致网站前台商品展示在错误的属性下,平台将进行规范和处理,卖家需检查错放产品的这项信息,进行修改,新发产品需正确填写属性信息。

例如,从商品图片可以明显看出某商品为"Short Sleeve"(短袖),但是在发布商品时卖家选择了属性"Sleeve Length"(袖长)的"Full"(全长)属性值,因此,当用户在导航栏选择了"Full",这件商品便被展示出来,属于错误曝光的一种,影响了这件商品的成交转化。

再如某商品的领型为非"V 领",但是卖家在发布时选择了这个属性值,导致用户在选择"V 领"进行导航时出现了该商品。

对属性错选的商品,平台会将其在搜索排名中靠后,并将该商品记录到搜索作弊违规商品总数里,当店铺搜索作弊违规商品累计达到一定量后,将给予整个店铺不同程度的搜索排名靠后处理;情节严重的,将对店铺进行屏蔽;情节特别严重的,将冻结账户或直接关闭账户。

如果要避免在商品发布过程中发生属性错选,首先,要对平台的各个行业下所设属性有所了解,知道自己所售商品,物理属性和营销属性都有哪些,如"T恤",可能会有"颜色、尺码、材质、袖长、领型"等属性。其次,可在线上通过商品关键词查看此类商品的展示属性,作为参考。最后,根据自己所要发布的商品选择好类目,逐一考虑发布时待选的属性避免错选;避免遗漏,如商品发布时忘记选择"袖长"属性;避免多选,如商品无风格属性,却选择了波西米亚风格。

3. 标题堆砌

标题堆砌是指在商品标题描述中出现关键词使用多次的行为。

如某个假发商品的标题为"Stock Lace Wig Remy Full Lace Wig Straight Wigs Human Lace Wigs ♯1 Jet Black 16 Inch",商品的描述中多次使用了相同或近似的关键词进行堆砌。

对标题堆砌的商品,平台会将其在搜索排名中靠后,并将该商品记录到搜索作弊违规商品总数里;当店铺搜索作弊违规商品累计达到一定量后,平台将给予整个店铺不同程度的搜索排名靠后处理;情节严重的,将对店铺进行屏蔽;情节特别严重的,将冻结账户或直接关闭账户。

商品标题是吸引买家进入商品详情页的重要因素。字数不应太多,应尽量准确、完整、简洁,用一句完整的语句描述商品。标题的描述应该是完整通顺的一句话,如描述一件婚纱:"Ball Gown Sweetheart Chapel Train Satin Lace Wedding Dress",这里包含了婚纱的领型、轮廓外形、拖尾款式、材质,用 Wedding Dress 来表达商品的核心关键词。

4. 标题滥用

标题滥用是指在商品标题中出现与实际销售商品不符的商品词。如实际商品属性词应该是"Wedding Dress",但是标题中却出现了"Flower Girl Dress"。

对标题滥用的商品,平台会将其在搜索排名中靠后,并将该商品记录到搜索作弊违规商品总数里;当店铺搜索作弊违规商品累计达到一定量后,平台将给予整个店铺不同程度的搜索排名靠后处理;情节严重的,将对店铺进行屏蔽;情节特别严重的,将冻结账户或直接关闭账户。

要避免标题滥用,应尽量准确、完整、简洁,用一句完整的语句描述商品。标题的描述应该是完整通顺的一句话,如描述一个假发:"Capless Extra Long Synthetic Golden Blonde With Light Blonde Curly Hair Wig",体现出假发的长度、材质、颜色、形状等,最后用"Hair Wig"表达商品的核心关键词。

5. 黑五类目错放

黑五类目是指订单链接、运费补差价链接、赠品、定金、新品预告等五类特殊商品,没有按规定放置到指定的特殊发布类目中。

对错放类目的黑五类目商品,平台会将其在搜索排名中进行屏蔽处理,并将该商品记录到搜索作弊违规商品总数里,当店铺搜索作弊违规商品累计达到一定量后,将给予整个店铺不同程度的搜索排名靠后处理;情节严重的,将对店铺进行屏蔽;情节特别严重的,将冻结账户或直接关闭账户。

要避免黑五类目商品错放，卖家在发布这五类商品时，请将其放到"Special Category"这一特定类目中，这样方便买家能快速找到并购买到所需的商品，以便顺利达成交易，切勿将其放置于其他类目中。

6.重复铺货

为保证买家的购物体验及平台的公平性，同一件商品一个卖家只允许在平台发布一次，而且一个卖家不允许通过多个账户分别或同时发布同一件商品，否则视为重复铺货行为。重复铺货行为包含但不局限于商品主图完全相同，且标题、属性雷同，或商品主图不同（如主图为同件商品以不同角度拍摄等），但标题、属性、价格高度雷同。

重复铺货特殊情况说明：商品主图、标题、属性均雷同，但若有合理的展示需求时，不视为重复信息，如同一个商品设置不同的打包方式，发布商品数量不能超过 3 个，多余的商品将被视为重复铺货处理。

对重复铺货的商品，平台会将其在搜索排名中靠后，并将该商品记录到搜索作弊违规商品总数里，当店铺搜索作弊违规商品累计达到一定量后，将给予整个店铺不同程度的搜索排名靠后处理；情节严重的，将对店铺进行屏蔽；情节特别严重的，将冻结账户或直接关闭账户。

📱 重复铺货案例

7.广告商品

广告商品是指以宣传店铺或商品为目的，发布带有广告性质（包括但不限于在商品标题、图片、详细描述信息中等留有联系信息或非速卖通的第三方链接等）的信息，吸引买家访问，而信息中商品描述不详或无实际商品。

对广告商品，平台会将其在搜索排名中进行屏蔽处理，并将该商品记录到搜索作弊违规商品总数里，当店铺搜索作弊违规商品累计达到一定量后，将给予整个店铺不同程度的搜索排名靠后处理；情节严重的，将对店铺进行屏蔽；情节特别严重的，将冻结账户或直接关闭账户。

8.描述不符

描述不符是指标题、图片、属性、详细描述等信息之间明显不符，信息涉嫌欺诈成分。

描述不符分以下几种情况。

（1）卖家设置运费中以小包方式进行运费计算，降低商品整个成本价格，但在详细描述中又写出需达到一定的数量，这样存在对买家的欺骗，同时也加大了卖家发货后的风险。

（2）实际销售商品在属性描述中有误。

（3）商品主图与详细描述图片不符，如图 7-13 所示。

（4）标题最小起订量与设置的最小起订量不符，如图 7-14 所示。

主图 详细描述图

图 7-13 主图与详情页图片不符

图 7-14 最小起订量不符

（5）标题打包方式与实际设置打包方式不符。

对描述不符的商品,平台会将其在搜索排名中靠后,并将该商品记录到搜索作弊违规商品总数里,当店铺搜索作弊违规商品累计达到一定量后,将给予整个店铺不同程度的搜索排名靠后处理;情节严重的,将对店铺进行屏蔽;情节特别严重的,将冻结账户或直接关闭账户。

9. 计量单位作弊

计量单位作弊是指发布商品时,将计量单位设置成与商品常规销售方式明显不符的单位,或将标题、描述里的包装物亦作销售数量计算,并将产品价格平摊到包装物上,误导买家的行为。

【例 7-1】卖家展示出售 120 pieces of shoes（120 只鞋子）。依据常理鞋子不按单只出售,买家认为收到的是 120 pairs of shoes（120 双鞋子）,但卖家发出的仅是 60 pairs of shoes（60 双鞋子）,并声称写明的 120 pieces of shoes 即等于 60 pairs of shoes。

【例 7-2】卖家在标题中将包装物亦作为销售数量计算,导致买家误认为单价很低。

对计量单位作弊的商品,平台会将其在搜索排名中靠后,并将该商品记录到搜索作弊违规商品总数里,当店铺搜索作弊违规商品累计达到一定量后,将给予整个店铺不同程度的搜索排名靠后处理;情节严重的,将对店铺进行屏蔽;情节特别严重的,将冻结账户或直接关闭账户。

10.商品超低价

商品超低价是指卖家以较大偏离正常销售价格的低价发布商品,在默认和价格排序时,吸引买家注意,骗取曝光。

【例7-3】卖家发布一款i68手机,最小价格条件筛选后,free shipping状态下0.1美元/部销售。

【例7-4】虚假设置打包方式,以降低商品单价。如卖家将7寸平板电脑起订量设置为8000个,每个商品售价为0.01美元,但实际销售价格却是80美元/个,即:8000×0.01=80美元。

【例7-5】卖家店铺发布大量服饰类商品,明显低于市场价格,部分商品已经产生大量订单,但卖家可能未发货或实际未发货。

【例7-6】卖家店铺中存在大量非正常折扣力度商品,折扣后价格明显低于市场价格。

对超低价格的商品,平台会将其在搜索排名中靠后,并将该商品记录到搜索作弊违规商品总数里,当店铺搜索作弊违规商品累计达到一定量后,将给予整个店铺不同程度的搜索排名靠后处理;情节严重的,将对店铺进行屏蔽;情节特别严重的,将冻结账户或直接关闭账户。

11.商品超高价

商品超高价是指卖家以较大偏离正常销售价格的高价发布商品,在默认和价格排序时,吸引买家注意,骗取曝光。

如某店铺销售的X18i手机比正常售价高出几倍。正常价格在几百美元,而卖家设置了几千美元的价格。

对超高价的商品,平台会将其在搜索排名中靠后,并将该商品记录到搜索作弊违规商品总数里,当店铺搜索作弊违规商品累计达到一定量后,将给予整个店铺不同程度的搜索排名靠后处理;情节严重的,将对店铺进行屏蔽;情节特别严重的,将冻结账户或直接关闭账户。

12.运费作弊

运费作弊是指卖家以超低或不合理的价格发布商品,吸引买家注意的同时,相应调高运费价格补给成本,或在标题及运费模板等处设置与实际不相符的运费行为。

【例7-6】一件婚纱正常销售价格是159.47美元,但卖家将商品价格设置成0.01美元,运费设置成159.46美元。

【例7-7】标题中标注了免运费(Free Shipping),而实际产品并不提供针对任何一个国家(地区)的免运费服务或只提供部分国家(地区)的免运费服务。

对运费作弊的商品,平台会将其在搜索排名中靠后,并将该商品记录到搜索作弊违规商品总数里,当店铺搜索作弊违规商品累计达到一定量后,将给予整个店铺不同程度的搜索排名靠后处理;情节严重的,将对店铺进行屏蔽;情节特别严重的,将冻结账户或直接关闭账户。

若仅针对部分国家(地区)免运费,建议卖家在运费模板里做相应的免运费设置,而不是直接在标题里写上免运费,这样容易造成其他国家(地区)的买家看到标题后也认为到本国(地区)是免运费,引起误解和纠纷。

13. SKU 作弊

SKU 作弊是指卖家通过刻意规避商品 SKU 设置规则,滥用商品属性(如套餐、配件等)设置过低或者不真实的价格,使商品排序靠前(如价格排序)的行为,或者在同一个商品的属性选择区放置不同商品的行为。

【例 7-8】将不同的商品放在一个链接里出售(如触摸笔和手机壳)。

【例 7-9】将正常商品和不支持出售(或非正常)的商品放在同一个链接里出售。该商品一口价为"＄0.01/piece",是"Other"这个 SKU 的价格,属于 SKU 作弊。

【例 7-10】将常规商品和商品配件(如手表和表盒)放在一个链接里出售。

【例 7-11】将不同属性商品捆绑成不同套餐或捆绑其他配件放在一个链接里出售。

对于 SKU 作弊的商品,平台将在搜索排名中靠后,并将该商品记录到搜索作弊违规商品总数里,当店铺搜索作弊违规商品累计达到一定量后,将给予整个店铺不同程度的搜索排名靠后处理;情节严重的,将对店铺进行屏蔽;情节特别严重的,将冻结账户或直接关闭账户。

14. 更换商品

更换产品是指通过对原有商品的标题、价格、图片、类目、详情等信息加以修改,发布为其他商品(含产品的更新换代),对买家的购买造成误导;但如修改只涉及对原有产品信息的补充、更正,而不涉及产品更换,则不视为"更换产品"的行为。

如卖家 A 销售的是手机,价格为 36～42 美元,"销售历史记录"中显示的信息为"30 transaction"(30 次交易),是通过修改别的产品而发布的,有销售历史记录。

经系统识别或者被他人投诉举报涉嫌更换产品,且人工二次核查后属实,平台将清除该商品所有销售历史记录并进行商品排名靠后处理;屡次出现销量炒作情况时,平台有权下架或删除该商品,并且保留对卖家/店铺

🔗 平台对违规
行为的处罚

做出整体处罚的权利。

三、管理搭配套餐

管理搭配套餐主要是针对店铺内各式各样的产品进行套餐搭配的一种产品管理方式,比如服装行业的衣服和裤子的搭配,如果搭配购买,卖家可以给到相应的折扣优惠,激发买家的购买欲。可以根据算法创建搭配套餐,也可由卖家自定义折扣优惠,如图 7-15 所示。

图 7-15　搭配套餐

四、排名查询工具

排名查询工具，顾名思义就是店铺的产品在首页上的排名，可以在指定位置输入相应的关键词，点击查询就能看到店铺的产品在首页的排名，如图 7-16 所示。输入关键词"disc portable bag"，出来相应的产品在第 6 页第 24 位，排名比较靠后，卖家需要去优化这款产品，提升这款产品的排名，可以去参考同行的同类产品进行标题详情页属性的优化。如果想要主推这款产品，那么可以最快提升曝光浏览的方式就是开通直通车进行爆款助推。

产品管理
案例分析

图 7-16　排名查询

📍 本章小结

本章阐述了速卖通店铺后台产品管理的具体内容和含义，分别介绍了产品分组、产品发布和自定义信息模块等方面的操作流程。读者应结合实际案例，在已经熟悉产品管理每个模块流程的基础上，结合其背后的意义和目的去进行更好的应用。平台规则不断更新变化，在熟练掌握这些操作之后，应当进一步思考预测未来这些模块的优化和调整方向。

【思考题】

1. 产品分组的目的是什么?

2. 产品分组的作用具体表现在哪些方面?

3. 产品分组的基本内容有哪些?

4. 产品分组的一般操作流程是怎样的?

5. 自定义信息模块的含义及用途是什么?

6. 自定义信息模块的基本内容有哪些?

7. 简述自定义信息模块的操作方法。

8. 产品发布流程的一般步骤是怎样的?

9. 产品标题和关键词的填写方法有哪些?

10. 添加主图有什么技巧?

11. 商品销售属性填写时需要注意什么?

12. 产品管理分为几部分?

13. 产品管理的意义是什么?

14. 商铺中产品管理的作用体现在哪些方面?

15. 如何建立起买家对商铺的信任感?

16. 在产品管理中,可以从哪些方面提高买家的购物体验?

【操作题】

假设你是速卖通平台上一家灯具商铺的运营商,现阶段刚起步,你主营的是北欧风格的灯具,其中有吊灯、立灯、台灯及壁灯这几种主要产品,其中,吊灯以色彩鲜艳的圆形和菱形、纯色的小吊灯为主;立灯则是室内简约设计风格的、纯色外体的灯(灯光颜色分为黄光和白光两种);台灯多为学生用的小台灯,有智能感应开关,无声触感,明亮不伤眼;壁灯则主要是以暖色调灯光为主,小巧且形状不规则,有可拆卸灯套和不可拆卸灯套之分。你所希望面向的消费群体为欧洲国家人群,产品定位为中高端,质量和设计都是行业内中上游水平。

1. 作为运营人员,请你给店铺进行产品分组,包括产品大组和对应的子分组。

2. 请你为你的店铺设置至少两个自定义信息模块,对应名称和内容都要具体说明,并阐述设置目的。

3. 试着参考平台上的灯具店铺,选取一款符合你店铺风格和定位的产品,分别用两种产品发布方式去模拟产品发布流程,包括产品标题和关键词的填写、添加主图、商品销售属性填写、商品详情等相关信息的填写。

第八章

站内推广

【本章重点】

本章重点学习速卖通站内营销工具的内容,熟悉和使用速卖通后台的营销工具。

【学习目标】

通过本章的学习,学习者应能了解速卖通营销工具的内容,了解营销活动之间的差别,熟悉速卖通后台的营销工具,学会有效使用营销活动。

目前速卖通站内营销工具一共分为四类,分别是营销活动、买家管理、联盟营销、速卖通直通车。营销活动又分为卖家自主类营销活动和平台促销活动。这些营销活动在日常运营中起着非常重要的作用,了解并学会使用这些营销活动工具是极其重要的。

第一节 营销活动

一、卖家自主类营销活动

平台现在将限时限量折扣活动与全店铺打折活动,统一整合成为单品折扣活动,如图 8-1 所示。

图 8-1 单品折扣活动页面

(一)限时限量折扣活动的用途和设置方法

1. 限时限量折扣活动的用途

限时限量折扣活动是由卖家自主选择活动商品和活动时间、设置促销折扣及库存量的店铺营销工具,它利用不同的折扣力度推新品、造爆品、清库存,是卖家最爱的一款工具。它的优势在于:商品主图上有明显折扣标志,在买家搜索页面 Sale Items 上可获额外曝光,买家会收到有购物车和收藏夹折扣提醒。

2.限时限量折扣活动的设置方法

基于以上特点,卖家必须有效地利用速卖通的限时限量折扣工具。下面是速卖通限时限量折扣活动的设置方法。

(1)登录用户后台,进入"营销活动",点击"店铺活动"后,选择对应的限时限量折扣活动,如图 8-2 所示。

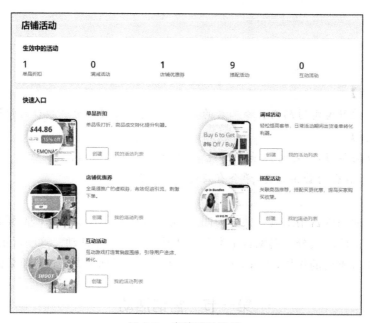

图 8-2 店铺活动设置

(2)点击"创建活动"按钮进入到创建店铺活动页面。活动开始时间为美国太平洋时间,如图 8-3 所示。

图 8-3 创建活动

(3)创建好限时限量折扣活动后,选择参与活动的商品,每个活动最多只能选择 100 个商品,如图 8-4 所示。

图 8-4　限时限量折扣活动选择商品

（4）设置商品折扣率和促销数量。可批量设置折扣库存和定向人群折扣，也可单独设置，粉丝（即关注店铺的买家）折扣可选可不选，如图 8-5 所示。

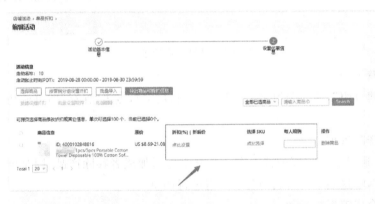

图 8-5　设置商品折扣率和促销数量

完成以上四步，卖家就完成了一个限时限量折扣活动的设置。

（二）全店铺折扣活动的用途和设置方法

1. 全店铺折扣活动的用途

全店铺折扣活动是一款可根据商品分组对全店商品批量设置不同折扣的打折工具，可帮助卖家在短时间内快速提升流量和销量。在设置全店铺折扣活动之前卖家要先设置分组。

卖家设置全店铺折扣活动的时候，不再受限于必须把相同折扣的商品放到同一个产品分组中，产品分组继续承担将产品分类以帮助买家更方便地找到商品的使命。营销分组可让卖家根据折扣率的需要将商品进行分组，如分为"9 折区""8 折区"等。

2. 全店铺折扣活动的设置方法

（1）找到"营销分组"设置的入口

路径为"卖家后台"—"营销活动"—"营销分组"，如图 8-6 所示。

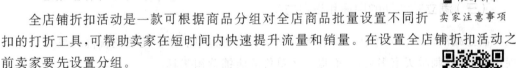

限时折扣
卖家注意事项

营销分组与
操作注意事项

图 8-6　设置营销分组

（2）新建分组

页面上有新建分组、组内产品管理及分组管理的功能。操作完之后记得点击保存，如图 8-7 所示。

图 8-7　营销分组管理

（3）新建营销分组

点击"新建分组"，输入分组名称（仅限英文和数字），点击"保存"即可成功创建一个营销分组。

（4）组内产品管理

卖家可以通过点击顶部的按钮在营销分组内添加或者移除产品，同时可以批量勾选一部分产品后，将这些产品所属的营销分组进行调整。

（5）设置全店铺折扣活动

设置对应的活动名称、活动开始时间及分组的活动折扣，即可完成活动的设置。

点击确定后即完成设置，活动将处于"未开始"状态，此时可以进行修改活动时间、增加和减少活动商品等操作。活动开始后将进入锁定状态，活动状态后将变成"等待展示"，活动开始后将处于"展示中"状态。

（三）满立减活动的用途和设置方法

满立减活动是由卖家在自身客单价基础上设置订单满多少元系统就自动减多少元的促销规则，以刺激买家多买，从而提升客单价的店铺营销工具。

满立减活动的优势在于：在买家搜索页面会出现"满立减"标志，卖家将获得额外曝光；因为店铺首页有明显标志，所以更吸引买家关注；商品详情页"满立减"活动标志会刺激买家下单。

1. 满立减活动的用途

（1）支持部分设置商品满立减活动

卖家创建的满立减活动既可以对全店商品进行设置，也可以对部分商品进行设置。卖家只须选择指定商品即可设置针对相应商品的满立减活动。设置定向商品的满立减活动可以帮助卖家实现关联销售、搭配减价、提升买家订单金额等效果。

（2）支持设置多梯度型的满立减活动

卖家可以根据店铺内产品的不同价格，设置递增的满立减活动。

例如，满立减梯度一设置为"满100美元立减10美元"，满立减梯度二设置为"单笔订单金额必须大于100美元"，假设此时设置的梯度二的满立减活动订单金额为200美元，则此时设置的满立减活动金额最少为21美元。

2.满立减活动的设置方法

（1）创建部分商品满立减活动

登录"我的速卖通"，点击"营销中心"，在"店铺活动"中选择"店铺满立减"，点击"创建活动"，在"活动类型"中选择"满减活动"，如图8-8所示。

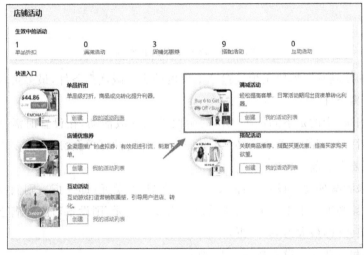

图8-8 选择"满减活动"

（2）填写满立减活动的基本信息

在"活动名称"一栏内填写对应的活动名称，买家端不可见。在"活动起止时间"内设置活动对应的开始时间及活动结束时间，如图8-10所示。

注意：从活动开始时间到活动结束时间，同一个时间内只能设置一个满立减活动。该规定适用于部分商品和全店所有商品的满立减活动。

（3）设置活动商品及促销规则

部分商品满立减活动，即设置仅针对部分商品的满立减活动，订单金额包含商品价格（不包含运费），限时限量折扣商品按折后价参与。

全店所有商品满立减活动与部分商品满立减活动类型一致。订单金额包含商品价格和运费，限时限量折扣商品按折后价参与。

目前的满立减条件支持"单层级满减"和"多梯度满减"这两种类型。"单层级满减"是指同一优惠比例的满立减活动，支持"优惠可累加"功能。

选择"单层级满减"，需要设置单笔订单金额条件及立减条件，该类型的满立减活动可以支持"优惠可累加"的功能。也就是说，当促销规则为满100美元减10美元时，则满200美元减20美元，满300美元减30美元，依此类推，上不封顶。

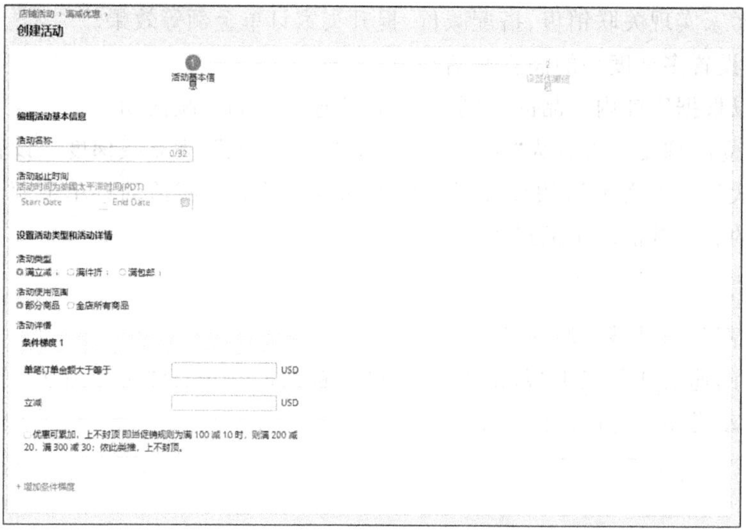

图 8-10　填写活动起止时间

选择"多梯度满减",需要至少设置 2 个梯度的满立减优惠条件,最多可以设置 3 个梯度的满立减优惠条件。

"多梯度满减"指的是不同优惠比例的阶段性满立减活动,在设置时需要满足两个要求:一是要求后一梯度的订单金额必须要大于前一梯度的订单金额,二是要求后一梯度的优惠力度必须要大于前一梯度。

例如,如果满减梯度一设置为:满 100 美元立减 10 美元(即 9 折),则满减梯度二设置的单笔订单金额必须大于 100 美元;假设设置为 200 美元,则设置对应的满立减金额必须大于等于 21 美元(即最大为 8.95 折)。

活动类型和活动详情设置如图 8-11 所示。

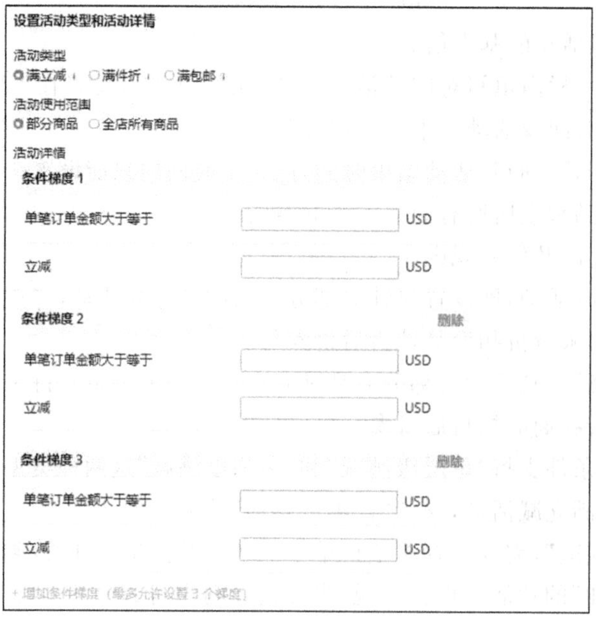

图 8-11　设置活动类型和活动详情

（4）设置"选择商品"

满立减活动需要"选择商品"，每次活动最多可以选择添加 200 个商品，如图 8-12 所示。

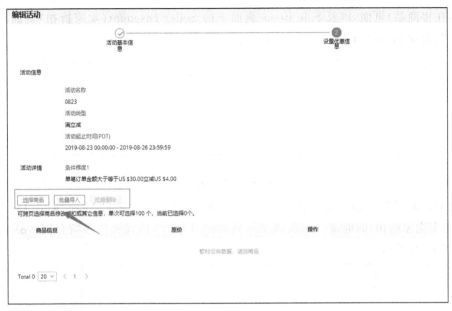

图 8-12　满立减活动"选择商品"

目前平台支持通过商品分组、营销分组、商品 ID、商品名称搜索对应的商品，如图 8-13 所示。选择商品后，商品数会在选择栏的右下角进行展示。

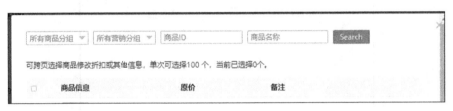

图 8-13　搜索商品

（5）确认提交

上述步骤设置完成后，确认提交活动，同时筛选活动类型，如图 8-14 所示。

图 8-14　筛选活动类型

3. 满立减信息在店铺及商品详情页面中的展示情况

以下所有的展示只针对系统模板,如果卖家购买的是装修模板则以装修模板的设计为准。满立减活动的展示位有:Store Home(店铺主页)页面,Products(商品)页面,Sale Items(在售商品)页面,以及 Sale Items 页面下的 Seller Discount(卖家折扣)页面和产品的详情信息页面,Seller Discount 页面如图 8-15 所示。

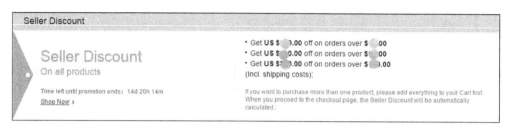

图 8-15　Seller Discount

针对产品详情页面中的满立减信息展示,买家可以通过"Find More Seller Discounts"(找到更多卖家折扣)的链接看到该满立减活动的详情,并且找到更多符合同一活动的产品,如图 8-16 所示。

图 8-16　店铺展示的满立减活动

优惠券满立减活动的信息将会在购物车中展示,若买家的下单金额未满足优惠券要求,平台则会引导买家再去凑单。通常买家会点击"Shop More"(购买更多),即可跳转到符合活动要求的产品 List 页面。

针对部分商品满立减活动,优惠券会在对应的活动产品下方显示,此时显示的是参加满立减活动的商品。此类活动标志有助于买家区分活动产品和非活动产品。

(四)优惠券的用途和设置方法

1. 优惠券的用途

优惠券是由卖家自主设置优惠金额和使用条件的,买家领取后可以在有效期内使用优惠券。优惠券可以刺激新买家下单和老买家回头购买,提升购买率及客单价。

店铺优惠券的优势在于:商品将在买家页面 All Coupons 获得专区推广;商品详情页头部会有明显标志;平台邮件会将商品直接推荐给买家。

卖家需注意的是,同一时间段可设置多个店铺优惠券活动,以满足不同购买力买家的需求,从而获得更多订单。

2.优惠券的设置方法

优惠券设置路径为"营销活动"—"店铺活动"—"店铺优惠券",如图 8-17 所示。

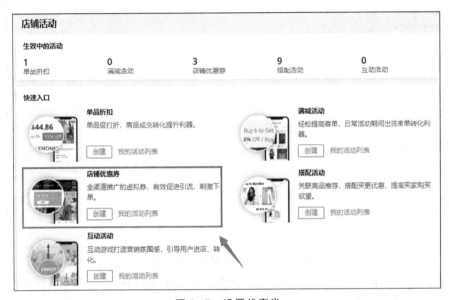

图 8-17 设置优惠券

店铺优惠券主要分为 3 种类型:店铺领取型优惠券、定向发放型优惠券及互动型优惠券,如图 8-18 所示。

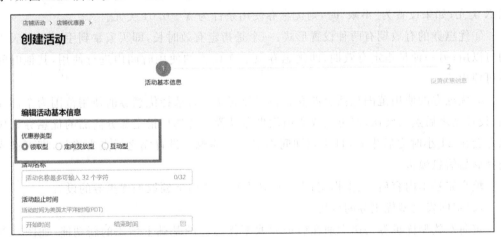

图 8-18 优惠券类型

(1)店铺领取型优惠券的设置

店铺领取型优惠券的设置如图 8-19 所示。

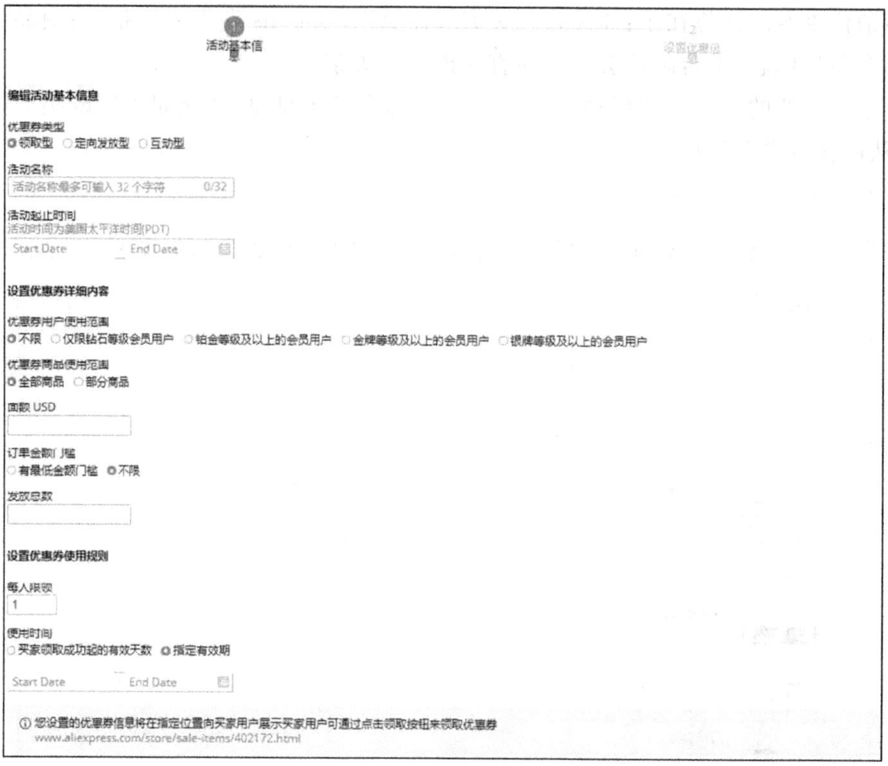

图 8-19　店铺领取型优惠券的设置

①设置的活动时间及优惠券领取时间都为美国太平洋时间。

②优惠券的优惠金额是指：若优惠券设置为满 X 美元优惠 Y 美元时，这里的面额指的是 Y。

③优惠券的使用条件是指：若优惠券设置为满 X 美元优惠 Y 美元时，则使用条件是满 X 美元；如果设置为"不限"时，则优惠券使用条件为 Y+0.01 美元。

④优惠券的有效期有两种设置形式：一个是指定有效时长，即买家拿到手后多少天以内可以用；另一种是指定有效期，即优惠券只能在设置的使用时间内进行使用，其他时间不可使用。

⑤优惠券的使用范围包括全部商品和部分商品。若选择优惠券的使用范围为全部商品，设置完之后点击确认，即可完成店铺优惠券设置。若选择指定部分商品的优惠券则优惠券会在 24 小时之后生效，且生效期间不能进行编辑。设置完之后点击确认，即可进入选择商品信息模板。

填写完基本内容后，点击提交；点击确认即可完成店铺领取型优惠券的设置。

（2）定向发放型优惠券的设置

定向发放型优惠券是速卖通在店铺领取型优惠券的基础上增添的新功能，如图 8-20 所示。凡是与卖家店铺有过交易、加过商品到购物车或者加入 Wish List 的买家都可作为定向发放对象。卖家只需进行创建优惠券活动、选择发放对象、点击发放三步操作便可利用优惠券实现对新买家的吸引与对老买家的维护。

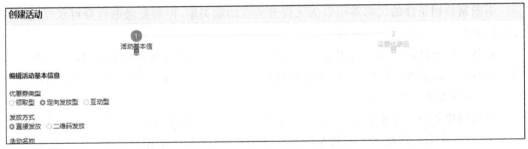

图 8-20　定向发放型优惠券的设置

定向发放的优惠券在设置过程中需注意以下事项。

①定向发放型优惠券每个买家限发一张。

②每个定向发放型优惠券活动最多可以发放 500 张,每次添加用户发放的操作只能发放 50 张。

③优惠券的使用有效期的结束时间必须大于开始时间,且其有效期结束时间必须大于活动的结束时间。使用开始时间需要在设置时的 60 天内,使用有效期最长为 180 天。

④定向发放型优惠券有两种类型的发放形式,即选择买家线上发放和二维码发放。卖家需先选择发放形式再进行设置。

a. 买家线上发放的定向发放型优惠券和二维码发放的定向发放型优惠券的区别如下。

选择买家线上发放优惠券,即直接给买家发放店铺优惠券,由卖家直接发给买家,这时候建议卖家结合营销邮件对买家进行优惠券的营销,刺激买家前来下单。

选择二维码发放优惠券,即给予买家优惠券的二维码,这种类型的优惠券建议卖家可以放在买家的包裹中,买家通过扫码的形式就可以领取到卖家的优惠券。

b. 买家线上发放的定向发放型优惠券的操作。

ⅰ. 添加优惠券。

登录"我的速卖通",点击"营销中心",在"店铺活动"中选择"店铺优惠券",点击"定向发放型优惠券活动",点击"添加优惠券"。

ⅱ. 填写优惠券活动相关信息,创建活动。

在相应的红框内填写相应的活动名称及活动结束时间。"活动基本信息"中的活动开始和结束时间表示发放优惠券的活动时间,即卖家可向买家发放该类优惠券的时间范围。

注意优惠券发放规则和使用规则。填写相应的优惠券的面额、发放总数量及使用条件。优惠券使用规则设置中的"有效期"指的是优惠券的有效期,与活动结束时间不一致。

发放规则和使用规则

【例 8-1】今天为 11 月 13 日,设置活动结束时间为 11 月 30 日,同时设置了有效期为 11 月 30 日—12 月 5 日的优惠券,则卖家可以在 11 月 30 日前发放使用范围在 11 月 30 日—12 月 5 日的优惠券。

此外,发放的优惠券类型可以选择不限制使用条件的优惠券和订单需满足一定条件后才能使用的优惠券。

不限制使用条件的优惠券可以大大提升买家的购买率,但需要考虑自身可承受范围,在面值和数量上可以做一些控制。

限制使用条件的优惠券可用于拉升客单价。建议结合自身客单价来设置,通常比客单价稍高即可。如客单价为 20 美元,可设置订单金额满 25 美元或 30 美元作为使用条件。

ⅲ.选择买家并发放优惠券。

活动创建并确认开始后,可以挑选买家发放优惠券。可添加的用户类型有三类:交易过的用户、将卖家的产品加入购物车的用户及加入 Wish List 的用户,如图 8-22 所示。

客户	国家	最后一次订单	成交次数	累计成交金额	状态
Ohad Horev		No. 505806774297049 2018/04/25 00:00	1	US $14.14	未发放
Corey Mayes		No. 91541822492691 2018/04/25 00:00	1	US $6.27	未发放
German Walter		No. 701651521993695 2018/04/25 00:00	1	US $6.59	未发放
Aigars Kurens		No. 91635791478561 2018/04/25 00:00	1	US $8.99	未发放
Yaakov Abutbul		No. 91445930762366 2018/04/25 00:00	1	US $5.91	未发放
Sangbin Lee		No. 91395840830632 2018/04/25 00:00	1	US $11.68	未发放
David Mkwanazi		No. 91393448915631 2018/04/25 00:00	1	US $165.90	未发放

所有交易过的客户 ☑ ○ 所有加购物车客户 ○ 所有加Wish List客户

图 8-22　意向客户

ⅳ.店铺优惠券活动的展示。

定向发放型优惠券发放后,买家即可在卖家优惠券看到专属人群优惠券,如图 8-23 所示。

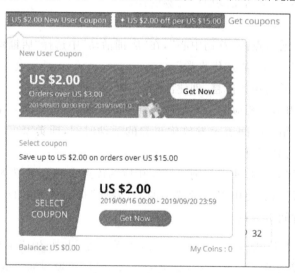

图 8-23　优惠券展示

c.二维码发放的定向发放型优惠券的操作。

ⅰ.登录点击"营销中心",在"店铺活动"中选择"店铺优惠券",点击"定向发放型优惠券活动",点击"创建店铺优惠券",如图 8-24 所示。

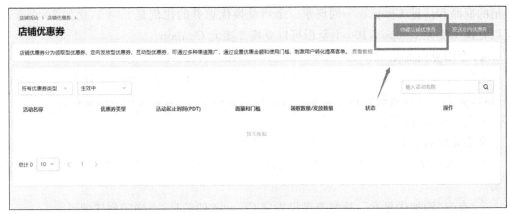

图 8-24　创建店铺优惠券

ⅱ.选择"二维码发放优惠券"的发放方式,填写优惠券活动的相关信息并创建活动。

注意:由于考虑到物流时间的影响,所以对应的活动结束时间和优惠券结束时间要一致,卖家需合理设置优惠券的使用结束时间,尽可能减少出现买家收到货之前已经无法领取卖家的店铺优惠券的情况。

ⅲ.保存并下载卖家的店铺优惠券所属二维码,把二维码打印到包裹、发货订单等处或者投放到各个营销渠道中并引导买家进行扫码。

📱优惠券二维码　　📱二维码发放优惠券卖家注意事项

(3)互动型优惠券的设置

①金币兑换店铺优惠券。

AliExpress 无线金币频道是目前手机 APP 上流量最高、买家黏度最高的频道。频道中设置了各类游戏玩法和红包优惠,吸引着全球买家定期的回访,实现后续的转化。卖家可以通过在金币频道设置店铺 Coupon(优惠券)或者报名参加金币全额兑换商品活动来吸引更多高黏度的买家到卖家的店铺。买家可以通过签到、翻牌子得金币等方式来获取金币。

📱金币兑换店铺优惠券展示

a.金币的兑换。

金币可做以下兑换。

ⅰ.金币可兑换 AliExpress 平台 Coupon。

目前有 3 个面额的 AliExpress Coupon 供买家兑换,Coupon 不分店铺,但仅限在 APP 上使用。每天限量发放。

ⅱ.金币兑换店铺 Coupon。

卖家在后台设置无门槛的店铺 Coupon,Coupon 面额从 1~200 美元不等,每个面额至少设置 50 张的发放量,且每个月最多只能创建 10 个活动。有使用条件的店铺优惠券设置比例为 Coupon 订单金额/Coupon 面额≤3;设置完成后,后台会结合买家的行业偏好,展示在金币频道上,且只会展示在金币频道上,供用户兑换,同时后台会提供 6 个卖家热销的商品和店铺 Coupon 一同展示。金币兑换优惠券的比例是 50∶1,比如 50 个金币可以兑换 1 美元 Coupon,100 个金币可以兑换 2 美元 Coupon。

ⅲ. 金币兑换商品。

金牌/银牌卖家可以在平台中看到每期的报名入口,根据活动的要求提交指定品类的商品,行业小二审核通过后这些商品就会展现到金币频道,买家可用金币兑换。

b. 卖家端设置流程。

金币兑换店铺 Coupon 卖家端设置流程如下。

ⅰ. 登录后依次点击“卖家后台”—“店铺活动”—“店铺优惠券”—“金币兑换”优惠券活动。

ⅱ. 点击“添加优惠券”,按照要求设置完 Coupon 的信息,点确定创建即可。

设置完成后的二维码必须用 AliExpress 买家端手机 APP 扫描最下面的二维码,才可直接访问无线金币频道,如图 8-25 所示。

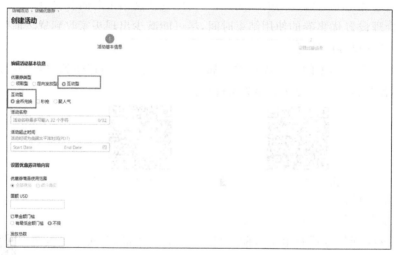

图 8-25　金币兑换卖家端设置页面

设置完成后,店铺的信息会在活动开始时同步到手机金币频道,且平台会根据不同买家的偏好展示不同的店铺优惠信息。

金币活动创
建确认页面

卖家需注意的是,金币兑换优惠券默认商品使用范围为全部商品。另外,金币兑换的优惠券使用门槛条件必须为 Coupon 订单金额/Coupon 面额≤3,例如优惠券面额为 10 美元,那么优惠券订单金额最多为 30 美元,最少金额不限。

②聚人气店铺优惠券

聚人气店铺优惠券可通过买家人传人的形式快速给店铺带来新流量,买家只有拉来其他买家帮其领取,才能获得此店铺优惠券。

a. 聚人气店铺优惠券卖家端设置入口。

聚人气店铺
优惠券活动页面

该优惠券卖家端设置入口为:“卖家后台”—“店铺优惠”—“店铺优惠券”—“聚人气”店铺优惠券,该优惠券被设置后不会自动呈现在店铺内,而只会出现在平台额外曝光的场景中。聚人气店铺优惠券页面可扫描二维码了解。

b. 设置基础要求。

卖家每个月都可以设置聚人气店铺优惠券活动,但是同一时间只能设置一个活动。设置的聚人气店铺优惠券必须是无门槛的优惠券,其面额可以为 2～200 美元中的任意整数,张数为 100～990000 之间的整数。设置过程中有两次提醒,在活动开始前都可以进行修改,活动开始后只能增加优惠券张数不可做其他修改,如图 8-26 所示。

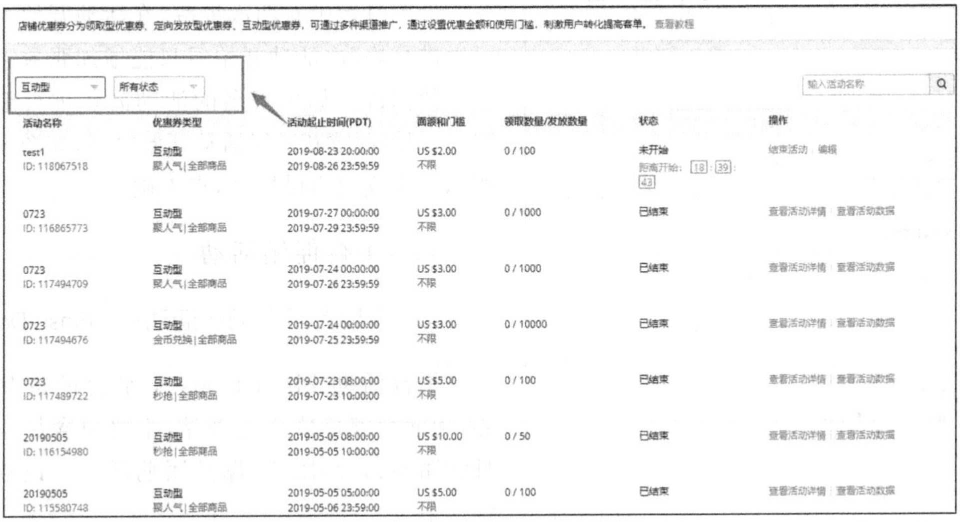

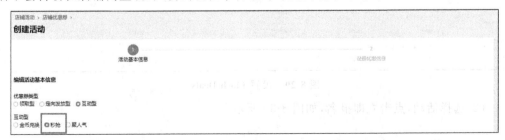

图 8-26 活动状态

③秒抢店铺优惠券。

秒抢店铺优惠券通过无门槛的大额店铺优惠券吸引买家到店,并且可有效维持店铺的买家活跃度。成功参加主分会场活动的卖家在设置了秒抢店铺优惠券后,优惠券会展示在卖家的店铺首页。在平台大促期间,参与主分会场活动的所有卖家,如果设置了秒抢店铺优惠券且符合活动要求(不同活动有不同要求,具体请参照各个活动规则),则平台会在其店铺首页曝光其设置的秒抢店铺优惠券。另外,参与品牌狂欢城的卖家更会有额外的流量被引流到秒抢店铺优惠券页面,报名品牌狂欢城的卖家必须首先设置秒抢优惠券。成功参加主分会场活动的卖家设置了秒抢店铺优惠券后,相关优惠券会展示在卖家的店铺首页。

a. 卖家端设置流程。

进入卖家后台,选择"店铺优惠"—"店铺优惠券"—"秒抢"店铺优惠券,该类活动设置后不会自动在店铺内呈现,只会出现在平台额外曝光的场景中,如图 8-27 所示。

图 8-27 设置秒抢店铺优惠券活动

b.设置基础要求。

卖家每个月可以设置 30 个秒抢店铺优惠券活动,但是同一时间最多只能设置 3 个活动。设置的秒抢店铺优惠券必须是大额无门槛的优惠券,其面额可以为 5~200 美元中的任意整数,张数为 50~990000 中的整数,活动的开始时间只可选择每天的美国太平洋时间 2 点、8 点、14 点和 20 点,结束时间为开始时间后的 10 分钟。

设置过程中有两次提醒,在活动开始前都可以进行修改,活动开始后只能增加张数不可做其他修改。如果报名的活动需要进行编辑修改,则需要重新选择活动开始时间,如图 8-28 所示。完成内容设置后,点击确认。

二、平台促销活动

(一)设置平台闪购活动——Flash Deals

平台活动 Flash Deals 是平台的爆品中心,帮助卖家打造店铺爆品,主要包含俄罗斯日常团购、普品团购、爆品团购活动。设置流程如下。

(1)卖家点击后台"营销活动",选择"平台活动",找到"Flash Deals(含俄罗斯团购)",点击"我要报名",如图 8-29 所示。

图 8-28　活动时间设置

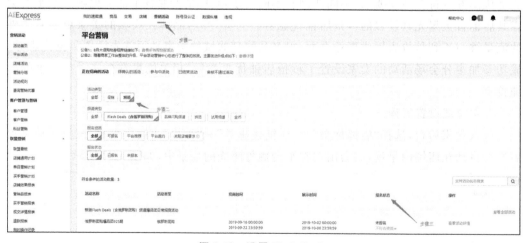

图 8-29　设置 Flash Deals

(2)选择活动,点击立即报名,如图 8-30 所示。

图 8-30　Flash Deals 活动选择

（3）勾选并同意活动协议，添加商品，选择合适产品参加，设置点击确定，如图 8-31 和图 8-32 所示。

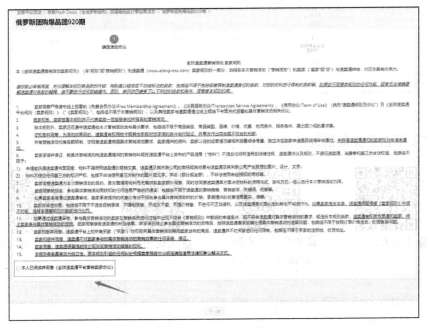

图 8-31　Flash Deals 协议

图 8-32 Flash Deals 添加商品

（4）补充相应图片，设置活动库存及折扣率。

活动报名成功后会锁定活动库存，实时产品库存对应活动库存数。然后点击提交，进入审核阶段，如图 8-33 所示。

注意：图片要使用纯净底或者白底。折扣要高于最低折扣率，同时也要高于类目折扣门槛。库存要符合活动要求来设置，比如要求总库存为 50～200 件。

图 8-33 Flash Deals 添加产品

（二）平台各类促销及招商规则

📄 平台大促规则

📄 大促店铺单品折扣活动招商规则

📄 大促控价规则

📄 购物券使用说明

第二节　速卖通直通车

速卖通直通车(以下简称直通车)是平台上一款帮助卖家推广的营销工具。买家通过搜索关键词展现匹配商品的方法,将商品展现在高流量的直通车展位上,从而精准地展现到潜在的买家眼前,使自己的商品在众多同类中脱颖而出,促成转化。

一、直通车展现位置

(一)关键词搜索下,商品展现位置

在关键词搜索下,商品展现位置为搜索页面的主搜位置和浏览页面下方智能推荐位置。主搜位置在第一页12、20、28、36位,从第二页往后(包括第二页)页面中的8、16、24、32、40位就是直通车展示位。

(二)类目搜索下,商品展现位置

在类目搜索下,通过类目导航选择进入页面,推荐位置是搜索页面的主搜位置和页面下方的智能推荐位置。当买家浏览了含有卖家商品的相关类目时,直通车将根据卖家所购买的推广关键词、类目及买家喜好,智能地将卖家的推广商品展示在类目结果页的推广位上。

(三)开通商品推荐投放后,商品展现位置

若开通商品推荐投放后,其展现位置为详情页面下方的推荐位。

二、直通车的用途和设置方法

(一)直通车的用途

直通车能带来的直接价值就是使所推广的商品迅速被大量曝光,进而被买家点击,转化为成交。直通车带来的间接价值有两个:第一个是测试新品,第二个提升销量和排名。

(二)直通车的设置方法

1. 设置全店管家

(1)找到"营销活动"—"直通车",设置全店管家。

(2)找到全店管家,点击查看。

(3)开启全店管家,设置相应每日消耗上限和出价区间。消耗上限必须等于或高于30元人民币,出价区间下限不可设置,出价区间上限必须等于大于0.10元人民币,如图8-34所示。

直通车的设置

图 8-34　金额设置

(三)直通车的快捷推广

(1)点击"直通车"—"我要推广",选择推广类型,如图 8-35 所示。

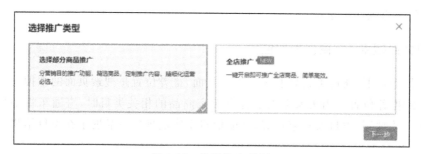

图 8-35　选择推广类型

(2)选择部分商品推广,并选择对应的营销目的,如测款选词、爆款助推或日常引流,如图 8-36所示。

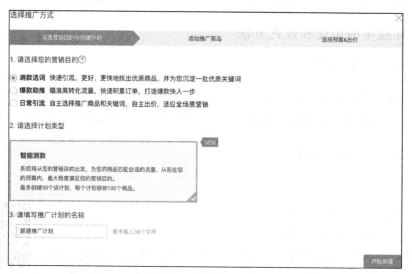

图 8-36　选择推广方式

(3)添加商品,加入关键词,完成快捷推广计划设置。

注意:商品可以选 1 个或 1 个以上,如图 8-37 所示。

图 8-37　选择关键词

三、直通车数据分析

直通车数据分析,是指通过使用直通车获得数据分析,它也一个实时状态的动态分析。其中,如何添加推广关键词、如何根据直通车数据优化产品、如何提高直通车转化率这三个问题是数据分析的主要目的。

(一)添加推广关键词

推广关键词,即买家搜索精准词,或搜索相关关键词。买家通过搜索关键词展现匹配商品的方法。将商品展现在高流量的直通车展位上,精准地展现到潜在的买家眼前,从而使商品在众多同类商品中脱颖而出,促成转化。在一定程度上,卖家添加的推广出价关键词越多,产品获得的曝光量越多。每个产品最好匹配 100~200 个优质关键词。

获取推广关键词的途径主要有以下几种。

1.直通车途径,即核心关键词获得途径

卖家在选择产品的过程中,可以通过推广管理的具体计划页面,添加推广评分为优的关键词,添加搜索热度偏高的相关关键词,如图 8-38 所示。

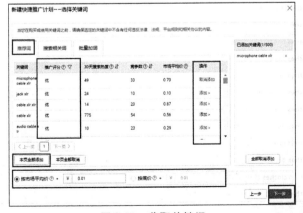

图 8-38　获取关键词

2.平台推荐词入口

卖家进入后台数据纵横,选择对应行业栏/国家栏/时间栏,点击"搜索词分析"—"热搜词/飙升词/零少词"。卖家可以在此处后台获得与推广相关的所有关键词,如图 8-39 所示。

搜索词		是否品牌原词⇕	搜索人气⇕	搜索指数⇕	点击率⇕	浏览-支付转化率⇕	竞争指数⇕	TOP3热搜国家
baby girl clothes	查看商品	N	91,354	803,099	37.56%	0.41%	28	US,NL,GB
baby	查看商品	N	87,340	783,061	29.48%	0.27%	33	NL,US,BR
baby boy clothes	查看商品	N	60,240	502,866	37.06%	0.39%	32	US,NL,GB
bebe	查看商品	Y	55,305	499,446	31.01%	0.18%	24	BR,ES,FR
носки	查看商品	N	83,218	355,592	31.12%	0.74%	1	RU,UA,KZ
socks	查看商品	N	65,670	308,721	27.79%	1.15%	2	PL,US,LT
платье для девочки	查看商品	N	22,361	281,355	46.26%	0.23%	27	RU,BY,UA
baby clothes	查看商品	N	35,633	277,648	36.32%	0.31%	41	US,NL,GB
dress	查看商品	N	84,742	274,296	21.31%	0.12%	2	US,PL,GB
юбка	查看商品	N	59,924	257,903	24.54%	0.11%	1	RU,UA,BY
girls dress	查看商品	N	30,358	252,737	40.35%	1.01%	50	US,AU,GB
shoes	查看商品	N	59,064	242,250	19.70%	0.07%	4	US,IN,GB
baby shoes	查看商品	N	29,094	215,624	38.22%	1.22%	35	US,NL,LK
ropa bebe	查看商品	Y	23,645	204,146	35.74%	0.23%	27	ES,CL,MX
шапка детская	查看商品	N	18,882	201,569	39.71%	0.78%	17	RU,UA,BY
clothes	查看商品	N	40,478	198,559	17.54%	0.05%	10	RU,US,GB

图 8-39 搜索词分析

3.速卖通网站关键词

速卖通网站关键词,即搜索联想词,是网站根据近期买家的搜索习惯智能化推荐的相关关键词。卖家可以通过在此处输入对应产品关键词,获得更多长尾词,以便了解近期买家的喜好,如图 8-40 所示。

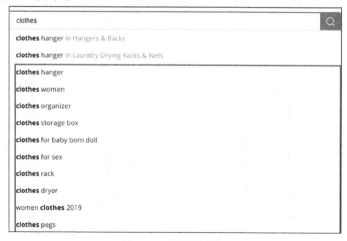

图 8-40 平台联想词

(二)优化产品

卖家可以根据直通车的数据分析当前推广中遇到的问题。主要分析数据有曝光量、点击率、支付转化率、点击花费、收藏转化率、加购转化率。根据这些数据可以分析以下几个主要的推广问题,如表 8-1 所示。

表 8-1　存在的问题和改进方法

存在的问题	改进方法
搜索曝光量低,点击率偏低	建议优化标题、主图、价格
收藏数高,但转化率低	建议降低价格进行测试
转化率高,其他各项数值偏低	建议优化产品质量或服务信息
各项数据偏低	建议进行多方面优化,不建议对该款产品主推

1.推广产品的搜索曝光量偏低,点击率偏低

此种情况表明此次推广产品与推广的关键词匹配度不高。

影响此种匹配度的因素包括以下几方面。

(1)产品的标题与推广关键词不匹配,出现此种情况时,卖家应修改产品的标题关键词。

(2)产品的主图与推广关键词不匹配,出现此种情况时,卖家应更换产品的主图。

(3)产品的价格定价过高,影响推广的点击率,出现此种情况时,卖家应调整产品的定价。

2.推广产品收藏数高,但转化率低

影响转化率的因素是产品的价格定价过高,影响推广的点击率,出现此种情况时,卖家应降低价格进行测试。

3.转化率高,其他各项数值偏低

出现此种情况是由于产品通过推广虽然有一定的曝光量,但产品质量不佳或后续服务跟不上,影响了评分。卖家应提高产品质量或优化服务,以提升买家体验。

4.各项数据偏低

造成此情况的因素较多,卖家需进行多方面优化,不建议对该款产品主推。

(三)提高直通车转化率

提高直通车转化率的关键点在于提高曝光量和点击率。曝光量是指卖家的产品信息通过直通车推广被买家看到的次数。点击率是指通过直通车推广后点击该商品的概率,该数值越高,该关键词下的商品越容易被买家点击浏览。

直通车曝光量和点击率的影响因素是位置加上展现在买家面前的信息。因此卖家首先要选择优质的产品,其次要做有效的推广。

1.选择优质的产品

先选择属性填写正确且完整的产品,加强有效关联词在产品自定义属性的关联度。再根据产品本身的属性,比如,从基础销量、卖点、利润、库存、应急性、收藏量等来判断产品受买家喜好的程度,然后有针对性地进行推广。最后根据产品数据,如访客数、访问深度、跳失率、停留时间等来判断产品的受欢迎程度,从而挖掘潜力款进行推广。

2.有效推广

卖家需要实时记录推广产品的数据。挖掘有曝光量、有点击率、有转化率的产品,将其打造为潜力款;对于那些有曝光量、无点击量的产品则进行优化;对于优化后情况不理想的产品,则暂时放弃。同时卖家需要及时控制热搜词、类目词、高流量词的出价,定期清除有曝光量、没点击率的关键词。

📍 **本章小结**

站内推广是跨境电商平台运营的关键环节之一,也是产品推广的必修课。本章完整阐述了速卖通营销工具的内容,旨在学习了解营销活动之间的差别,熟悉速卖通后台的营销工具,学会有效使用营销活动。

【思考题】

1.限时限量折扣活动和全店铺折扣活动的可选时间和次数都非常多,卖家要如何才能有效地利用这些活动时长和次数呢?

2.某卖家在操作直通车时,发现有些关键词没有曝光量,另有一些关键词没有点击率等,卖家要怎样进行优化呢?

3.直通车的价值是什么?

4.王先生在速卖通开店后,需要设置对应的营销活动。得知限时限量折扣活动和全店铺折扣活动展现结果一致,就只设置了全店铺折扣活动。你发现后觉得这样欠妥,那么该如何有效地说服王先生呢?

5.开通店铺后,王先生想找渠道引流,但苦于不知道速卖通有什么引流渠道。对此你有什么推荐呢?

【操作题】

1.记录客单价在 10~15 美元之间的同行店铺的优惠券额度,加以分析,并考虑如何设置自己店铺的优惠券额度。

2.观察平台推广的同行的广告产品,分析广告产品属性,设计自己店铺产品的主推卖点。

第九章

境外社交媒体引流

【本章重点】

本章学习重点是境外社交媒体的种类、各类境外社交媒体营销的引流方式。

【学习目标】

通过本章的学习，学习者应了解什么是新媒体营销，了解境外社交媒体的概念和特点，掌握境外主流社交媒体引流的要点。

第一节　境外社交媒体营销概述

一、什么是社交媒体

计算机和互联网的发展使人们得以在虚拟社区和网络上制作和分享资讯、兴趣和爱好等内容。有趣的故事、生活的点滴或者有关某一品牌的消息等都可以在社交媒体上分享。社交媒体内容和形式丰富多彩，可以满足这个世界上不同的国家（地区）、肤色、语言、宗教信仰的人们的沟通和交流的需求。

常见的社交媒体的形式有社交网络、社交分享、社交新闻。

（一）社交网络

一群互不相识的人在社交平台的作用下，因为共同的朋友、兴趣爱好及相似的背景被连接在一起，开展信息共享和互动所形成的人际网络即社交网络。境内知名的社交网络有新浪微博、微信等。境外知名的社交网络则有 Facebook、Google＋、LinkedIn 等。

（二）社交分享

用户在使用社交软件的时候会喜欢上传自己的图片、视频或是音频与其他网友进行分享和互动。例如，将一段汽车换车胎的维修教学视频分享在社交视频网站，当其他用户有此类需求的时候就可以通过这段视频来学习。境外最大的视频分享网站是 YouTube，最大的图片分享网站是 Pinterest。

（三）社交新闻

通过社交新闻网站，用户可以实时上传发生在自己身边的新闻和文章，网站的其他用户可以对上传的新闻进行评价。社交新闻网站则会对该新闻的用户评论数量来进行等级的划分。此类网站出现的时间较早，像境外的知名社交新闻平台 Digg 和 Reddit 都有超过 10 年的历史。

二、社交媒体营销原理

近几年兴起以微博、微信等新媒体平台为传播和购买渠道，把产品的功能和价值等信息传送给目标受众，对其进行心理引导，使目标受众形成记忆和喜爱，从而实现品牌宣传、产品销售等目的的营销活动。这种类型的营销被称为"新媒体营销"。而社交媒体营销就是新媒体营销的一种方式，在营销和推广上的重要性日益增长。

社交媒体营销首先是社交，而不是媒体。社交的特性是分享交流，而不仅仅是分享媒体传播的内容，所以想做好社交媒体，就要融入社交分享，而不是把它当作媒体在宣传。为什么很多人的粉丝页面经营不起来，因为他们经营粉丝页面时别有用心，想借粉丝的页面来增加销售机会。的确，社交媒体营销的目的是销售，但社交媒体却不是一个可以直接销售的工具，在消费者购买的过程中，社交媒体应该属于引起兴趣和促进渴望的阶段，经过了这个阶段的酝酿，才能把消费者引入到购买的阶段。

在社交媒体出现以前，互联网信息是单向的，信息发布者在网站上发布一篇文章，阅读者打开网页来阅读，仅此而已。在此阶段，搜索引擎无疑是互联网营销最重要的流量来源。但是和社交媒体相比，搜索引擎只是一个陌生的指路机，它可以指明方向，确定位置，却没有任何能够触动用户感情或者可以和用户交流的地方。用户看到品牌的时候并不能从真正意义上理解和感受该品牌，只有在用过产品以后才能够真正建立起对产品和品牌的感情。

社交媒体将信息发布变成了多对多、人对人的传播。沟通渠道开始变得多种多样，在沟通的过程中也融入了更多的个人情感。粉丝可以在卖家开设的微博、微信的内容中进行互动，或者通过 Twitter、Facebook 分享他们的观点。在社交媒体时代，卖家不仅仅担任着信息发布者的角色，更多时候变成讨论某一内容的聆听者和参与者。粉丝在社交媒体里发表自己的观点，和其他粉丝平等地交换意见。很多讨论不仅发生在卖家和粉丝之间，也发生在粉丝跟他们的朋友之间。例如，当潜在买家想要换一部手机的时候，一般不会直接打电话给手机制造厂家，而是倾向于向身边的朋友征求意见。他们会更容易接受朋友的推荐，而厂商客服的电话并不能让潜在买家马上采取购买行为。潜在买家之所以会向身边的朋友咨询，更多的时候并不是因为他们专业，而是因为他们是朋友。而这恰恰是社交媒体营销的关键点，大家讨论的是事情，其背后关注的点却是"人"，当一个消费者通过他的朋友、同事和家人了解到这个产品，并且从感情上接受了对方的意见，那这个消费者就自然地被转化成功了。

当社交媒体将消费者和卖家之间的关系一步步建立起来，卖家将会收获更加忠诚的客户，获得更高的客户转化率和品牌美誉度。用户甚至会成为卖家产品研发的某一环节，他们的声音可以传递给研发团队，推进产品向着用户期望的目标持续前进。通过这样的过程而设计出来的产品会更加贴近用户需求，并且能快速形成用户口碑、互动和营销效果。要知道，不同的社交媒体带来的流量的质量和特点往往差异会很大。这也是社交媒体营销和传统搜索引擎营销很大的一个不同。

三、社交媒体营销技巧

（一）用受众习惯的表达方式和语言去展开平等的沟通

不同的境外市场的文化差异普遍较大。开展社交媒体营销的时候一定要精确定位目标客户群体，分析他们的消费习惯和消费理念。用目标客户习惯的表达方式和语言去展开平等的沟通才能够获得更好的营销效果，对于境外媒体营销更是如此。

（二）注意相关国家的法律和政策及社交媒体平台的用户协议

一些境内的社交媒体平台可能不太重视这一方面，但是从事境外社交媒体营销就要特别注意。例如，使用的图片是否合法，销售的产品是否合乎标准，营销账户或主页发出的内容是否会误导潜在的客户。特别是在北美地区，要注意发布的信息是否存在种族主义倾向，是否带有右翼色彩等敏感信息和话题。

（三）运用差异化的营销方式

境内的社交媒体营销方式和境外的社交媒体营销方式有一些不同。以投放广告后的绩效监控为例，境内的社交媒体运营者可能会在 24 小时后去监控广告的绩效，绩效不佳的广告会马上关闭。而欧美广告投放者则会耐心地观察一段时间，再采取行动。在采取行动时，有经验的广告投放者已经清晰地刻画出用户画像，了解到目标客户的兴趣爱好等。他们可以清晰定位导致绩效不理想的原因，比如创意、目标定位、广告形式及出价方式等。很多境外广告投放者还会非常在意如何通过自动化手段去优化创意，挖掘新的潜在目标受众，再去细分市场，以及找到最合适的出价方式和价格，而不仅仅是将绩效最差的广告关闭。

四、社交媒体的选择

（一）选择社交媒体平台

1.参考境外社交媒体用户使用排名

如果准备进入一个新的市场，不管是进入未经开垦的地区还是进入已经涉及过的行业，都需要调研市场容量、受众黏性、市场活跃度等相关数据来帮助决策。图 9-1 是境外社交媒体用户使用量排名，可以作为参考。

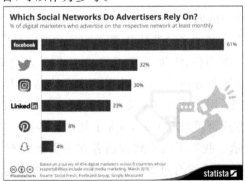

图 9-1　境外社交媒体用户使用量排名

2.尽早投入运营,尽早"占位"

很多社交媒体都会出现这样的现象,即尽管用户总量并不是很多但是高质量的用户群体比较多。在这样的社交媒体平台开展营销活动投资回报率会高很多。当面对未知的环境变化时,如果营销资源足够支持在新的媒体上活动,就应尽早投入运营,尽早"占位"。

3.根据行业特性和受众的习惯去找相对应的社交媒体平台

并不是每一个社交媒体都适合运营各类型的产品,我们需要根据行业的特性和受众的习惯去找相对应的社交媒体平台。一般来说,通过一段时间的粉丝积累沉淀,结合所处的行业特点就能发现适合自己产品的平台。

4.衡量社交媒体营销成本

社交媒体看似是免费的,只需要持续发布内容到平台上即可,其实并不是那么简单。我们可以和搜索引擎做对比,一项广告营销的创意资产被沉淀下来以后,就要把工作重心转移到对广告的关键词拓展和绩效的把控上来。同样,在社交媒体营销中,我们需要持续不断地发布相关内容并且保证高质量,才能够获得关注度。所以社交媒体营销看似免费,但背后需要支持的内容成本却不可估量。

(二)定位社交媒体营销和其他媒体的关系

社交媒体一般不会单独使用,而是与其他媒体相互补充,结合使用。比如,卖家可以在 Facebook 主页预发粉丝的活动,把潜在买家的注意力从线上转移到线下。也可以将最新的进展通过社交媒体实时发布出来,同时又将社交媒体的流量引向官网的主页,那么社交媒体粉丝在获取信息的同时,还能到公司官网的主页上进一步浏览公司的信息,甚至可以直接购买,实现流量变现。

无论是线下的流量引入到线上的社交媒体,或者是把社交媒体的流量引入到官网进行销售转化,又或是将不同社交媒体的流量进行转化,这一切都应围绕卖家营销目标展开。

第二节　Facebook 营销与应用

一、Facebook 社交网站介绍

2004 年由马克·扎克伯格创建的 Facebook 是一个美国在线社交网络服务网站,也是一家全球注册用户数量最多、支持语言种类最多、覆盖国家和地区最广泛的社交媒体平台。它支持大量的社交媒体功能,如事件、活动、生日祝福、礼物等。无论是从注册用户数量、用户活跃度还是覆盖国家与地区等方面,Facebook 无疑都是全球最大的社交媒体平台。

在 Facebook 的主页上,用户可以分享文章、图片、视频,也可以发起讨论、活动。几乎所有社交媒体最常见的方式都可以在 Facebook 上使用和传播。以 Red Ball Bike 这个公共主页为例,如图 9-2 所示。我们可以看到营销者在主页上发布了很多关于极限运动自行车的视频,每一个视频中几乎没有过多的语言,而多数是极限运动中精彩的画面和酷炫的音乐。用相同的兴趣爱好和音乐把来自世界不同国家和地区的人紧密地结合起来。

图 9-2　Red Ball Bike 视频营销页面

所以,无论 B2B 还是 B2C 的营销者,都可以借助 Facebook 的力量去开展营销活动,提升品牌的曝光量,提升品牌的美誉度,聆听消费者的反馈并开展活动,进行舆情分析和舆情监控,促进营销和销售转化。

二、Facebook 引流要点

(一)创建企业专属主页

如图 9-3 所示,输入 http://www.facebook.com 网址以后页面自动跳转到注册区域,依次填写姓名、邮件地址、密码、出生日期和性别即可。注意,Facebook 官方规定注册用户必须年满 13 岁,确认无误以后点击注册即可。填写好注册信息以后,邮箱会收到一封欢迎的邮件。收到这一封确认邮件就表示 Facebook 账户注册成功了。在此之后只需要在 Facebook 中完善个人资料、设置个人头像即可。

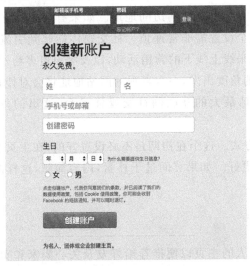

图 9-3　Facebook 账户创建页面

如果卖家和买家的业务往来都是通过邮件的形式,那么在邮件导入这一空白处填写卖家的邮件,Facebook 就会自动导入邮件账户里面联系人的信息,同时也可以方便添加他们成为好友,还没有开通 Facebook 账户的好友,也可以通过邮件邀请其加入,如图 9-4 所示。

图 9-4　Facebook 导入好友页面

Facebook 上的个体账户的好友数会受限制,最高为 5000 人,而企业专属的 Facebook 主页则没有这样的限制。为了能够与更多的粉丝互动和交流、提升粉丝的参与度,用户应该从一开始就建立企业专属的 Facebook 主页,使用主页展开营销。

创建并且登录 Facebook 账户以后才可以创建主页,每个 Facebook 页面的页脚都有一个创建主页的超级链接。点击这个超级链接就可以开始创建主页了。

做境外社交媒体营销的时候,大多数时候选择的是品牌和产品,或者是议题和社群这两类,当选择确认好类别后,设置 Facebook 主页可以分以下 4 个步骤。

(1)设置 Facebook 主页简介。输入这个主页的简要描述,如果有一个独立网站,也可以在主页的基本信息中输入相关的网站地址。

(2)设置主页的个人头像。建议选择代表公司的图片,如公司的标志或者附有公司网站域名的图片。

(3)设置 Facebook 主页的互联网访问地址。如果有一个独立的网站则可以添加,若没有则跳过这一步。这个设置需非常谨慎。社交媒体能起到引流的作用,而独立官网就是转化的工具。它对未来线上线下的营销活动,以及吸引更多粉丝到主页有重要的作用。此外,从搜索引擎优化的角度出发,一个直观的网站地址将会对搜索引擎营销带来很大的帮助,Facebook 作为全球最大的互联网社交媒体平台,这里的外部链接会直接影响在 Google 搜索的排名。

(4)添加广告支付方式。这个在初期是不必设置好的,在主页装修设置好以后再去添加这一个功能,效果会更好。如果页面过于朴素,内容简陋,这样的广告营销效果就不会太理想。

(二)优化个人主页

卖家应建立自己个人的主页以便推荐给好友及关心卖家和卖家产品的人,同时卖家的朋友也可以将主页分享给他们的朋友。由于 Facebook 是交流式社区,人们都喜欢找寻自己感兴趣的人或事,因此在建立个人主页时应尽量提供一个让人们眼前一亮的个性化资料。

在 Facebook 的众多应用中挑选出自身最擅长和最需要的应用放在首页,如链接的发布和博客。

在涂鸦墙和照片夹中放置一些比较有意思的、有价值的信息。Facebook 的涂鸦墙不适合放很多产品广告,而应发一些和产品贴近的比较有意思的内容,来引导粉丝关注。

(三)转载和分享

卖家必须时常更新 Facebook 上的各类信息,包括博客文章,这样才能持续引来流量。卖家可以通过转载和分享的方式来时常更新信息。

在 Facebook 上转载包含图片、视频或博客的帖子,可以将不同媒体营销平台的资源串联起来。例如,如果卖家在某一个网站上浏览了一篇关于产品介绍的文章,感觉这篇文章不错,于是就可以把这篇文章的 URL 地址填写在状态中。Facebook 会自动下载这个文章的图片及内容,然后将这些信息放在卖家所要发布的帖子下面。

还可以对转载的内容进行二次编辑加工,甚至可以点击转载内容的图片换一张图片。因为面对全球营销的时候,不同的人对于内容的解读是不同的。之所以要修改转载的内容,目的是让内容更加贴近粉丝的营销技巧。使用合适的方式来解读内容,更便于将自己的想法传递给粉丝们。

在打理主页时,分享其他大 V 的文章是很重要的部分,在每一个 Facebook 帖子的左下角都有一个分享的按钮,不管这个帖子的状态是视频、文章、内容转载等都是可以分享的。可以分享到个人账户的事件上,也可以分享到公司主页上。但需要注意的是,这种分享方法在主页的时间线上和个人账户的动态新闻中所呈现的样式是不同的。在主页的时间线上,分享帖子的内容和编辑的内容融合在一起,阅读起来更像是一个完整的个体,可以在分享的帖子空白处发表对一则帖子的观点。但是在个人账户的动态新闻中,分享时所编辑的内容是被隔开很多的。

当同时分享好几个关注的主页的时候,Facebook 会自动过滤掉相同的帖子,只会看到最新最近分享的几篇帖子。这样就避免了刷屏和重复的内容。

(四)有一定的活跃度

多去参与别人的博客分享,多参加各类的圈子,让自己的 Facebook 主页受到更多人的关注,或者给人留下深刻的印象。

在 Facebook 的主页里,卖家还可以召集粉丝参加线上或者是线下的活动,方法是在主页的状态更新中选择"活动"或"商品",添加活动。当邀请粉丝的时候,在他们的 Facebook 的首页通知这一选项里都会有提示,也可以适当发起某一商品打折的活动信息,进行二次营销。

在创建活动之前,最好能准备好一张高质量的活动封面照片。刚创建的活动是没有封面照片的。在活动创建好以后,马上进入活动页面将照片更新。在广告营销中,优秀的广告封面创意能带来良好的转化。

(五)建立一个自己的圈子

Facebook 是一个交友式的互动平台。要学会建立起自己的朋友圈子,发掘对自身的网站感兴趣的人群。卖家应加入一个群组或者建立一个群组。Facebook 是目前全球最活跃的社区平台,无论想加入什么样的群组,搜索一下,Facebook 里都有。当然也可以建立群组,发布比较有吸引力的照片和内容及视频,去人气比较旺的群组推荐你的群组。

然后,应增加好友,但是又不能盲目地增加好友,要有针对性和目的性地去增加。如果做的是宠物网站,就应该先加入一些关于宠物的群组,然后再添加里面的成员为好友,因为他们都是对宠物有兴趣的人,这些人才是应该加的。再比如一个卖各类包的网站,就应该加入手提包、时尚、年轻女性的群组里,因为这里的主体是我们的目标客户群,进去相关群组后,在我们自己的主页上、照片夹里多放一些大家感兴趣的照片和内容,很快,你将会拥有成百上千的好友,这些好友日后能带来有价值的流量。

📖 社交明星公司的创新做法

此外,卖家可以在涂鸦墙上发布文字、照片、视频及链接,使好友在他们的动态里都能实时地看到卖家发布的信息,如果好友足够多,那么涂鸦墙就是展示卖家动态最好的舞台。

三、在 Facebook 上做店铺的推广

Facebook 上针对企业的专页就是属于企业的在线社区,也是企业文化的宣传栏。这个专页很适合做企业和店铺的推广和介绍。下面介绍如何做店铺的推广。

(1)增加粉丝。增加 Facebook 上的粉丝没有捷径可走,在一切需要填写资料的地方,留下链接,同时附加上一个让别人关注的理由(如新品、折扣、活动等)。粉丝的质量比数量更重要。200 个购买意愿强的粉丝,好于 2 万个购买意愿不强的关注。

(2)企业和店铺信息的描述尽量使用图片,因为人们喜欢图片,胜过其他。

(3)展示的重要性大于叙述。不要在 Facebook 上面直接发布产品信息、服务内容这些"硬"性的东西,而是要尝试着阐述品牌和企业店铺背后的人和故事。

(4)发布更新的时候要注意多样性。链接、优质文章、能带动情感的图片、短小精悍的视频、名人名言,都可以用,页面内容要多样化一点。推文结尾处留个问题,带动讨论、议论等争议性话题。

(5)纯文字信息。每周放一条原创的有关卖家和店铺的纯文字信息,阐述产品、行业或者店铺的新发展。关注同行最近在谈论什么话题,参与讨论。

(6)好文章转载。每周转载 2 篇,发布时间控制在当地中午 12 点半到下午 2 点。原创文章发布时间放在上午 10 点以后。当地时间下午 3~6 点适合发布一些有趣的、有话题感的内容,这段时间外国女性比较有空,写评论参与的概率较大。

(7)删除一切价值不高的、只是网站的链接分享的垃圾更新,不然可能会流失活跃粉丝。

(8)企业专页的运营人员需了解企业和店铺,把在线风格定位好,并保持一致。

(9)文章尽量用短句写,因为人人都很忙。

怎样提高企业的专页用户参与度,降低广告费呢? 如果利用好 Facebook 的 Insights (受众分析)这个工具,就可以找到很多方法。Facebook Insights 不仅可以帮助营销人员精准投放自己的广告,而且可以帮助营销人员了解自己的用户、目标市场的用户习惯甚至是分析竞争对手的用户情况。

具体的操作是:首先,进入 Facebook 广告管理后台,在"工具"里面找到"Insights",在位置列表中把美国移除,然后在感兴趣的更多关键词框中输入关键词,比如 Anker,就可以看到 Anker Official 的选项。选择 Anker Official,这时候 Anker 粉丝的情况就出现在眼前了(这里也可以输入企业自己的粉丝专页或者其他的粉丝专页)。然后我们就可以从不同的维度分析粉丝的情况了。

四、怎样挑选 Facebook 广告图片

选图片时要注意:挑选的图片要和产品或提供的服务直接相关;挑选的图片要色彩鲜明并能吸引别人眼球,让人有种看了想再看的感觉;避免图片有太多的文字描述,要简单。

Facebook 广告图片的规格大小可以参照表 9-1。

表 9-1 Facebook 广告图片规格大小参照表

类　型	尺　寸
Clicks to Website	1200 像素×628 像素
Website Conversions	1200 像素×628 像素
Page Post Engagement	1200 像素×900 像素
Page Likes	1200 像素×444 像素
APP Installs	1200 像素×628 像素
APP Engagement	1200 像素×628 像素
Local Awareness	1200 像素×628 像素
Event Responses	1200 像素×444 像素
Offer Claims	1200 像素×628 像素
Video Views	1200 像素×675 像素

哪些 Facebook 广告会比较受欢迎呢?

1.微笑或开心的人

有微笑的或者开心的脸的图片是增加图片点击率的重要因素。我们可以在产品的旁边放一个带着微笑的模特图片进行展示,也可以用顾客收到货物或者对货物感到满意的笑脸来展示。

2.颜色

Facebook 以蓝白两色作为设计基调,如果在 New Feed 中使用相似的图像,则大部分人会直接跳过,因为它辨识度不够。所以如果产品的标志、产品的图片或者其他标志是蓝

色的,建议换成其他更为鲜明的颜色。要确保图片颜色和产品背景具有对比度。图片要鲜明,加上广告里面具有参与度的文案标题,会提高 Facebook 的点击率,如图 9-5 所示。

3.Facebook 广告标志

有些标志图片即使使用了大量的色彩、可爱的动物或者小孩,还是不能吸引眼球。但是用户看得时间长了还是能够记住一些品牌的,所以从长期来看还是需要对标志进行突出。这里建议使用 Facebook 的 Power Edit 来创建 Facebook Campaign,然后创建和产品标志相关的广告组。

4.有意义的主张

可以举办一场活动或者在图片里面体现奖品,类似"Win a $250 Gift Card",也可以将电子书作为奖品。在打广告的时候,这种号召性的东西特别能引起别人的注意,而且再配合"打折""促销"的字眼是很能抓取别人的眼球的,如图 9-6 所示。

图 9-5　色彩鲜明的图片　　　　　　图 9-6　能吸引人眼球的图片

5.使用最受欢迎的广告图片

结合产品品牌,使用一些搞笑的或者奇特有内涵的照片作为素材,这类素材一般第一时间就能抓住别人的眼球,特别实用。比如,使用一张可爱的动物或者是可爱的孩子的照片,如图 9-7 所示。

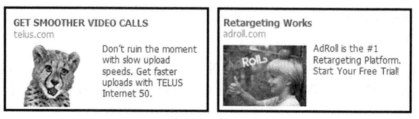

图 9-7　搞笑或奇特的广告图片

第三节　Pinterest 营销与应用

一、Pinterest 社交网站介绍

Pinterest 是一个在境内外都比较流行的图片分享网站，每天都有上千万张图片被分享，得到用户的一致好评。图片内容采用瀑布流的形式来展现，无须用户翻页，新的图片不断自动加载在页面底端，让用户不断发现新的图片。人们可以将感兴趣的图片保存在 Pinterest 中，其他网友可以关注，也可以转发图片。

二、Pinterest 引流要点

（一）注册账户并充实个人资料

Pinterest 允许每个 IP 拥有 2～3 个活跃账号。建立 3 个 Gmail 账号，然后创建一个新的 Pinterest 账号。创建 5～15 个分类，每个分类使用唯一的有创意的名字。完善头像，充实本人的内容简介及添加卖家网站。一份充实的资料及一个确定的网站才能够加深客户的信任程度，如图 9-8 所示。

图 9-8　高质量的个人主页

（二）新建一个话题板

新建一个话题板，上传一个钉图，从电脑中选取一张高清产品图，加上产品简单介绍，与阿里巴巴网站产品链接，钉上，完成。定期查看自己的和别人的图片，转发、喜欢、评论次数越高的产品说明越受欢迎，如图 9-9 所示。

（三）产品图片引人注目

Pinterest 主要是追求美，享受美。所以要建立美丽而有价值的形象。产品图片要抓

图 9-9　话题板＋钉图＋产品简介

住用户的情感,引起共鸣,了解他们的需求,并将此融入卖家的产品图片中,使他们看到卖家的产品图片时,会有一种愉悦、丰富、健康的感觉。需要注意的是,引人注目的产品图片通常很简单,一般是白色背景。所以产品图片要与季节、天气趋势相符,这样会使图片更容易受到关注。

(四)对图片进行号召性动作的说明

仅仅把图片钉上去是不够的,卖家要让用户知道钉图的目的,期望他们在看完图之后产生卖家希望的行为。而这个就体现在对图片的描述当中。用户一般关注的不仅仅是图片,还有图片的描述。在图片描述中,增加一个号召性动作的说明,去吸引用户点击卖家的图片,这是很重要的。这些号召性动作的说明包括:"你不得不看的……""点击图片看怎么……""看看这几种方式……"等等。但是在此之前,要确认这张图片拥有足够引人注目的魅力,让人有非看不可的冲动,并且要满足人们的消费需求。

(五)把握 Pin(钉)图的最佳时机

Pin 图的目的就是让用户看到,吸引更多的关注。但是我们往往忽略了 Pin 图的时机问题,而 Pin 图的时间点是非常重要的。每个平台的活跃用户都有自己的浏览生物钟,不注意这个问题就会导致我们 Pin 上去的东西很少有人看,没有产生效果。Pinterest 的最佳 Pin 图时间是美国东部时间下午 2 点到 4 点和美国东部时间晚上 8 点到凌晨 1 点(即北京时间凌晨 3 点到 5 点和早上 9 点到下午 2 点)。把握住这个时机,效果会有明显的改善。

(六)创造一个 Rich Pin

Rich Pin 的使用会使图片信息变得更丰富。Rich Pin 具有 APP、电影、文章、美食、产品和地点 6 种形式。

Rich Pin 的制作要点如下。

(1)确定结合 Rich Pin 的类型,一共为 6 种,选择最合适自身产品的表现类型。

(2)为 Rich Pin 进行标签(Meta Tag)设置,即通过网站创造单链接并设置相关产品的正确 Meta Tag,并通过 Rich Pin Validator 的申请,使其出现在页面当中。

(3)Pinterest 平台会通过 E-mail 的形式告知 Rich Pin 的审核状态(一般为 1~2 周的时间完成审核)。

(4)只要 Rich Pin 申请成功,卖家在 Pinterest 上面的 Pin 都会变成 Rich Pin。

(5)完成之后,我们就可以点击"Apply Now"按钮,关闭应用。

(七)提高 Pin 链接相关性

一定要使正确的产品归类到正确的大类当中,如图 9-10 所示。

图 9-10　增加 Pin 链接的关联度

（八）合理优化关键词

同 Google 有些类似，Pinterest 也是通过关键词进行检索。许多位置都需要注意关键词的使用，如账号的名称、简介、Board 的名字和简介、图片里面的描述等，而且在一个商品当中关键词不宜过多，2～3 个为合适的范围。多了 Pin 会怀疑该账号是否为 Spam（兜售信息）账号，为我们之后的推广带来不便。

（九）提高账户的活跃度

我们可以使用增加与客户互动的方式来提高账户的活跃度。一个较高活跃度的账号可以为卖家提供一个较高的权重，而权重与推广有着密切的关系。保持账号每日内容的更新也有助于提高账号的活跃度。可以用 PC 端、无线端等方式多渠道登录，使自己的账号度过 Safe Mode（安全模式）时期，即被平台限制操作的时期。

三、Pinterest 群工具——Pingroupie

加入 Pinterest 的群组之后，即可在群组中使用 Pin 图的工具，群成员可以在自己的群邮件当中发现我们发送的 Pin 图，并可以查看产品的详细消息。

那么我们又要如何使用 Pinterest 群工具来开发我们的优质客户呢？有以下 5 个要点。

（一）客户位置：检索目标客户所在的具体类别

我们可以使用目录、关键词等方式在 Pingroupie 上定位目标客户所在的大类，如图 9-11 所示，同时根据 Repin 或者 Like 的人数来确定群组的活跃程度，参数越高，表示该群组越活跃。

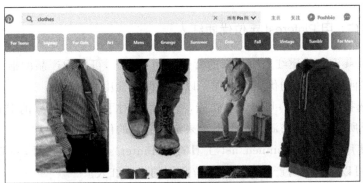

图 9-11　由类别检索客户位置

（二）Follow：了解竞争对手所拥有的粉丝

为实现对方回粉，很多人会选择在别人的帖子后面跟帖，希望对方回粉，即 Follow 其他的客户的 Follow。其中最为常用的方法就是寻找相关产品的竞争对手，然后 Follow 他的粉丝群，进行跟帖，如图 9-12 所示。

图 9-12　针对竞争对手的 Follow

但是这样又往往收效甚微，那么如何更好地精确定位我们的目标客户呢？一个可行的思路是研究哪些用户 Pin 了我们的竞争对手。

方法 1：点击 http://www.pinterest.com/source/abc.com，用竞争对手的名称替换 abc.com，通过这样的方式，就可以知道哪些用户 Pin 了卖家的竞争对手，这样我们就可以实现更加精确的客户定位了。

方法 2：使用专门的查找软件，如 https://app.buzzsumo.com/，该工具可以依据关键字，查看哪些文字在 24 小时内、过去的一周、过去的一个月、过去的一年中取得了不错的反应。

跟踪一个竞争对手的网站，用我们的工具直接筛选，按照 Pinterest 的高低进行过滤，如此便可了解竞争对手的优点，比如有哪些图片是表现非常好的、哪些产品在优化上可以提升等。

（三）推广：用 Pinterest 定位优质红人

用 Pinterest 定位优质红人所带来的营销作用很强大，可以为产品的推广提供极大的助力。那么如何定位我们的优质红人呢？以下是两个常用的方法。

方法 1：选择 Similar Web 的付费功能，查看竞争对手产品中最好的 Pinterest 帖子，以及每个帖子所有的流量来源。根据来源来定位我们的优质红人。

方法 2：使用 http://repinned.net 工具查找 Pinterest 上的大账号，一般大账号的好友数量众多，可以结合自身产品的特性定位我们的优质红人。

（四）数据分析：Pinterest 检索工具

该工具地址为：https://www.tailwindapp.com/，该网站支持 Pinterest 账号直接登录。

该账号可以为我们带来 Board 的数量、图片、追随者的数量等信息，还可以预设 Pinterest 的发布时间，也可以和 Instagram 连接使用。同时与谷歌浏览器兼容，可以直接作为插件使用，快捷方便。

（五）权重增加："Pin it" Button 或者是 Pinterest Pro

我们可以在谷歌浏览器上搜索上面的两个 Pinterest 插件（"Pin it" Button 或者是 Pinterest Pro），用这两款插件 Pin 我们需要的优质图片，如此便可更快速地增加客户的点击量，为产品所在网站增加权重和曝光度。

第四节　Twitter 营销与应用

一、Twitter 社交网站介绍

2006 年成立的 Twitter 是一个专注移动通信的社交媒体平台，是社交媒体平台里"实时互动性"最高的平台。其定位为在第一时间传播信息，是实时的信息发布和订阅平台，也正是由于手机传递的准确性和实时性，不少营销者利用 Twitter 作为散播小道消息的平台。

由于 Twitter 创立之初主要针对移动应用而设计，而那时候移动通信主要还是以短信为主，短信通常有 140 个字的限制，所以简明扼要的 140 个字也就成为 Twitter 最大的特点。

人们往往在碎片化时间中使用手机查询和发布信息，故长篇大论显得不那么重要。虽然 140 个字确实不能充分地去表达一个观点，但很少有营销者会简单地只使用 Twitter 去营销，每一个社交平台都会有他的布局特色。将恰当的内容放在 Twitter 上，再通过其他平台的共同合作，打好"组合拳"就可以获得不错的媒体营销的投资回报。

【例 9-1】星巴克把 Twitter 作为客户反馈交流的最佳地点，把最新的咖啡信息发布在 Twitter 上，并且附上个人品尝以后的感受。星巴克的诀窍是，首先要聆听，关注客户的反应。然后把所有与话题相关的信息都呈献给客户，回帖的速度要快，并且要不露痕迹地去引导话题。另外一个诀窍是不要只拍产品的图片，最好是产品配上应用场景，让客户感受到咖啡带来的乐趣。

麦当劳也在通过 Twitter 开展营销推广活动。当打开麦当劳的 Twitter 页面的时候，满眼都是各种各样的汉堡包。通过 Twitter 这个媒介平台，麦当劳与 200 多万粉丝进行互动，发布最新的产品信息、促销活动及分享大家在麦当劳的感受，从背景到帖文内容，无不诱惑着消费者的购买欲望。

二、Twitter 引流要点

(一)创建易记忆、易传播、与品牌相关的账号

注册一个 Twitter 的账号非常简单,只需要依次去输入用户名、电子邮件和密码,Twitter 会自动验证信息是否正确,以及账户是否已经被注册过了。一旦信息被验证,电子邮件也被验证通过以后,注册就完成了。

Twitter 和所有的社交媒体一样,新建账号后不要急着向生意伙伴或者朋友去推销。一步步完善个人或者企业的信息才是重点。假如卖家是为一个产品的品牌来申请 Twitter 账号的,那么这个账号一定要与品牌有着很强大的关联性。如果卖家用的名称已经被占用了,那么可以考虑在品牌的后缀加入容易被记住的关键词,Twitter 账号的名字一定是一个容易记忆、容易传播、和品牌具有良好关系的账号。并且在品牌命名的时候也需要考虑到目标市场本土化的影响。例如,奔驰当年推出了一款越野车,在境外的名称是GLK250,但是中国人对于 250 这个数字比较不能接受,所以这一款车引进中国市场的时候改名为 GLK260。车子本身并没有区别,只是为了本土化的市场更改名字。

有些卖家开始进行 Twitter 境外营销的时候,依然沿用之前的经验和方法,通过在Twitter 上灌水的方法进行营销。通过灌水和大量@其他人的方法进行营销来扩大影响的做法是有很大风险的。一旦被认定从事恶意的垃圾推帖和传播,或者购买销售粉丝账户列表,那么这个账户就有可能会被永久封号。试图通过创建大量的 Twitter 僵尸账户来开展营销,账号也会被永久终止使用。在 Twitter 规则中,超过 6 个月不活动的账户,Twitter 可以不进行通知直接删除该账户,此外,如果传播的内容有意误导、混淆或者欺骗他人,使用别人的商标或者知识产权,泄露他人隐私,发布暴力威胁信息,或者发布的内容触犯了当地的法律等也是不被允许的。

(二)开通邮件通知

在 Twitter 的设置界面中,最常用到的是关于 Twitter 账户密码安全、隐私等界面的设置。Twitter 特别设置了邮件通知这一个选项,如图 9-13 所示。其用处在于如果卖家不能经常在 Twitter 中维护内容并与粉丝互动,至少在粉丝谈到卖家或者产品品牌的时候,卖家会收到邮件通知,方便卖家再登录到 Twitter 与粉丝进行互动。

(三)积极发帖与营销

在 Twitter 中撰写一条推文,可以在特定的框里发布信息。可以添加图片、GIF 等效果图以便使帖文变得更有趣。需注意的是,在 Twitter 中,一个中文字符就是按照一个字符来处理的。在很多计算机系统中,中文简体或者中文繁体是按照 2 个字符来计算的。这是因为在计算机存储和传输的时候,一个中文字符需要占据 2 个字符的空间。但是在Twitter 中一个中文字符就代表占用一个字符。

Twitter 是一个互动性极强的社交媒体,如果与粉丝之间没有互动那就失去了开展营销的意义。Twitter 的营销大致有 4 种形式。

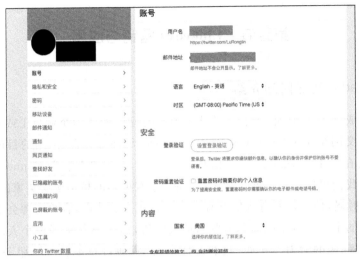

图 9-13　开通邮件通知

(1)有问有答形式。对粉丝的提问进行回答,并展开进一步的讨论。

(2)提问投票的形式。就特定的话题提出问题,粉丝们会参与其中进行讨论或者表明态度。

(3)分享经验、图片、视频或者是网址。把某一产品的使用经验和体会分享给粉丝们,分享的可以是一段话、一张图片或者是一个视频等。

(4)抒发感情。就某一话题抒发自己的感情或者进行点评,并且围绕这个话题与粉丝展开讨论。

回复粉丝的时候,Twitter 会自动帮助@对方账号,Twitter 的特色在于如果推帖被回复,那么在原始推帖和回复之间会用一条线连接起来,一目了然,而且不受时间的限制。如图 9-14 所示。这是一个非常有趣的用户体验,一方面能保证用户进行社交媒体互动的时候,总是可以看到最新的推帖,另一方面也不至于让很多人不断地转发和刷屏,因为通常如果刷屏等数据过多,会严重影响其他粉丝的参与度和阅读体验。从这个角度来说,Twitter 对于数据的整合方式也为营销者提供了比较健康的网络环境。

图 9-14　Twitter 粉丝回复互动

第五节　LinkedIn 营销与应用

一、LinkedIn 社交网站介绍

LinkedIn 成立于 2003 年,是商务人士尤其是有国际业务的企业员工或者自由职业者使用较多的社交网络服务(Social Network Service,SNS)网站。网站的目的是帮助注册用户维护他们在商业交往中认识并信任的联系人,俗称"人脉"(Connections)。通过 LinkedIn 平台我们可以建立国际人脉关系,使卖家有更多的机会了解买家的背景信息,在和买家沟通的时候,使用这些背景信息有助于得到客户的认可,客户资源会更加丰富。

LinkedIn 的个人主页不能简单地罗列个人履历,而是要着重展现个人的价值和独特之处,突出解决问题的能力。比如"我能做什么":"我通过技能、产品、服务帮助'目标客户'达成了'客户的目标'";"为什么我与众不同":"相比同行,我有什么出众的能力或独特的特点,做过什么不一样的事情。"在"别人的评价"中可加入能够吸引目标市场注意的客户表扬、领导认可、推荐等。

二、LinkedIn 引流要点

(一)提供专业且真实的个人资料

优化个人资料是在 LinkedIn 上引导流量的方式之一。如果个人资料与热词、媒体内容、演示文稿、文档、书籍挂钩,就会更容易被发现,如图 9-15 所示。

图 9-15　优化个人资料

个人资料应以展现专业素养为主,表达出乐意交往的意愿,强调个性化和专业性;个人资料上的各项信息应彼此相关,方便别人能了解到更多信息;个人资料应展现真实的个人,彰显气质而不是简单堆叠关键词;个人资料应抓住目标客户的主要需求而不是面面俱到;个人资料可以适当增添一些别人的推荐和赞赏;个人资料中的所有可用字段都应填满并定期更新。

(二)让个人资料更"养眼"

个人资料中的一般的文字信息是基本项,视觉元素是加分项。照片、演讲视频、带有文章链接的图片、幻灯片等视觉元素可以让人眼前一亮,给人很好的第一印象,如图 9-16 所示。

Summary

I've just joined the largest and most-awarded Content Marketing Agency in the Asia-Pacific, King Content, as head of strategy.

Prior to that, I spent eight amazing years in Paris as global head of thought leadership for Kelly Services.

Recent recognition includes:
- named as a Top 50 Social Media Expert (Stryde, May 2014)
- Foundation Instructor, CMI Online Training & Certification ((Mar 2014)
- named as one of Top 25 Social Media Experts by LinkedIn (Feb 2014)
- named as one of 15 B2B Marketers to Watch (FierceMarketer, Oct 2013)
- joined the Content Marketing Hall of Fame as content marketer of the year finalist (CMI, Sep 2013)
- KellyOCG named a Top 50 Marketing Brand (Kapost, Nov 2013).

I'm an Author and Speaker in Marketing, Social Media and HR. This year I'm speaking at events in more than 10 countries from the US to Europe and Asia-Pacific.

My new book is The Marketer's Guide to SlideShare (www.slide-guidebook.com)

图 9-16　个人资料页

在图 9-16 中，Todd 用新书封面、幻灯片、文章链接、个人演讲视频这些视觉元素美化自己的个人资料，而且定期更新，看起来富有创造力，很容易在别人脑海中留下好的第一印象。特别是一些获奖或者表彰类的视觉资料，能使个人资料显得更充实，个人形象更生动。

(三)构建有价值的关系网

一个有很多关注者却没有真正的人际交往的 LinkedIn 主页是缺乏价值的。只有把一般的连接转化成实际的人际交往，继而在社交圈中得到别人的认可，受到他人重视才是有价值的关系网。

如何选择合适的领英头像

如何在 LinkedIn 中建立人际交往关系呢？首先找出 LinkedIn 关系网中最有价值的人，这里的最有价值不是指财富和地位方面，而是对卖家的帮助方面，通过资料去了解他们的目标、需要、价值取向、喜好，通过日常接触认识彼此，留下好的第一印象。然后，通过讨论相关问题，给予他们帮助，对受到的帮助致谢，祝贺他们取得的成就等进行更深入的交流，还可以利用 LinkedIn 的站内私信功能、@功能、打招呼功能等，帮助目标人群传播一些优秀内容。不同的人使用 LinkedIn 的方法各有不同，但追求的效果是一样的，即内容出众有观点，能脱颖而出；善于倾听、关心他人，能给人留下更深刻的印象；为 LinkedIn 关系网中的成员给予回报；别人喜欢分享内容，乐意进行讨论。

(四)玩转@功能

如果想和陌生人建立起稳定的连接关系,那就要学会正确使用@功能,一方面表示关心和在意,另一方面如果对方长期不登录,系统就会发一封邮件告诉对方有人@ta,保持连接,如图 9-17 所示。

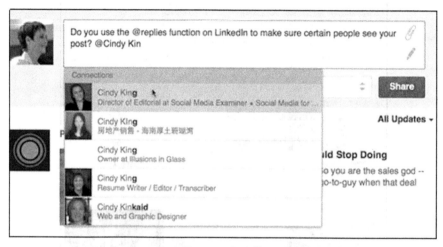

图 9-17 @功能

如何用好@功能呢?首先要了解对方,了解对方喜欢的内容、不想错过的内容、浏览和发布内容的规律等。当然,@功能是带有策略性的,要灵活地根据对方的反应做出调整,不能过分使用,否则就会被认为是恶意骚扰。

(五)贡献有价值的小组讨论

通过小组讨论花很少精力就能获得积极的回应,引发积极的话题讨论,这种潜在的资源非常有价值,如图 9-18 所示。

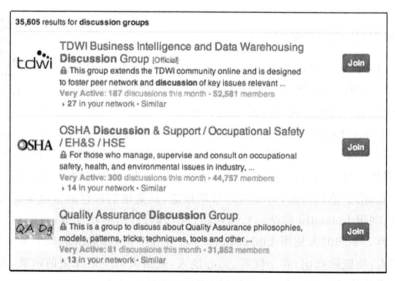

图 9-18 小组讨论

(六)专注小团体，切忌遍地撒网

获得关注的最好方式是提供有价值的内容。一个在社区中还缺乏影响力的业务员，应该专注于自身所属的行业，不断学习和积累，逐步加强自己在某些话题上的优势和威信，也便于和讨论小组中的人建立稳定关系。在 LinkedIn 小组讨论中越专注，个人在小组 TOP 榜中停留时间越久，就越容易被别的社区用户搜索到并被认可。

(七)用好 LinkedIn 推广功能

LinkedIn 聚焦职场社交，使用者大都是白领人群。通过 LinkedIn 有机会接触到企业决策层人员是 LinkedIn 的优势所在。LinkedIn 的推广功能比较完善，方便定位用户群体。可以通过毕业学校、企业名称、职业类别、职称、地理位置等多种条件的组合，尽可能精准地投放内容，不需要使用第三方工具。

LinkedIn 的营销度量工具（Metrics）从受众数量、印象、引起的活动、点击率、粉丝、订阅数、费用等方面来度量推广效果。同时还可以将不推广的内容和推广的内容进行对比，多维度地分析推广的效果。职场人士时间本来就少，空洞的推广内容易让人反感，因此领英推广内容应注意其价值性。确保推广内容的价值需要一定的时间和精力的付出，但回报是企业可以在行业中获得较好的印象和较高的威信，品牌更容易得到青睐。

(八)建立关系比建立连接更重要

企业面对的不仅仅是一般的个人用户，可能还有一些潜在合作伙伴、供应商的管理人员，因此建立关系至关重要。关系主要体现在对客户的情感管理上，比如哪些人访问了卖家的主页、分享了什么内容、对内容有什么反馈，这些是卖家和客户建立关系的基础。再者就是做问题的解决者，而不是产品的推销者，多提建议，少打广告，彰显价值。

本章小结

作为新媒体营销的一种方式，社交媒体营销在营销和推广上的重要性日益增长。社交媒体营销首先是社交，而不是媒体，其特性是分享交流，而不仅仅是媒体宣传。常见的社交媒体的形式有社交网络、社交分享、社交新闻。当前主流的社交媒体网站，如 Facebook、Pinterest、Twitter、LinkedIn 等在引流上既有相同之处也有各自的要点。在使用时应注意境外受众习惯的表达方式和语言，注意各国的法律、政策及社交媒体平台的规则，运用差异化的营销方式。

【思考题】

1.什么是境外社交媒体？境外社交媒体营销需要注意哪几个方面？

2.怎样在 LinkedIn 上建立人脉圈，做好推广工作？尝试列举 5 个要点。

3.如何通过 Facebook 找客户？在 Facebook 上推广自己的产品时要注意哪些环节？

4. 怎样在 Twitter 上注册账号并开展营销？

5. 怎样在 LinkedIn 上注册账号并开展营销？

【操作题】

1. 寻找一个 Facebook 上的成功的社交媒体营销案例并总结其成功的关键之处。

2. 寻找一个 Twitter 上的成功的社交媒体营销案例并总结其成功的关键之处。

第十章

数据分析

【本章重点】

本章重点学习速卖通数据分析常用指标、数据纵横和生意参谋的主要功能和数据指标的诊断方法。

【学习目标】

通过本章学习，了解数据分析的重要性，熟悉跨境电商常用数据指标和速卖通平台提供的数据纵横和生意参谋的主要功能，熟练掌速卖通数据分析的基本方法。

第一节　速卖通数据分析的作用和相关术语

一、数据分析的作用

数据分析其实就是从数据到知识的过程，数据本身并没有什么价值，有价值的是从数据中提取出来的信息。对于跨境电商运营来讲，卖家在店铺开通前期就应该思考一些问题：什么行业是蓝海市场？什么类目的商品能热销？开通店铺后店铺浏览量较高但转化率却很低，问题出在哪里？要回答这些问题，光靠卖家的感觉和经验是远远不够的，店铺运营人员必须懂得用数据说话，从数据中挖掘市场机会，通过数据分析实时掌握店铺经营状况和存在的问题，最终为提升店铺经营策略提供指导依据。

不同阶段的店铺对数据分析的关注点有所不同：对于新开店铺而言，应特别关注店铺的流量数据，尤其要关注精准的且购买力高的人群流量；对于持续经营的老店铺来说，要关注的数据就是转化率，转化率分为多个渠道的转化率，包括访客—收藏转化率、访客—加购转化率、访客—支付转化率等。这些指标都会影响到店铺商品在速卖通平台的权重。

二、速卖通数据分析常用指标

在速卖通的数据分析工具中，会涉及大量的分析指标，下面先简要介绍一下。

（一）浏览量

浏览量（Page View，PV）是指在统计时间内，店铺内所有页面的浏览总量。用户每一次访问店铺中的页面都被计算一次。例如，某用户某天浏览了速卖通平台上的 3 个商品页，则当天的浏览量增加 3。在速卖通平台浏览量又延伸出两个维度指标。

1.商品页浏览量

商品页浏览量是指店铺商品页面被查看的次数,用户每打开或者刷新1个商品页面,该指标就会增加1。

2.人均浏览量

人均浏览量是指浏览量/访客数,多天的人均浏览量为各天人均浏览量的日均值。

(二)访客数

访客数是指在统计时间内,店铺各页面的访问人数,一个用户在统计时间内多次访问同一店铺被记为一个访客。例如,买家A和买家B在两台电脑上访问某个速卖通店铺,则当天该店铺的访客数增加2;如果当天买家A又多次登录该店铺,则访客数不变。

速卖通平台统计的访客数是美国太平洋时间当天访问店铺页面(含商品详情页)的去重人数,即店铺访客数;商品访客数是指美国太平洋时间当天访问商品详情页的去重人数。不管是店铺访客数还是商品访客数,一个用户在统计时间范围内访问多次只记为一个访客。所有终端访客数为APP端访客数和非APP端访客数之和,按天去重,周和月的访客数按日访客数累加。

(三)转化率

转化率是指在一个统计时间内,完成转化行为的次数占推广信息总点击次数的比例。转化率是网站最终能否赢利的核心,提升网站转化率是网站综合运营实力的结果。转化率的计算公式为

转化率=转化次数/点击量×100%

例如,某店铺当天的访客数为5000,其中50名用户有了后续转化的行为。那么,其转化率就是50/5000×100%=1%。

速卖通对于转化率又分解成多个指标维度,它们之间的关系如图10-1所示。

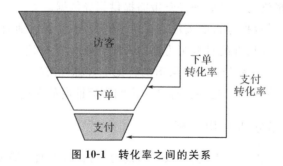

图10-1 转化率之间的关系

1.支付转化率

支付转化率是指在统计时间内,来访客户浏览商品信息后转化为产生购买行为的比例,也称为浏览—支付转化率。计算公式为

支付转化率=支付买家数/访客数×100%

例如,过去 7 日内,有 10000 个买家浏览了速卖通某店铺的相关商品页面,而真正付款的买家只有 200 人,那么该店铺最近 7 天的支付转化率为 200/10000×100%,即 2%。

2. 浏览—下单转化率

浏览—下单转化率是指统计时间内,来访客户转化为下单客户的比例。计算公式为

浏览—下单转化率＝下单买家数/访客数×100%

浏览—下单转化率反映在商铺概况的核心指标分析和商铺分析中,速卖通后台不但统计店铺的浏览—下单转化率,也在商品分析中统计每个商品的浏览—下单转化率。单个产品的浏览—下单率越高,搜索引擎会认为这个产品跟搜索者的匹配度越高,展示价值越高,同一款产品,相同的描述和图片,相同的价格,搜索引擎会把搜索者引导到浏览—下单转化率高的产品上来。

3. 其他

在速卖通的数据分析中还会涉及访客—收藏转化率、访客—加购转化率、店铺的支付转化率、商品的支付转化率等,计算公式分别为

访客—收藏转化率＝商品收藏人数/访客数×100%

访客—加购转化率＝加购人数/访客数×100%

店铺的支付转化率＝店铺支付买家数/店铺访客数×100%

商品的支付转化率＝商品支付买家数/商品访客数×100%

(四)支付金额

支付金额是指统计时间内买家支付成功的金额总数,也称为销售额。

数据纵横中支付金额的计算公式为

支付金额＝访客数×支付转化率×客单价

需要说明的是,这种方法计算的支付金额是没有扣除后续可能发生的退款金额,包括取消订单、退款订单等金额。

生意参谋中支付金额统计的方法是美国太平洋时间当天支付成功的订单金额,含之前下单当天支付订单。其他周期的支付金额按日累加。

另外还有一个指标是网站成交金额(Gross Merchandise Volume,GMV)也属于电商平台企业成交类指标,主要指拍下订单的总金额,包含付款和未付款两部分。

(五)客单价

客单价是指平均每个支付买家的支付金额。

客单价的计算公式为

客单价＝支付金额/支付的买家数

【例 10-1】小明的店铺最近 7 天的总支付金额为 10000 美元,支付买家数为 1250 人。

问:该店铺最近 7 天的客单价为多少?

答:客单价＝10000/1250＝8(美元)

如果说浏览量反映了店铺的人气和价值,那么客单价的高低反映了买家消费承受能力的情况,提高客单价,有助于提升营业额。

特别说明:数据纵横的买家数是 APP 端与非 APP 端直接累加,生意参谋的买家数是 APP 端和非 APP 端去重统计,两者的统计逻辑有所不同。生意参谋的买家数更准确,计算的客单价也更真实。

(六)跳失率和有效入店率

衡量访客是否流失的一个很重要的指标就是访客跳失人数,跳失人数是指访问店铺一个页面后就离开的访客数,即没有发生点击行为的访客数。跳失率是指统计时间内,访客中没有发生点击行为的比例,计算公式为

跳失率=1-点击人数/访客数×100%

跳失率越低表示流量的质量越好。多天的跳失率为各天跳失率的日均值。

与跳失人数相反的是有效入店人数,有效入店人数指访问店铺至少两个页面才离开的访客数。有效入店人数指标就目前来说是一个全新的概念,当访客到达店铺,直接点击收藏、咨询卖家、加购物车、立即订购后离开店铺都应该算有效入店。有效入店率的计算公式为

有效入店率=有效入店人数/访客数×100%

(七)搜索曝光量

搜索曝光量是指店铺商品在网站搜索结果页面曝光次数,即买家通过关键词搜索得到的结果页面中,店铺商品出现的总次数。该曝光量不含直通车的曝光次数。

第二节　数据纵横

一、数据纵横概述

数据纵横介绍

数据纵横是速卖通基于平台海量数据打造的一款数据产品,卖家可以根据数据纵横提供的数据进行店铺诊断,为商家店铺运营和优化提供指导方向。图 10-2 是店铺后台中数据纵横的主界面。

从图 10-2 中可以看到,左侧的导航菜单一共有 6 个部分,分别是实时风暴、流量分析、经营分析、商品分析、商机发现和市场行情。右侧的主要内容有商机发现和经营分析,其中商机发现下面有行业情报、搜索词分析和选品专家,经营分析下面有成交分析、商品分析和实时风暴。

商机发现是新手卖家必用的工具,它呈现了平台为卖家搜集的重要市场数据,卖家可以通过"商机发现"中的行业情报、搜索词分析和选品专家找出指定时间内哪些商品的市场需求大、哪些商品买家的搜索热度高、哪些品类商品属于蓝海商品。这部分内容详见第四章。

在日常店铺运营过程中,经营分析的使用率很高,这部分内容囊括了店铺所有流量、

商品和访客的数据,在店铺运营中起着至关重要的作用。接下来将介绍各个部分的主要页面和基本使用方法。

图 10-2　数据纵横页

二、经营分析

经营分析展示店铺整体的经营数据,包括成交分析、商铺装修分析和营销助手。对卖家而言,成交量和成交额都是反映店铺销售情况的重要数据指标,成交分析提供了成交概况和成交波动的分析数据,两者各有用处,在日常运营中都需要经常去观察和分析。

(一)成交分析

1.成交概况

(1)商铺排名

在"成交概况"功能页面,首先看到的是"商铺排名"数据,如图 10-3 所示,速卖通根据店铺支付金额,按照最近 30 天以内支付金额在同行业的比例进行排名。目前行业排名为主营二级行业,由于一级行业在很多情况下比较宽泛,拆分到二级行业对维度的定位相对更具体且合理。

图 10-3　商铺排名

通过"商铺排名"的数据可以清楚地了解目前店铺在该行业所处的位置,"商铺排名"中将卖家层级按照支付金额的高低分为 5 个层级,从图 10-3 中可以看到该店铺属于第二层级,并且近 30 天支付金额超过同行同层级 21％的卖家。

"商铺排名"下方是"成交概况"模块,该模块反映统计时间段内店铺的支付金额、访客数、浏览－支付转化率和客单价的情况。如图 10-4 所示,除了查看最近 30 天的数据变化外,也可以查看最近 1 天、最近 7 天、自然日、自然周和自然月的数据,以及与上期对比情况。同时也可以点击查看 APP 端口和非 APP 端口的概况数据。

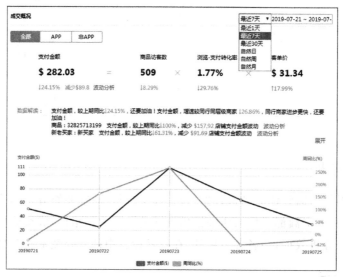

图 10-4　成交概况

支付金额统计数据是店铺的重要数据,通过数据呈现卖家可以清晰地了解店铺中商品访客数、浏览率、支付转化率和客单价对支付金额的影响,为了便于卖家准确了解店铺支付金额的数据信息,平台专门提供了数据的解读,以及日支付金额的周同比对比图。

从图 10-4 可以看到,该店铺商品访客数下降了 8.29％,浏览－支付转化率也降低了 29.76％,客单价反而是提升的。进一步查看"数据解读"的相关描述,最近 7 天支付金额比同行同层级商家相比下降 26.86％,其中有一个商品 ID 为"32825713199"的支付金额比上一期下降 100％,新买家支付金额较上期同比减少了 61.31％,这些波动都是店铺支付金额变化的主要原因,建议卖家查看相应的波动分析来找出原因并制定改进方案。

从支付金额的黄金公式来看,如果店铺的访客数能增加 20％,在浏览－支付转化率保持不变的情况下,支付金额就能提升 20％。要想提升访客数就是要做好引流工作。当然也可以通过提升浏览－支付转化率或者是客单价,提升不同的指标,运营策略就会有所不同。提升浏览－支付转化率一般是通过对老客户的营销和对新客户发放优惠券来刺激他们购买;要想提升客单价,需要做好关联营销或者合理发放优惠券。

（2）成交分布

"成交概况"下方的"成交分布"模块从 7 个维度(国家、平台、行业、商品、价格带、新老买家和 90 天购买次数)来展示店铺成交分布及其趋势走向,可以按支付金额或者支付买家数分析。通过成交分布的数据,卖家可以通过对比的方法进行数据分析。

①按"国家"成交分布可以清楚看到不同国家（地区）支付金额占比。根据图 10-5 显示的数据，在 Sport Bags 这个二级行业下，法国占比最高，其次是俄罗斯。国家分布情况反映店铺中商品的主要成交市场，有助于商家精准定位目标市场。

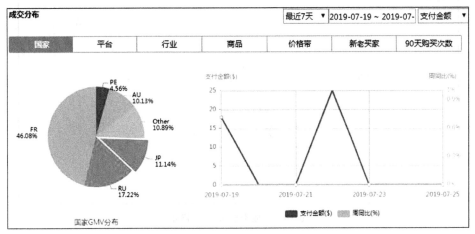

图 10-5　成交分布－国家

②按"平台"成交分布主要展示 APP 端和非 APP 端支付金额占比情况。近几年 APP 端的支付金额占比在不断加大，这和买家的购买习惯有很大的关系，如果能多引导买家通过 APP 端选购商品，则买家能随时随地进行购物，那就有可能进一步提升支付金额。

③按"商品"成交分布是店铺数据分析的一个重要的数据维度，如图 10-6 所示，通过数据可以清楚地看到店铺主要支付金额的商品和占比。销售比重较大的就是店铺的热销商品（爆款），通过商品的支付金额占比可以更容易判断商品结构是否合理。对于成熟的店铺，商品应该呈阶梯状分布，店铺应该重点打造排名靠前的三个梯队的商品。如果每类商品分布都比较均匀，说明店铺对商品营销没有区分度，这是不利于店铺的发展的。

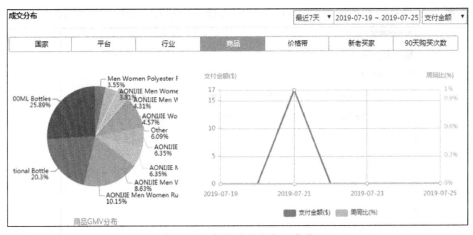

图 10-6　商品成交分布－商品

④按"价格带"成交分布可以了解店铺商品价格分布及其支付金额情况，如图 10-7 所示。如果某个价格带的支付金额占比特别高，说明店铺在其他价格带的商品还可以优化。

运营良好的店铺在低中高价格带都会有支付金额高的商品,这样有利于吸引具有不同消费能力的客户。

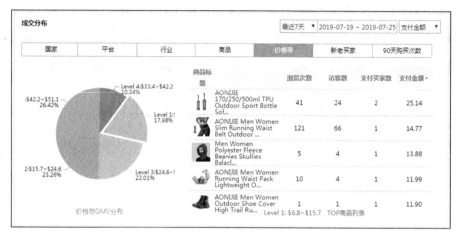

图 10-7　成交分布—价格带

⑤按"新老买家"成交分布是对新老买家运营能力进行判断的一个重要依据,新老买家的比例数据,可以指导卖家将重点放在寻找新客户上还是维系老客户上,该指标也可以客观地反映出店铺的流量策略。

⑥按"90 天购买次数"成交分布是按买家支付次数统计过去 90 天的支付买家数或支付金额,从中可以反映出店铺的重复购买率及客户黏性情况。

(3)成交核心指标分析

对于进入到店铺的每一个客户,不能只单纯地把他看成是一个流量,每一个进来的客户都可能产生一些动作,比如加购物车、加收藏及下单支付等操作,这些操作都可以通过核心指标反映出来。"成交核心指标分析"模块呈现了搜索曝光量、店铺浏览量、店铺访客数、浏览—下单转化率、下单买家数、支付买家数、支付金额和退款金额等 15 个数据指标的搜索曝光量趋势图和周同比数据,每次只能选择一个指标,如图 10-8 所示。

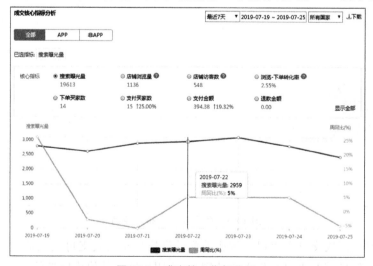

图 10-8　成交核心指标分析

仔细分析可以发现这些核心指标都是紧密围绕"支付金额＝访客数×浏览－支付转化率×客单价"这个黄金公式进行分类的，比如，搜索曝光量、访客数和店铺浏览量就属于流量指标；浏览－下单转化率属于转化指标；支付金额、退款金额则属于营业额指标；加购次数和加收藏次数属于访客行为指标。卖家要学会去看这些指标，分析时既可以结合全部指标，也可以结合单项指标，通过观察曲线变化分析数据背后的现象，从而找出存在问题并找到应对的解决方案。

（4）经营数据下载

除了在线查看成交核心指标数据，卖家也可以按照不同时间段和不同国家（地区）下载每一天的经营数据以便开展更深入的分析。如图 10-9 所示，下载后的数据分为"商铺经营情况"和"卖家行业成交信息"这两部分内容，这些数据有助于卖家通过其他的数据分析方法得出更多的精确结论。比如可以通过数据透视进行数据层面的分析，并通过函数来进行数据预测走势，以便更精准地观察到数据变化趋势。

	A	B	C	D	E	F	G	H	I	J	K	L	M	N	O	P
1	日期	国家	平台	数据日期	浏览量	访客数	搜索曝光量	加购物车人	加收藏夹人	下单买家数	下单金额	浏览-下单订	下单订单数	支付买家数	支付订单数	支付金额
2	2019-06-28	TOTAL	TOTAL	最近1天	133	65	3051	11	4	1	85.81	6.15%	1	1	1	148.55
3	2019-06-29	TOTAL	TOTAL	最近1天	210	103	3542	17	4	1	14.77	0.97%	1	0	0	0.0
4	2019-06-30	TOTAL	TOTAL	最近1天	193	90	3565	15	4	1	118.0	1.11%	3	1	1	118.0
5	2019-07-01	TOTAL	TOTAL	最近1天	180	99	3900	11	4	5	99.71	5.05%	5	4	4	67.72
6	2019-07-02	TOTAL	TOTAL	最近1天	227	104	3633	10	5	4	96.91	3.85%	4	4	4	73.5
7	2019-07-03	TOTAL	TOTAL	最近1天	195	95	3551	6	2	3	76.26	3.16%	3	3	3	76.26
8	2019-07-04	TOTAL	TOTAL	最近1天	194	73	2881	4	6	2	44.81	2.74%	3	2	1	44.81
9	2019-07-05	TOTAL	TOTAL	最近1天	161	74	2896	7	7	1	0.0	0.0%	1	1	1	55.4
10	2019-07-06	TOTAL	TOTAL	最近1天	189	95	3130	17	7	4	88.13	4.21%	4	3	3	31.65
11	2019-07-07	TOTAL	TOTAL	最近1天	206	99	3768	12	5	3	48.97	3.03%	3	3	3	48.97
12	2019-07-08	TOTAL	TOTAL	最近1天	162	84	3830	5	3	1	24.28	1.19%	1	1	1	24.28
13	2019-07-09	TOTAL	TOTAL	最近1天	170	86	3878	7	1	1	6.95	1.16%	1	1	1	6.95
14	2019-07-10	TOTAL	TOTAL	最近1天	154	73	3078	2	6	1	22.7	1.37%	1	1	1	22.7
15	2019-07-11	TOTAL	TOTAL	最近1天	152	79	2744	6	2	0	0.0	0.0%	0	0	0	0.0
16	2019-07-12	TOTAL	TOTAL	最近1天	137	80	2226	2	3	3	59.07	3.75%	3	2	2	42.27
17	2019-07-13	TOTAL	TOTAL	最近1天	185	86	2696	10	3	1	28.77	1.16%	1	1	1	28.77
18	2019-07-14	TOTAL	TOTAL	最近1天	191	102	3089	12	3	2	69.31	1.96%	3	1	3	69.31
19	2019-07-15	TOTAL	TOTAL	最近1天	194	90	2831	6	9	2	39.91	2.22%	2	1	1	9.71
20	2019-07-16	TOTAL	TOTAL	最近1天	171	69	2969	8	3	1	25.34	1.45%	1	1	1	30.2
21	2019-07-17	TOTAL	TOTAL	最近1天	222	78	2668	14	5	4	140.72	5.13%	4	3	4	112.52
22	2019-07-18	TOTAL	TOTAL	最近1天	179	72	2577	8	0	2	27.73	2.78%	2	2	2	37.74
23	2019-07-19	TOTAL	TOTAL	最近1天	187	73	2798	5	3	3	165.16	4.10%	4	3	3	60.53

图 10-9 下载成交核心指标分析数据

2. 成交波动分析

"成交分析"中还有另外一个模块内容"成交波动分析"，该模块主要由"成交概况"和"成交波动分析"两部分构成，如图 10-10 所示，"成交波动分析"有助于卖家及时发现成交波动的原因，并及时做出运营策略的调整。在这个模块里，卖家可以通过 5 个维度（国家、平台、行业、新老买家、商品）选择分析成交波动原因，维度之间可以任意组合，展示的数据是组合维度的数据。指标数据下方显示的是与上期同比情况，如果是增加，显示红色字体，如果是下降，显示绿色字体。

建议卖家按照一定的思路进行成交分析的数据分析。首先，确定是行业原因还是店铺原因导致成交波动；其次，可以通过支付金额公式分析访客数、浏览－支付转化率和客单价的关系，接着要寻找异常维度，通过维度分析，深入分析异常维度产生的根本原因；最后，结合支付金额公式，找到该维度下的访客数、浏览－支付转化率和客单价波动的原因。

图 10-10　成交波动分析

(二)营销助手

"经营分析"中的"营销助手"有助于卖家分析相关营销活动效果,平台通过提供活动商品的相关数据,提升卖家活动商品的选择效率,帮助卖家结合数据有效地进行营销活动的选择与判断。

"店铺营销概况"显示最近 30 天参加店铺活动的数量及参加活动的商品数量,同时展示活动期间售出的商品数和活动支付金额及占比。如图 10-11 所示,"平台营销概况"展示店铺参加平台活动的数据情况。

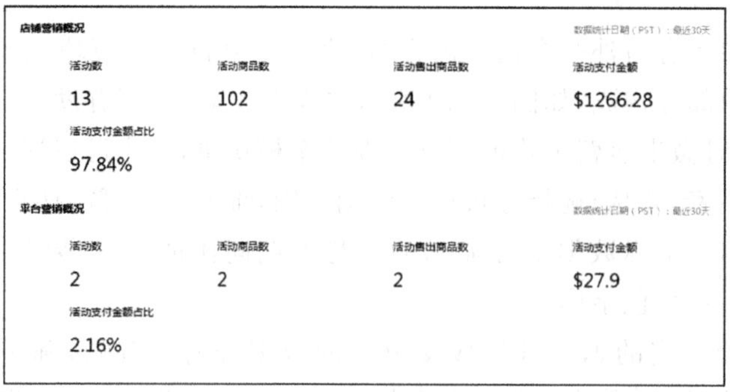

图 10-11　店铺 & 平台营销概况

"店铺活动"模块展示最近 30 天店铺参加的各类活动及详情,图 10-12 显示的是店铺参与活动的示例,例如,2019 年 7 月 26 日—2019 年 8 月 7 日期间,店铺有限时折扣活动,该活动带来了 265 个访客,其中有 27 个访客下单,浏览一下单转化率为 8.30%,最终有 21 个订单完成支付,支付金额为 539.63 美元。进行中的活动则需要等到活动结束时,才能查看完整的数据。

店铺活动　平台活动

活动信息	访客数	下单订单数	浏览-下单转化率	支付订单数	支付金额	操作
店铺优惠券：14-2 2019-08-01 00:00~2019-08-07 23:59	2	--	--	0	0	商品排行
店铺优惠券：32-4 2019-08-01 00:00~2019-08-07 23:59	5	--	--	4	142.46	商品排行
店铺限时折扣 2019-07-26 00:00~2019-08-07 23:59	265	27	8.30%	21	539.63	趋势图 商品排行
店铺限时折扣 2019-07-19 00:00~2019-07-25 23:59	147	15	8.84%	13	350.85	趋势图 商品排行
全店铺打折：7月15 2019-07-15 00:00~2019-07-18 23:59	89	7	7.87%	7	205.8	趋势图 商品排行

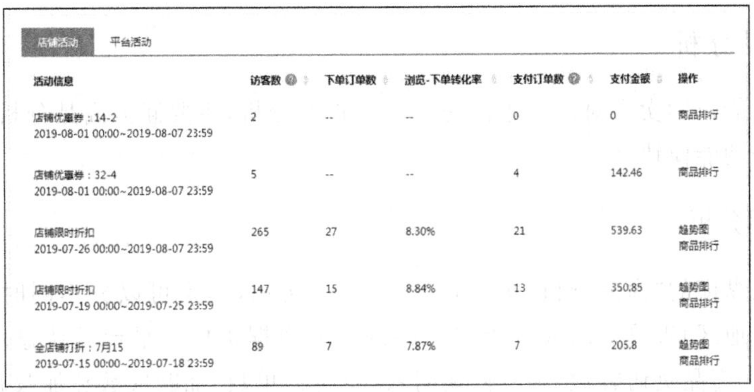

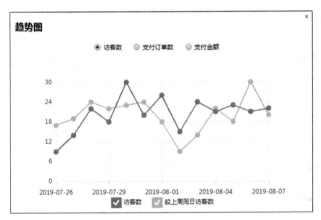

图 10-12　店铺活动详情

点击某个活动右边的“趋势图”可以查看活动期间的访客数、支付订单数和支付金额的每日数据及较上周的同比情况，如图 10-13 所示。

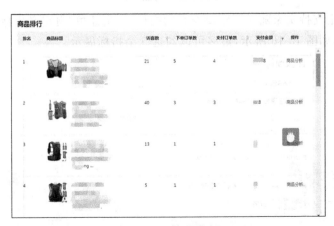

图 10-13　趋势图

点击图 10-12 中某个活动最右边的“商品排行”，则显示该活动期间相关商品的排行，包括访客数、下单订单数、支付订单数及支付金额，如图 10-14 所示。点击某商品对应的“商品分析”按钮，则会跳转到该商品的“商品分析”页面，有助于进一步分析参加活动的商品。

图 10-14　商品排行

三、商品分析

商品分析能帮助卖家对店铺中的每个商品进行分析,主要涵盖商品分析、商品来源和异常商品 3 个功能模块。

(一)商品分析

通过数据纵横的"商品分析"页面,如图 10-15 所示,卖家可以分不同时间段、不同行业、不同国家(地区)查看全部或者指定商品的主要数据指标。平台默认显示最近 7 天店铺的商品标题、商品页访客数、平均停留时长、支付订单数、加购次数和加收藏夹人数等信息,每项指标都可以设定排序方式。查看过程中,点击某个产品对应的"管理该产品",可以对商品进行修改;如果点击"展开数据分析",则可以查看该商品在全店铺或 APP 端的许多指标数据,同时也可以进行关键词分析。

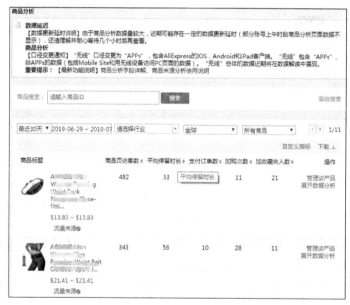

图 10-15 商品分析

同时,平台也支持卖家随时调整要查看的指标,点击蓝色"自定义指标"按钮,进入"自定义指标"页面,如图 10-16 所示,最多可以勾选 5 个指标展示。

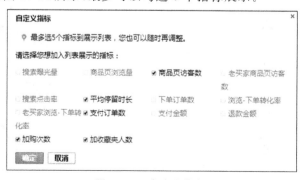

图 10-16 自定义指标

这些自定义指标是衡量商品好坏的重要标准,卖家做商品数据分析时需要重点关注的核心指标有:搜索曝光量、商品页浏览量、商品页访客数、搜索点击率、浏览一下单转化率、平均停留时长、加购次数和加收藏夹人数等。其中搜索点击率的高低会受到商品主图、商品价格和商品标题的影响;平均停留时长直接反应详情页面质量;浏览一下单转化率的高低主要由商品价格和商品详情页描述决定;加收藏夹人数的影响因素是商品价格、商品详情页描述及商品详情页引导等。

为了方便卖家进行更深入的数据分析,平台也支持卖家下载所有商品的相关数据进行多维度分析。

(二)商品来源

流量红利时代已经过去,客户从哪里来?通过什么渠道找到商品,后来又去了哪里?要解决这些问题就需要卖家密切关注商品流量的来源和去向,商品来源可以帮助卖家进行分析,提供了"来源去向"和"国家分布"两部分数据。在商品来源页面输入商品 ID 或者选择相应的商品就可以查看该商品的数据来源和去向,如图 10-17 所示。商品 ID 可以在商品管理页面中找到。

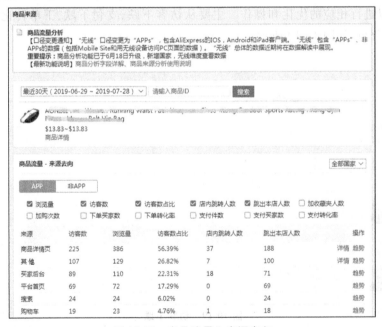

图 10-17　商品流量之来源去向

"来源去向"可以按平台和国家(地区)维度进行数据展示。对于流量来源,可以同时展示最多 6 个数据指标。选择浏览量、访客数和访客数占比,可以了解各种流量来源的数量和占比。选择店内跳转人数、跳出本店人数、加收藏夹人数、加购次数、下单买家数和支付买家数,则可以了解流量的去向情况。有的流量来源还能进一步细分,例如"其他",可以点击"详情"查看。如果想了解某种流量来源的各个数据指标的趋势情况,可以点击"趋势"查看。

"国家(地区)分布"可以按平台展示访客数排名前五位的国家(地区)、访客数、访客数占比、支付转化率和客单价,如图10-18所示。右边的趋势图可以查看这些国家(地区)浏览量、访客数占比、支付转化率和客单价数据。

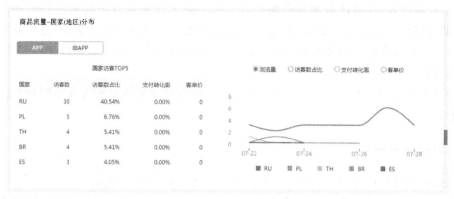

图 10-18 商品流量之国家(地区)分布

(三)异常商品

异常商品是为了帮助商家发现表现异常的商品,引起商家的重视,针对这些异常的商品,商家可以进行相应的优化和操作。主要从访客下跌、支付下跌、下单转化率下跌这3个角度进行分析,如图10-19所示。

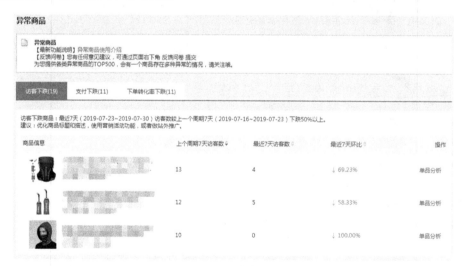

图 10-19 访客下跌

1. 访客下跌

"访客下跌"模块显示的是访客数较上一个周期7天下跌50%以上的商品。如图10-19所示。针对这些异常商品,需要增加商品的曝光量,建议优化商品标题和描述,使用营销活动功能,或者做站外推广。

2. 支付下跌

"支付下跌"模块显示最近7天支付金额较上一个周期7天下跌50%以上的商品。如图10-20所示。针对这些异常商品,需要提高商品的支付金额,可以从提高访客数、浏览一支付转化率、客单价三个方面考虑,建议优化商品标题和描述,加强引流,同时可以利用优惠券等手段刺激买家支付。

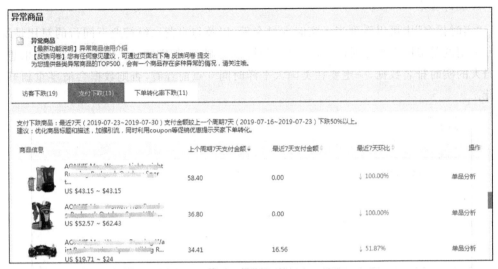

图 10-20　支付下跌

3. 下单转化率下跌

"下单转化率下跌"模块展示的是最近 7 天下单转化率较上一个周期 7 天下跌 50% 以上的商品,如图 10-21 所示。针对这些商品,需要提高下单买家数占访客数的比例,建议优化商品标题和描述,同时利用优惠券等促销优惠提示买家下单。

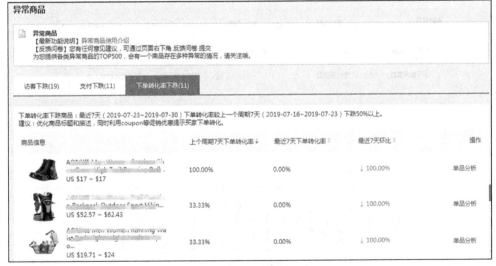

图 10-21　下单转化率下跌

四、实时风暴

通过实时风暴可以实时了解店铺当天的经营情况,判断商品信息优化、营销活动等调整带来的直接效果。实时风暴内有"实时概况"和"实时营销"两个模块。

(一)实时概况

1.实时排名

"实时排名"中可以看到当天实时支付金额,以及与主营二级行业下同行的对比情况。平台采用的是美国太平洋时间,数据每 5 分钟自动刷新,如图 10-22 所示。卖家如果想了解当天的实时排名数据,一定要在美国太平洋时间 0 点前查看,否则数据会清零重新开始统计。

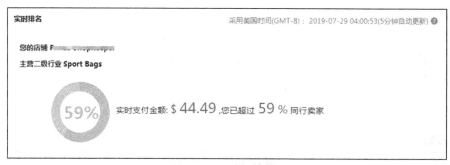

图 10-22 实时排名

2.实时概况

通过"实时概况"可以选择查看店铺内 9 个数据指标的实时变化,如图 10-23 所示,其中浏览－下单转化率是计算结果。卖家可以按国家(地区)和平台两个维度进行数据展示。为了方便比较,平台允许卖家选择数据日期和对比日期,默认展示当天和上周同日数据。

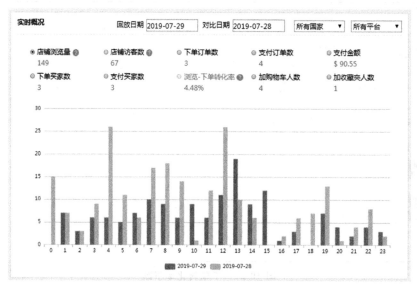

图 10-23 实时概况

3.实时商品

"实时商品"展示当天有加购、收藏、下单、支付或者浏览量大于等于 3 的商品,如图 10-24所示。在这里可以看到这些商品的实时支付金额、浏览量、访客数、下单订单数、支付订单数、加购物车人数、加收藏夹人数(含心愿单)数据,对于不同的商品,卖家可以根据需要在最右边的操作栏对商品进行管理操作。

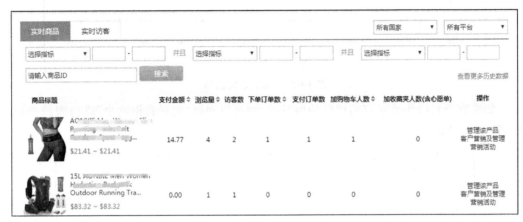

图 10-24 实时商品

4.实时访客

"实时访客"主要记录和统计当天浏览店铺的单个访客及其主要行为,主要包括访客 ID、会员等级、访客类型、访客行为、首访时间、浏览量、浏览商品数、下单订单数、支付订单数、加购次数、加收藏次数、下单金额和支付金额,如图 10-25 所示,该店铺当前有 2 个访客,这两个访客是新买家,其中有一个访客浏览商品后有将商品加入购物车的行为,并最终完成下单支付,支付金额是 14.77 美元。另外一个访客浏览了 5 个商品,有加购物车行为,但没有下单支付。对实时访客可以点击"实时营销"进行优惠券发放或者催付。

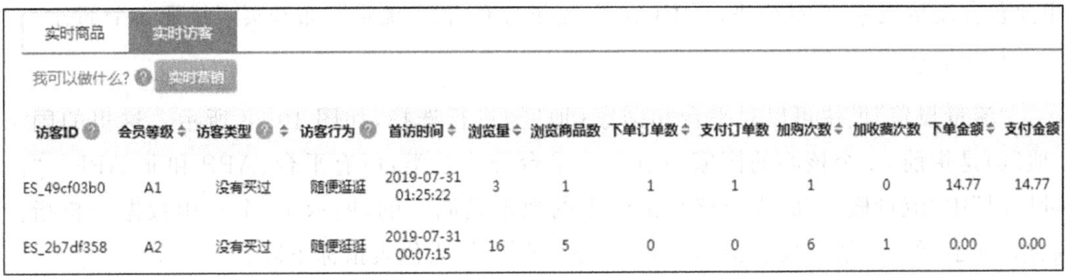

图 10-25 实时访客

(二)实时营销

"实时营销"主要有"实时访客营销"和"实时营销效果"两块内容,每个选项卡又分"实时催付"和"实时定向优惠券",如图 10-26 所示。"实时催付"功能可以对已经下单但未支付的买家进行催付,列表仅展示可催付买家,每天最多可催付 100 人。"实时定向优惠券"功能可以对指定买家进行实时营销,发放定向优惠券,促使成交达成。列表中仅展示可以发放优惠券的买家,包括感兴趣的买家、浏览次数较多的买家、有加购物车的买家或者有加收藏的买家,每天最多可向 100 人发放。

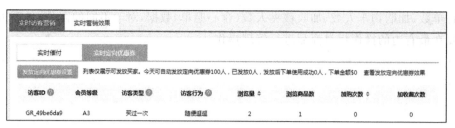

图 10-26 实时访客营销

如果有催付操作或者定向优惠券的发放,则可以通过"实时营销效果"进行跟踪查看,如图 10-27 所示。

图 10-27 实时营销效果

五、流量分析

流量分析包含流量概况、流量来源去向和自主推广效果三大模块。

(一)流量概况

流量概况主要目标是让卖家对自己店铺的流量有一个整体的把握,对流量趋势有整体的判断,核心指标全部为流量相关指标,少部分交易指标用于协助判断流量的健康度。目前主要包含流量概览、流量趋势、国家(地区)流量分布、行业流量分布和买家特征 5 个部分。

1.流量概览

"流量概览"模块可以对平台和国家(地区)进行选择,如图 10-28 所示。这里的国家(地区)是指前 30 个核心的国家(地区)。平台分为三类:所有平台、APP 和非 APP。"流量概况"中"流量概览"的成交核心指标中的数据是同步的,展示 12 个常用数据分析指标数据,向上(红色)箭头代表指标上升,向下(绿色)箭头代表指标下降。

图 10-28 流量概览

2. 流量趋势

"流量趋势"展现的流量趋势的指标和"流量概览"是一样的，这里也同样有国家（地区）和平台两种筛选维度，如图 10-29 所示，卖家可以根据不同平台最多选择 5 个指标查看趋势数据，也可以下载相关统计数据进行深入分析。

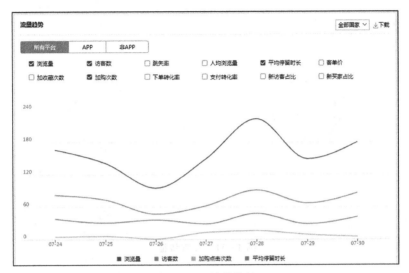

图 10-29　流量趋势

3. 国家（地区）流量分布

"国家（地区）流量分布"中的数据主要为了让卖家了解自己主要的流量来源是哪些国家（地区），平台列出了访客数排名前五的国家，并展示了访客数、访客数占比、浏览—支付转化率和客单价数据，国家（地区）名称采用英文缩写。

国家（地区）缩写与中英文对照表

4. 行业流量分布

"行业流量分布"主要为了使卖家对自己各个行业的流量数据有一个大概的了解，如图 10-30 所示。由于相关的指标需要归属到具体的行业，所以这里的流量只计算了对商品页面的访问，该模块提供了对一级和二级行业的选择功能，同时支持数据下载。

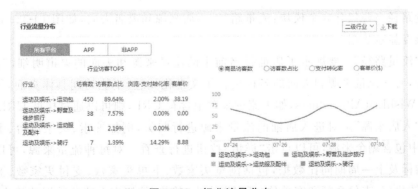

图 10-30　行业流量分布

5.买家特征

"买家特征"是为了让卖家对店铺来访买家的相关特征有一个整体的了解,主要分成两个部分:平台买家占比和新老买家占比,如图 10-31 所示,其中新老买家占比可对平台进行选择。

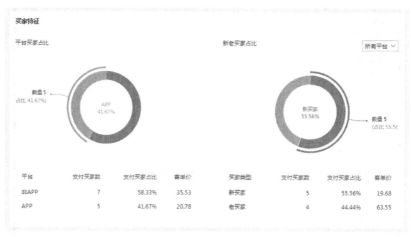

图 10-31　买家特征

(二)流量来源去向

"流量来源去向"主要包含 4 个模块:流量路径、受访页面排行、入店页面排行、新老访客来源。"流量路径"模块主要为了让卖家对自己店铺的流量来源与去向有更加深入的了解。其中的来源计算是根据卖家店铺页面与卖家商品详情页面的上一步来进行判断的,去向的计算方式相同,是根据卖家店铺页面与卖家商品详情页面的下一步来进行判断的;"受访页面排行"和"入店页面排行"都是来源数据,不同的是"入店页面排行"是指买家在当天第一次进入该店铺时的页面,后续再次访问店铺也不再计算,主要为了让卖家了解哪些页面可以起到引流的效果;"新老访客来源"对访客进行了新老的划分,之前有过该店铺访问的为老访客,第一次访问的用户为新访客,主要为了让卖家通过对比新老访客的来源差异来制定适合不同访客的营销手段。

1.流量路径

流量路径主要包含 3 个模块:流量路径、入店来源和离店去向,如图 10-32 所示,均可按平台维度显示数据。

(1)"流量路径"主要展示了店铺排名前十的流量来源和去向的渠道明细,对于 APP 平台来说,有些流量来源和去向的名称进行了文本化处理,不能访问具体页面,例如图中的 Page_WishListAllProducts,如果流量来源中含有 URL,则可以通过拷贝 URL 查看。

(2)"入店来源"是对进入店铺的流量来源进行归类,例如搜索、买家后台、平台首页等,其他中包含剩余来源,可以点击"详情"按钮进行查看。对每种流量来源,可以选择查看一些指标及上一周期同比数据,包括浏览买家数、下单买家数、支付买家数、下单转化率、支付转化率、支付金额和客单价,还可以点击"趋势"按钮查看这些数据的趋势图。

图 10-32　流量来源去向

（3）"离店去向"主要针对离开店铺后的去向渠道进行分析，相关内容与"入店来源"相似，不再赘述。

2. 受访页面排行

"受访页面排行"主要展示访客进店后浏览的页面情况，包括商品详情页、店铺首页、店铺内搜索、店铺收藏和其他。对每种受访页面，可以选择查看一些指标及上一周期同比数据，包括访客数、下单买家数、支付买家数、下单转化率、支付转化率、支付金额和客单价，还可以点击"趋势"按钮查看这些数据的趋势图。

3. 入店页面排行

"入店页面排行"的功能和"受访页面排行"相似，不同之处是它只统计买家在当天第一次进入该店铺时的页面，后续再次访问店铺页面不再计算。

4. 新老访客来源

"新老访客来源"是对"流量路径"模块中"入店来源"模块进行了细分，分成新访客和老访客两大类，相关功能可以参考"流量路径"模块。

（三）自主推广效果

"流量分析"中的"自主推广效果"主要目的是协助卖家进行更加精确的站外数据的追踪，如果店铺在站外做了广告投放，平台可以根据卖家提供的信息进行广告效果追踪，但追踪数据是根据速卖通平台自己的数据进行计算得到的，无法保证与其他第三方工具的统计结果一致，数据仅用于参考。

"自主推广效果"主要包括效果分析和自主推广设置两个模块。自主推广主要包含四部分信息：投放站点、投放 URL、Tracelog 和投放日期范围。Tracelog 是所投放链接的标示，如 http://store. aliexpress. com/item/0987654321？ mark＝item&from＝google，那么"/store. aliexpress. com/item/0987654321"是投放 URL，而"mark＝item&from＝google"是 Tracelog 信息。填写方式可以参考图 10-33 右边的说明栏。"效果分析"主要是根据"自主推广设置"中卖家设置的信息每天计算得到的相应的流量和交易相关信息，这里的效果只有天的数据，日期可根据需要进行选择。如果卖家需要进行分析，可以将数据下载到本地,"下载"功能根据所选择的日期范围可下载最多不超过 1000 条数据,下载下来的数据相比页面显示的数据在指标上会稍微丰富一些。

图 10-33　自主推广设置

六、数据纵横小结

数据纵横的功能非常强大,基本囊括了行业和店铺运营中的主要数据,通过不同的入口进入到数据纵横的相关页面,有些页面的数据是重复的,主要是帮助卖家站在不同视角看待数据。

作为速卖通卖家,如果想要把速卖通店铺运营好,学会查看并分析店铺数据是一门必修课。其中关于实时风暴、成交概况、流量概况、商品分析等模块都是在日常运营过程需要经常查看的。另外卖家也要学会下载一些关键数据,并运用数据分析的方法对数据进行多维度分析,为运营优化提供决策支持。

第三节　生意参谋

一、生意参谋概述

生意参谋是阿里巴巴重点打造的首个商家统一数据平台,主要为电商卖家提供一站式、个性化、可定制的商务决策体验。该平台集成了海量数据及店铺经营思路,不仅可以更好地为商家提供流量、商品、交易等店铺经营全链路的数据披露、分析、解读、预测等功能,还能更好地指导商家的数据化运营。

为了提升买家黏性,速卖通在 2018 年对了整个平台做了基建升级,其中一项升级就是把在境内电商中普遍使用的生意参谋引入速卖通平台,将生意参谋在数据领域的实践经验赋能给速卖通商家,为商家提供更好的数据服务。速卖通版的生意参谋是数据纵横的升级版,但它是迭代开发的,所以目前卖家在速卖通后台中能同时使用生意参谋和数据纵横。两者的数据统计分析方法有一些不同之处,生意参谋的数据更加合理和准确。今后,生意参谋将逐步完善,最终完全替代数据纵横。

　　生意参谋的入口在"数据纵横"主页面的最上方,点击"体验生意参谋"即可。目前生意参谋分首页、流量、营销和帮助 4 个部分。卖家可点击"帮助"右边的按钮返回数据纵横。第一次打开生意参谋时会比较慢,之后打开就比较快了。另外,由于直播大屏和活动大屏功能只适配谷歌 Chrome 浏览器,所以建议卖家使用 Chrome 浏览器。

二、首页

(一)实时概况

　　生意参谋中的实时概况每 30 秒更新一次数据。如图 10-34 所示,左边主要展示了支付金额、访客数、支付买家数、支付主订单数和浏览量。支付金额、访客数和支付买家数下方展示了主营二级行业排名、APP 占比和昨日全天数据,行业排名只显示 200 名以内的数据,如果排名在 200 名以外,则显示"200＋"。支付主订单数是支付成功的订单数。支付主订单数和浏览量下方展示 APP 占比和昨日全天数据。

　　右侧的"店铺层级"主要展示最近 30 天支付金额及排行,并根据支付金额展示主营二级行业排行和层级情况,其中层级分为五级,分别对应排名的 0～40%、40%～60%、60%～80%、80%～95% 及 95%～100%。此外,还可以查看 4 个实时榜单:实时商品访客榜、实时商品支付榜、实时国家(地区)访客榜和实时国家(地区)支付榜,点击"店铺层级"模块右下角的按钮即可切换。

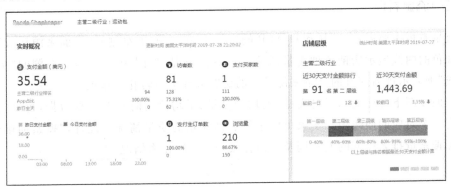

图 10-34　实时概况

　　实时概况下面展示的是从不同视角反应店铺运营的历史数据,卖家可以选择按日、周和月展示历史数据。如果选择"日",平台默认展示的是最近 30 天的历史数据;如果选择"周",平台默认展示的是最近 12 周的历史数据;如果选择"月",平台默认展示最近 12 个月的历史数据。如果要查看其他时间段的数据,可以往前翻看。此外,还可以按全部国家(地区)或指定国家(地区)查看数据。

(二)整体看板

　　整体看板主要展示店铺运营的 20 个数据指标的历史数据情况,如图 10-35 所示,卖家可以通过点击最左边或者最右边的小箭头切换数据指标,每一屏显示 5 个数据指标,选中某一数据指标后,下方曲线图就展示该指标的历史数据,最多可同时选择 7 个数据指标。

如果勾选了"同行同层",则只能选择一个数据指标查看,曲线图会展示店铺的数据、同行同层平均数据及同行同层优秀数据,这样便于和同行业平均数据和行业标杆进行对比。同行同层平均是指卖家所在的主营二级类目中,处于行业 60% 分位的同行的指标值,超过这个指标值,意味着店铺处于行业前 40% 范围内。同行同层优秀是指卖家所在的主营二级类目中,处于行业 90% 分位的同行的指标值,超过这个指标值,意味着店铺处于行业前 10% 的范围内。

图 10-35　整体看板

(三)流量看板

流量看板主要展示 APP 和非 APP 的流量来源,该模块左侧的"页面来源构成"通过不同颜色的曲线展示店铺各种流量的数量和占比情况,如图 10-36 所示;右侧的"页面来源构成"则展示排名前五的流量来源带来的访客数和下单转化率情况。

在曲线图下方还展示了跳失率、人均浏览量、平均停留时长等指标数据,每个指标下方都有一个对应的曲线图。卖家可以了解店铺流量的质量情况。此外,"搜索词排行"展示店铺搜索量排名前五的搜索词及其访客数和下单转化率情况。

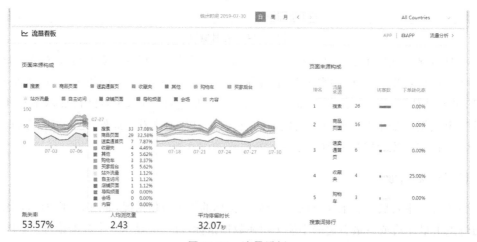

图 10-36　流量看板

(四)转化看板

转化看板能展示店铺访客的转化情况,包括"访客—收藏转化率""访客—加购转化率""访客—支付转化率"相关的数据变化情况,如图 10-37 所示。同时,还提供了分别按访客数、加购件数、收藏次数和支付件数统计的排名前五的商品榜单。

图 10-37　转化看板

(五)客单看板

客单看板分两个模块,分别是"买家构成—客单分布"和"买家构成—支付件数分布"。

"买家购买—客单分布"将客单价分布划分成 6 个客单区间,鼠标停留在不同的时间点,系统就会显示当天的客单分布情况,每天的客单分布都会随着订单的变化而变化,卖家通过查看数据可以了解哪个客单区间是最受买家欢迎的,以便今后对商品进行优化。从图 10-38 可以看出该店铺的客单在 13~22 美元、35~48 美元及 48 美元以上的比较多,总体来说该店铺的客单价比较高,表现还是很不错的。

"买家构成—支付件数分布"把买家购买商品的件数划分成 6 个区间,其中"1"代表购买 1 件,"5+"表示买家一次购买商品在 5 件以上。一般来说,购买 1 件的买家是最多的,但从图 10-38 中看出该店铺购买 5 件以上商品的比例也很高,说明该店铺的买家购买商品件数较多,因此客单价也就增加了。

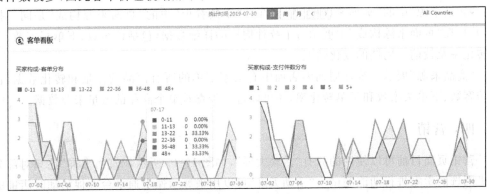

图 10-38　客单看板

三、流量

流量页面目前可以使用的有"流量看板""店铺来源""商品来源"3个部分。

"流量看板"提供店铺流量概况,"店铺来源"按照来源展示流量数据,"商品来源"按商品的流量与转化数据进行排名,并可以查看单个商品的流量来源数据。

"流量看板"页面主要展示"流量总览"和"国家排行",可以选择国家(地区)和平台两个维度。卖家可以选择按实时、日、周和月展示历史数据,所显示的数据指标稍有不同。如果选择"实时",平台默认展示的是当天的数据;如果选择"日",平台默认展示的是最近30天的历史数据;如果选择"周",平台默认展示的是最近12周的历史数据;如果选择"月",则默认展示最近12个月的历史数据。如果要查看其他时间段的数据,可以往前翻看。"流量总览"主要呈现了访客数、浏览量、跳失率、人均浏览量、平均停留时长、新访客数、新访客占比等当前周期数据和历史数据,如图10-39所示。通过与前一周期及历史同期的比较,以及与同行同层平均和优秀卖家的比较,帮助卖家了解店铺的整体流量数据变动情况。

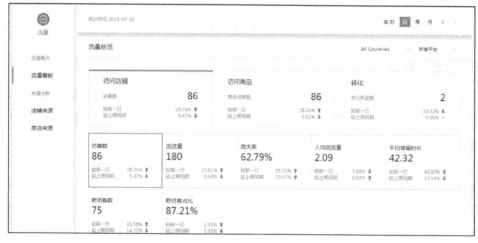

图10-39　流量总览

"流量总览"下方是"国家排行",卖家可以从店铺指标、商品指标和转化指标中最多选择5个指标,查看按国家(地区)统计的数据的变化情况。

"店铺来源"中的"页面来源趋势"和首页"流量看板"中的"页面来源构成"是同一报表,并且在"页面来源构成"中展示每个统计周期的详细数据,包括访客数、下单买家数、下单转化率及较前一周期的变化情况。

"商品来源"展示了统计周期内店铺中有买家下单的所有商品的流量和转化数据,包括访客数、下单买家数和下单转化率,还可以进一步查看单个商品的流量来源数据。

四、营销

营销页面目前可以使用的只有"活动大屏",如图10-40所示,"直播大屏"还只对部分随机圈选的卖家进行功能测试。"活动大屏"可以用来展示速卖通平台大促活动时店铺的销售数据,包括"328大促""8月大促""双11"等。

图 10-40 营销看板首页

点击"进入大屏"按钮,如图 10-41 所示,可以看到大促期间店铺的活动累计支付金额和活动当天支付金额,大屏中也清晰地展示了活动累计的核心指标、国家(地区)支付金额排名和热销商品支付金额排名,另外也通过趋势图和柱状图展示活动当日支付金额和活动期间每天支付金额的数据情况。

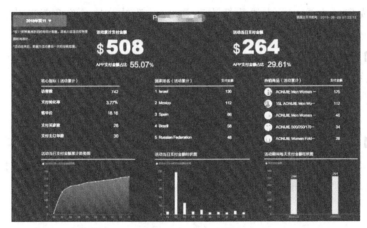

图 10-41 活动大屏

五、帮助

卖家可以在帮助页面中查看生意参谋中所有指标和流量来源的含义,如图 10-42 所示,对于使用生意参谋中的常见问题也做了归纳整理。

图 10-42 生意参谋帮助功能

生意参谋
使用指南

六、生意参谋小结

　　根据速卖通平台的基建升级,生意参谋的功能还在陆续完善中,营销模块中的直播大屏和活动大屏是亮点。目前,生意参谋的界面功能主要是做了一些数据呈现,能下载的数据不多,有些数据指标由于统计逻辑不同,和数据纵横相比数据结果会略有差异。作为数据纵横的升级版,生意参谋将逐步迭代替换数据纵横,卖家要及时关注生意参谋功能的变化。

📍 本章小结

　　通过数据分析,卖家可以更好地了解平台、买家和自己的店铺。正所谓"知己知彼,百战百胜",数据分析的重要性不言而喻,它在运营中扮演着非常重要的作用。速卖通平台提供的数据分析工具为卖家分析行业及店铺的数据提供了便利。为了提供更好的数据分析功能,速卖通后台的数据分析工具还在不断优化中,作为卖家,要充分认识到数据分析的重要性,养成定时查看分析店铺数据的习惯,同时及时关注功能和界面的变化。

【思考题】

1.简述数据分析的意义。

2.数据纵横和生意参谋的功能有哪些异同点?

【操作题】

　　结合一家速卖通店铺,从流量、成交和商品等角度对该店铺进行分析,指出存在的问题并给出相应的优化建议。

第十一章

订单管理

【本章重点】

本章重点介绍速卖通平台订单的处理流程及各种情况下的订单处理思路,帮助提升店铺买家黏性,促进订单成交,完成发货及售后服务。

【学习目标】

通过本章的学习,学习者对订单处理的流程应有一个基本的认识;对订单类型、订单处理方式、订单售后服务等主要特点和适用情况有所了解;了解跨境电商订单发货的注意事项,能够灵活运用站内信模板解决买家问题,从而提升买家的信任度,提高买家的回购率。

第一节　订单处理基本流程

一般来说,订单处理均需经过买家下单、买家付款、包装发货流程及物流跟踪、线上批量订单发货操作等 4 个流程。

一、买家下单

买家选择产品后,在产品详细信息页面点击"Buy Now",即进入创建订单页面,如图 11-1 所示。买家成功填写订单信息并提交后即可生成订单。

📄 订单处理流程

图 11-1　创建订单页面

卖家可以在"交易"页面中查询订单信息。在买家未付款之前,卖家可以调整价格,如图 11-2 所示。如果买家要求卖家调整价格,在双方协商之后,卖家可以在"等待买家付款"页面中,选择需要修改折扣的订单,点击"调整价格",如图 11-3 所示。进入订单详情页面,对折扣信息进行修改,如图 11-4 所示。如果买家已经付款,卖家则无法再调整交易价格。

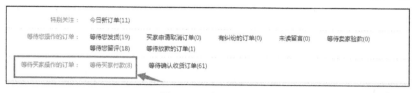

图 11-2　交易页面

图 11-3　点击"调整价格"按钮

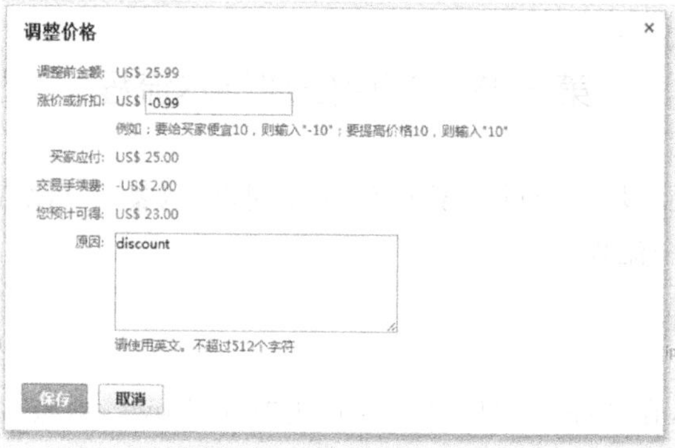

图 11-4　调整价格操作页面

二、买家付款

买家选择任意一种支付方式后,点击"Pay My Order"即可进入支付页面进行支付。

若买家在订单生成后 20 天内不付款,平台就会自动关闭订单。如果买家还未付款,卖家可以通过订单详情查看买家剩余付款时间。如图 11-5 所示,如果买家逾期未付款(20 天),订单就会自动关闭。卖家需时刻关注买家付款的剩余时间,提醒买家尽快付款,同时注意在买家付款成功后进行发货。

图 11-5　等待买家付款状态

如果买家完成付款后,订单一开始是显示"资金未到账",平台需要进行风控审核,此时卖家不能对订单进行发货处理。"资金到账"后,订单会显示"等待您发货",如图11-6所示。

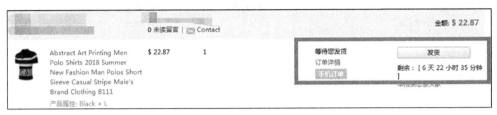

图11-6　等待卖家发货状态

三、包装发货流程及物流跟踪

卖家后台显示买家订单等待发货,卖家接下来需考虑订单的包装、发货流程、物流选择及发货后物流跟踪环节。以上环节都需要卖家认真仔细地完成。商品从发货到买家收货,可能需要漂洋过海送到地球的另一端,因此货物包装要求结实、安全。尤其对于易碎或贵重的商品,订单包装的标准则更高。

完成订单包装环节,卖家需要正确填写、核对商品包装信息,这也是至关重要的一个环节。完成订单信息核对,下一步就是卖家发货环节。这一环节需要卖家针对收货国家(地区),考虑物流的时效和物流更新流程。此处可参考物流相关章节。完整的发货流程除了实际的线下物流订单发货,同时包括在线上填写订单中的"发货及物流信息"。

(1)卖家找到对应订单,点击"订单详情",如图11-7所示。

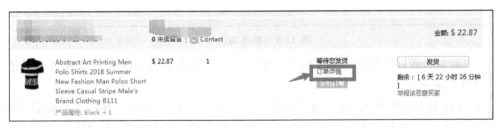

图11-7　选择对应订单

(2)卖家点击订单"线上发货",如图11-8所示。

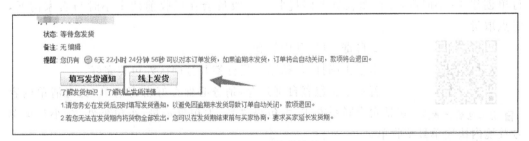

图11-8　订单详情页

(3)卖家根据订单的物流要求,选择正确的物流方式,并点击"下一步,创建物流订单",如图11-9所示。

服务名称	参考运输时效	试算运费
AliExpress 无忧物流-优先	8-15天	CN¥136.22
中邮e邮宝	5-60天	CN¥32.80
e邮宝	20-40天	CN¥32.80
E特快	7-13天	CN¥52.50
EMS	7-15天	CN¥85.00
UPS Expedited	4-9天	CN¥113.10
UPS Saver	3-6天	CN¥121.16
HK DHL	3-5天	CN¥122.76
FedEx IE	4-9天	CN¥124.22
FedEx IP	3-6天	CN¥133.88

⚠ 当订单交易金额超过金额限制时不可使用经济类物流,您可以使用其它物流 查看详情
物流服务顺丰国际经济小包,芬兰邮政挂号小包,Aliexpress无忧物流-简易,中外运-西邮标准小包,中外运-英邮经济小包,中俄航空 Ruston,中俄快递-SPSR,中外运-西邮经济小包,中国邮政挂号小包,4PX新邮经济小包,燕文航空挂号小包,燕文航空经济小包,中国邮政平常小包+,顺友航空经济小包,新加坡邮政挂号小包不能送达United States.
若选择了Aliexpress无忧物流,您需要自物流订单创建起的5个工作日内,通过揽收或自寄的方式将包裹交接给物流商且确保成功揽收或签收成功信息(注:对于仓库揽收需预留2个工作日/自寄方式需要预留1个工作日,给仓库进行货物处理及信息上网展示时间),若发货延迟,您将无法获得限时达赔付补偿,查看详情

下一步,创建物流订单

图 11-9　创建物流订单

（4）卖家根据订单的物流要求和发货仓库所在地的情况，选择上门揽收或自寄到仓。

①上门揽收

在揽收范围内的卖家，可以由物流商的揽收员上门取走货物。在创建物流订单时，卖家可以选择预约上门揽收。卖家需要做好商品备货、及时发货、主动线上约揽收员、清晰记录订单出库情况、及时核对包裹数量等工作，以减少损失。通常物流商会在物流订单创建 48 小时内，安排揽收员上门揽收。揽收员会在揽收前两个小时与卖家沟通，定点取货。

②自寄/自送到中转仓

卖家正确打印、粘贴发货标签并且确认外包装完好。

若卖家将包裹自寄到仓，请务必保存好自寄清单，自寄清单内容

📄 卖家包装注意点

包括卖家联系方式、大包裹件数、大包裹重量、小包裹件数、小包运单号及境内快递单号签收单。

（5）卖家核对收货人信息及完善商品信息，如图 11-10 所示，然后点击"同意及确定"。

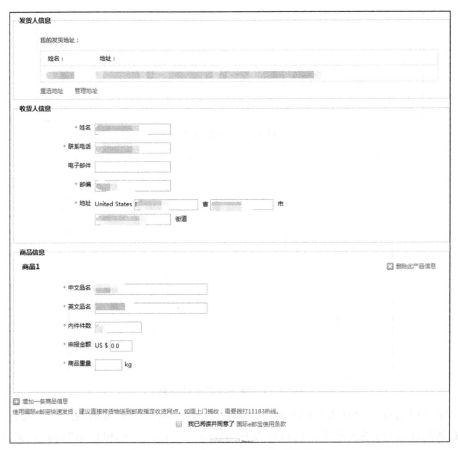

图 11-10 完善收货人信息及商品信息

（6）卖家点击"查看物流订单详情"，如图 11-11 所示。

图 11-11 查看物流订单详情

（7）点击"打印运单标签"并复制运单号，如图 11-12 所示。

图 11-12 复制运单号

（8）点击"交易订单号"进入该订单页面，如图 11-13 所示，然后点击"填写发货通知"，将复制下来的运单号填进"货运跟踪号"一栏里，最后提交，如图 11-14 所示。

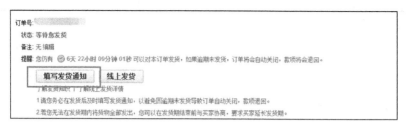

图 11-13 填写发货通知

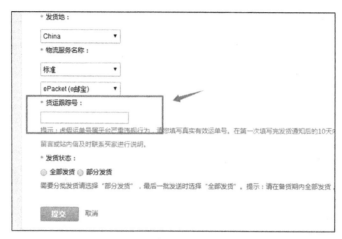

图 11-14 填写物流跟踪信息

卖家可以通过 3 个方式查询物流状态:进入"国际小包订单"页面,点击"交易订单"即可查看到物流信息;进入速卖通后台可以看到物流详情;"国际小包订单"页面点击订单右侧"查看详情展示"的页面,进入页面后点击此处链接到菜鸟官网(http://global.cainiao.com)即可查看。

📋 菜鸟网络物流跟踪　　📋 卖家发货注意事项

四、线上批量订单发货操作

📷 线上发货
操作指南

由于部分卖家的 ERP 仓储管理系统不能成功对接速卖通后台系统,因而部分商家选择线上批量发货。

批量发货操作如下。

(1)卖家在管理订单中找到线上批量发货入口。选择所需订单创建的时间范围,筛选买家订单物流方式,然后筛选线上发货状态等订单信息,随后导出所需要创建的物流订单表格。

(2)卖家根据表格内的交易订单号、买家选择的物流方式、国际(地区间)物流方式、发货仓库、境内快递公司、境内快递单号、收货人名称、收货人地址、商品信息、商品定价等进行填写并保存。

（3）卖家根据自己的发货地址，决定该物流是否需要上门揽收、包裹不可送达时的处理方式及填写商家的退回地址。

（4）卖家核对文件信息无误，上传批量发货文件。

（5）卖家在国际小包订单/国际快递订单/e邮宝订单处，批量打印订单的物流发货标签。卖家点击国际小包订单/国际快递订单/e邮宝订单管理页面，将物流订单状态筛选为等待卖家发货，找到需要发货的订单，进行勾选。在批量打印发货标签时，需要勾选打印设备和订单详情。其中发货标签内包括买家信息和卖家信息。随后卖家需要将发货标签和国际面单贴至包裹上，同时将订单详情附在大包内。如果卖家需要将订单寄送到境内中转仓库，请保留好快递单号和签收底单，以便日后核对备案。中转仓收到包裹后，会进行称重并回传国际运费给卖家后台。平台系统会自动从绑定的支付宝进行扣款。等待完全支付后，中转仓会进行发货。

（6）将商品寄出去后，卖家需要在后台填写发货通知。卖家进入订单管理页面，选择国际小包订单/国际快递订单/e邮宝订单，选择订单状态为等待卖家发货。勾选需要进行发货的订单，点击页面上的批量填写发货通知。

AliExpress线上发货物流指南

（7）卖家根据每个订单的发货状态进行正确填写，例如全部发货/部分发货。同时卖家需要确保物流商正确、货运跟踪号正确，避免物流更新延误。最后点击确认发货。买家可凭借国际订单号，查询订单物流信息。

第二节　特殊订单处理

一、等待买家付款订单

在平台交易中会存在买家下单未付款的情况，其中可能存在以下几个原因：拍下后，因无法及时联系卖家对细节进行确认导致未付款；拍下后，买家发现运费很贵，运费占订单金额的比例过高，从而导致未付款；买家需要再对同类商品进行比较从而导致未付款；买家付款过程出现问题从而导致未付款；买家对卖家信誉或商品产生疑虑从而导致未付款。

针对以上未付款订单的原因，卖家可以采取以下处理技巧。

（1）当订单生成后卖家可以给买家发站内信、邮件或者利用Manager等聊天软件，及时和买家进行沟通，了解买家这些"未付款订单"的原因，促成订单支付。

（2）卖家根据买家对价格、运费等方面的感受，及时调整，即给予折扣，让商品综合实力更具竞争力。

（3）卖家也可以优化展示商品，提供产品细节图片、细节材质描述，让买家对商品质量有更深认识。

（4）如果买家支付过程中遇到困难，卖家可以主动帮助买家解决该支付问题，也可以针对不同地区的支付方式做一个支付流程图，方便买家解决问题。

未付款订单催付站内信模板

（5）卖家可以对自己公司的商品进行简单介绍，增加买家信任度和增强购买欲望。

（6）在与买家沟通 24 小时后，如果买家仍未付款也未给予任何回复，可以考虑主动调整价格。而系统会自动发送调价后的邮件，通知买家重新关注下单商品。

二、等待卖家发货订单

在等待卖家发货期间应注意以下 4 点内容。

（一）卖家合理设置及调整剩余发货时间

设置发货时间应是在发布产品的时候完成的，也就是卖家俗称的发货期。现阶段平台建议发货时效是在 3～7 天，当然卖家需要根据自己的备货情况及发货的特殊性进行考量填写发货时间。尤其是本身没有囤货代销的卖家，可以根据境内物流情况做适当的延长。

发货时效不仅在买家下单的时候可以帮助买家参考，同时对于平台也有两个意义。第一，速卖通平台本身有一个承诺到达时间的消费者权益保障计划。这个计划的主要目的是通过对发货时间的控制，让部分有备货的卖家在保证买家体验的同时，也让卖家产品的排序保持相对靠前的优势。第二，卖家一定要避免"成交不卖"及"虚假发货"的情况。若触犯这两个规则，不仅会在不同程度上影响店铺产品的排名，情况严重时甚至会导致店铺关闭，因此卖家务必重视。

（二）物流运输方式

卖家选择物流运输方式是跨境交易中非常重要的一个环节，卖家应选择合适的物流方式，选择合适的货代公司。以下有四点注意事项。

（1）卖家根据现有产品的情况，比较各种国际（地区间）物流方式，选择时效和价格上最合适的物流。

国际物流主要方式有 EMS、UPS、DHL、FedEx、TNT、中国香港小包、中邮小包、顺丰。卖家应根据货物、运输时间、送达国家（地区）、费用的不同，选择不同的物流方式。

（2）在寻找国际（地区间）物流运输合作方式时，大多数卖家选择找合适的货代商进行合作。

（3）卖家需要及时关注海关政策变化。保持对主要国家（地区）市场的海关政策、海关动向的关注与了解。在线交易中，海关政策对于交易安全性及订单运输影响非常大。卖家了解海关政策，相当于为自己的交易增加了保险系数。

（4）除了要了解各国（地区）海关政策外，卖家需要特别关注订单上的货物内容与申报价格。若订单被海关扣押，应及时与物流商和买家沟通。此外有些买家也会针对订单提出相关的一些特殊要求，需要卖家事先与买家沟通，避免后续麻烦，如海关扣关，买家拒绝清关、拒绝支付关税等。

（三）卖家更换物流发货情况

如果卖家最终发货物流方式与买家下单物流是不符的，需事先与买家沟通确认。如果卖家最终发出的物流运单号在系统中填写有误，可以直接在订单备注中进行修改，每个订单有两次修改物流单号的机会。如果订单内含有多个产品通过多个包裹进行发送的，建议卖家选择部分发货，多次分批将对应的物流运单号填写在系统中。同时卖家对以上的沟通内容和物流面单进行保存，若日后有任何纠纷放款等问题都可以成为判决的证据。

(四)卖家与买家保持及时沟通

由于线上跨境的国际交易受地域、时间等因素的影响，买家对卖家的信任程度较弱。因此卖家与买家保持沟通是尤为重要的事情。当买家下单时，建议卖家可以发送站内信给买家，感谢他的选购并且告知订单预计发货时间。当货物发出时，建议卖家及时通知买家货物已发出，告知物流方式、物流单号和查询物流网址等。重要的是提醒买家有任何疑问先与卖家联系，及时沟通，避免纠纷产生。

三、买家申请取消订单

卖家有时也会遇到买家取消订单的事件。针对这种事件一般有两种情况进行处理，分别是买家取消未支付的订单和买家取消已支付的订单。

(一)买家取消未支付的订单

买家取消未支付订单的原因很多，卖家可以参考上文未支付的原因及应对措施。此处未支付的订单取消则不需要卖家同意，同时这类订单的取消对卖家店铺没有影响。

(二)买家取消已支付的订单

买家取消已支付订单的原因也很多，比如备货期不满足买家期望值、买家不想购买了、无法使用买家选择物流方式发货、商品缺货等。但针对买家取消已支付的订单与取消未支付的订单，平台有不同的惩罚。其中属于卖家的原因包括但不限于：上涨订单价格，不回复买家咨询，备货期不满足买家期望值，无法使用买家选择的物流方式发货和商品缺货。若买家选择卖家原因类型，那么此订单则会涉及成交不卖，因而会对店铺的评分产生影响。

当然也存在新手买家可能因为下单失误或者地址信息错误等情况，需要取消订单。此时可以发给买家 help center(帮助中心)链接(http://www.aliexpress.com/help/home.html♯center)。链接中列出了诸多问题，其中就包括取消订单操作问题，引导买家根据步骤操作即可。当然卖家也可以直接把操作方法和步骤复制粘贴给买家，显得卖家更贴心。卖家也可以把买家的问题发给"小何"，即后台人工客服，然后把小何给出的答案粘贴发送给买家。

取消支付的
订单操作页面

四、买家提起纠纷的订单

订单运输过程中，如果买家发起退款申请，订单会进入纠纷阶段，此时卖家与买家协商解决，必要时需要平台介入判决。流程详见图 11-15。

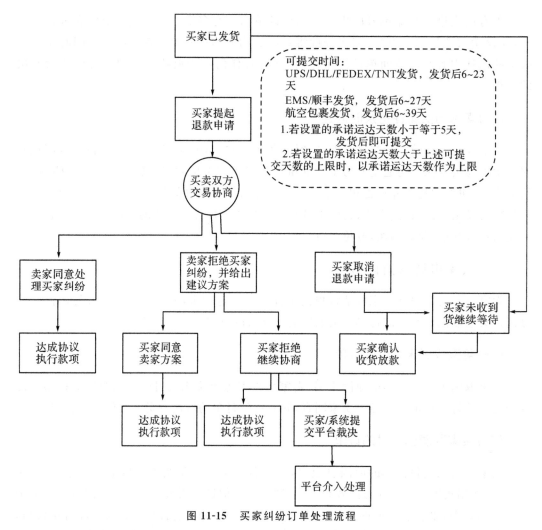

图 11-15　买家纠纷订单处理流程

（一）买家发起退款申请

买家提交退款申请的原因可能是未收到货和货不对版。未收到货分为货物仍然在运输途中、运单号无法查询到物流信息、包裹丢失、包裹退回、发错地址等。货不对版分为描述不符、货物短装、货物破损、不能正常工作等。

买家提交退款申请时间有效期为：在卖家填写发货追踪号以后，根据不同的物流方式买家可以在不同的期限内提起退款申请。商业快递（UPS/DHL/FedEx/TNT）有效期是第 6～23 天，EMS/顺丰有效期是第 6～27 天，航空包裹发货有效期是第 6～39 天。

在买家页面的订单详情页中，买家可以看到按钮"Open Dispute"，点击该按钮就可以提交退款申请，当买家提交退款申请时纠纷即产生。买家提交后，纠纷订单便会显示在卖家后台。

（二）买卖双方交易协商

买卖双方交易协商，买卖双方可以针对此纠纷的退款申请进行协商解决，协商阶段平台不介入处理。

(三)卖家选择同意或拒绝纠纷

买家提起退款申请后,需要卖家的确认,卖家可以选择同意纠纷内容进入纠纷解决阶段,或者拒绝纠纷内容与买家进一步协商。

纠纷详情页面

1.卖家同意纠纷内容

若卖家同意买家提起的退款申请,可点击"同意纠纷内容"进入纠纷解决阶段。此处买家提起的退款申请有以下三种类型。

(1)买家未收到货,申请全额退款:卖家接受纠纷时,平台会提示卖家再次确认退款方案。若卖家同意退款申请,则退款协议达成,平台会将款项按照买家申请的方案执行退款。

(2)买家申请部分退款不退货:卖家接受纠纷时,平台会提示卖家再次确认退款方案。若卖家同意退款申请,则退款协议达成,款项会按照买家申请的方案执行部分退款及部分放款。

同意退款申请页面

(3)买家要求退款退货:卖家接受纠纷时,则需要卖家确认收货地址,平台会自动默认卖家发货时候填写的地址,若地址不正确,卖家则点击"修改收货地址"进行修改,如图 11-16 所示。

图 11-16　同意纠纷内容

卖家确认了收货地址后,需要等待买家退货,买家需在 10 天内填写退货物流单号。若买家 10 天内未填写,平台视买家放弃退货,系统直接放款给卖家。自卖家确认收货地址起至买家填写退货订单号的 30 天内,卖家均可以选择放弃退货,平台会自动理解为退款不退货,然后直接退款给买家。

卖家收到退款页面

等待买家
收货页面

若买家已经退货,填写了退货单号,则需要等待卖家确认。

卖家需在30天内确认收到退货,如果确认收到退货,并同意退款,则点击"确定"按钮,速卖通会退款给买家,如图11-17所示。

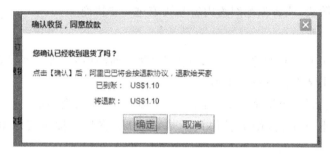

图11-17 卖家收到退货

如果卖家在接近30天的时间内,没有收到退货或收到的退货货不对版,可以提交至平台进行纠纷裁决,平台会在2个工作日内介入处理,如图11-18所示。卖家也可以在投诉举报平台查看纠纷状态及进行平台的响应。平台裁决期间,卖家也可以点击"撤诉"撤销纠纷裁决。

图11-18 卖家因货不对版提起纠纷

如果30天内卖家未进行任何操作,即未确认收货,未提交纠纷裁决,平台系统会默认卖家已收到退货,自动退款给买家。

2.卖家拒绝纠纷内容

如果卖家不接受买家退款申请,可以点击"拒绝纠纷内容"按钮,并填写卖家建议的解决方案,图11-19中所填写的退款金额和拒绝理由均是卖家给出的解决意见,若买家接受,则退款协议达成,若不接受,还须继续协商。

卖家注意事项:买家若因未收到货而提起退款申请,卖家必须上传拒绝时的附件证明。卖家可以提供物流公司的面单、发货底单、物流官方网站的查询信息截图等证据,证明卖家订单已发货及物流更新状态。若买家提起货不对版的退款申请,拒绝时的附件证明为选填。卖家可以提供产品发货前的图片、沟通记录、重量证明等证据,证明卖家如实发货。

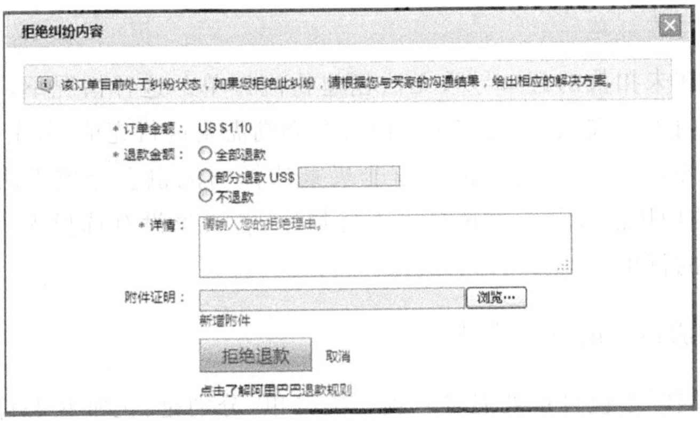

图 11-19　卖家拒绝纠纷退款页面

拒绝退款申请后,卖家需要等待买家确认。若买家接受卖家的方案,则平台判定退款协议达成,退款金额会根据买卖协商的方案执行。若买家不接受卖家的解决方案,买家可以选择修改退款申请,再次与卖家确认继续协商。

3.买家取消退款申请

买卖双方协商阶段,买家可随时取消退款申请。若买家收到货物并确认收货,取消退款申请,平台判定交易结束直接进入放款阶段;若买家因为其他原因取消纠纷,如货物在运输途中,愿意再等待一段时间,则订单继续按照原交易流程进行。

从第一次买家提起退款申请起至第 4 天,若买卖双方还未达成一致意见,买家可以提交至平台进行纠纷裁决。

买家提起退款申请后,在提交至平台进行纠纷裁决前,买家有取消退款申请的权利。若买家在纠纷中存在一定误解,卖家积极与买家沟通后双方达成一致,买家可以取消退款申请,则订单交易继续。

五、异常物流订单产生的原因及处理方法

(一)异常物流订单产生的原因

异常物流的订单是卖家运营店铺过程中必然会遇到的订单状态,卖家可以在速卖通后台订单栏查询到异常订单内容。其中,经济类物流和标准类物流,这两类物流中会常出现异常物流订单。

异常物流订单情况产生的原因如下。

1.取消的物流订单

该订单物流拦截失败,卖家未能及时拦截包裹并退回,导致包裹被寄送出去的情况。针对这类情况,商家可咨询在线客服,通过反馈物流单号等信息,求助于客服进行下一步拦截处理。

2.长时间等待分配物流单号

卖家申报重量和体积超过寄送限制,该物流线路无渠道,比如由于政治局势不稳定导致线路关闭、该产品的申报属于违禁品等,这几种情况都会导致物流单号分配不下来。

3.无法创建物流订单

卖家店铺存在未扣款的订单导致无法创建物流订单。这种情况下,卖家可查看平台绑定的国际或国内支付宝,若支付宝账户没有余额则需要进行充值,若余额足够则咨询菜鸟在线客服。另外,买家申请的物流渠道非买家选择物流也会导致无法创建物流订单。例如,无忧物流的使用前提是买家选择了无忧物流,若买家没有选择无忧物流,那么就无法创建无忧物流的订单。

(二)异常物流订单的处理方法

卖家在后台国际小包订单处能查看到三类订单,分别是:正常状态订单、异常状态订单和可操作订单。其中异常状态订单主要分为:仓库揽收失败订单、仓库签收失败订单、入库/出库失败订单、交航/交寄失败订单、关闭中订单及已关闭订单。

1.仓库揽收失败订单

所谓揽收失败订单是指自创建物流订单48小时之内物流商未成功揽收到包裹,平台会给卖家推送揽收失败的信息反馈。

2.仓库签收失败订单

所谓签收失败订单是指仓库未及时扫描订单入库,平台会给卖家反馈入库失败信息。

3.入库/出库失败订单

所谓入库失败订单是指订单包裹实际的体积、重量或者商品属性不符合寄送条件,无法扫描入库,因而入库失败。平台会给卖家反馈入库失败信息。

所谓出库失败订单是指因为邮编等信息错误,使系统无法分拣导致的出库失败。

4.交航/交寄失败

交航/交寄失败(安检不成功)原因通常有订单包裹涉及国家安全、航空安全物品、有害毒品、仿牌等。针对交航/交寄失败的订单,卖家可以通过线上发起"费用类问题"投诉,投诉类型选择是"费用争议",投诉成功后物流商会将费用退回。

卖家需注意的是,如果因为包裹涉及上述原因国内海关不放行,物流公司收寄之后有可能不退运费。

5.关闭中订单

自卖家创建物流订单成功后的7个工作日,若一直没有揽收成功或签收成功的物流信息,该物流订单会被平台执行关闭处理。因物流订单超时而显示"订单关闭处理中"状态的订单,商家不可以再交货给物流商。若卖家已经将包裹寄出至物流商,被揽收或寄出的包裹仍会被正常操作处理。

6.订单已关闭

因物流订单超时而显示"订单已关闭"的状态,商家不可以再交货给物流商,已经被揽收或寄出的包裹,仓库收到后会联系商家退回。

六、异常物流订单的回复处理

(一)客服回复订单留言处理的基本原则

1.批发订单优先处理

比如批发商买家下了一批订单,但是存在订单未付款的情况。此时需要卖家整理一套模板有针对性地发给这位买家,帮助他处理未付款订单。

2.商业快递的订单卖家优先处理

在日常工作中,卖家可以点开今日订单,筛选订单的物流,如 DHL、UPS、FedEx 等。如果买家选择了更快的物流方式,卖家也应当提供更好的售后服务。

3.备注类型订单单独处理

买家已有备注的订单,卖家需进行单独处理。在线上交易平台经常可以看到有买家备注需要更改收货地址或需要提供商业发票等。卖家可以在单独的时间里集中处理这一类问题订单。

(二)订单留言分类及具体回复的方式

1.针对资金审核未通过的订单的情况

考虑到有些买家是第一次在速卖通购物,或者新手买家不知道资金审核无法通过的情况,不了解资金审核无法通过的原因,此时需要卖家对情况进行解答。可参考如下思路。

Dear Customer,

　　Really sorry for that. Just because you are the first time or a new buyer in AliExpress, they need to check your account very carefully. Anyway, do not worry about that. They will refund you the money to your account ASAP.

　　We suggest you place a new order. It will be OK. Try to test it. If you have any problems, try to leave me a message.

　　Best wishes!

2.针对买家下单后催卖家发货的情况

说明订单的产品在发货前需要质检,可以突出对品质的管控等,动之以情,晓之以理,买家也会理解。可参考如下思路。

Dear Customer,

　　Thanks for your order. In fact, we have received your money. Usually my company QC needs to test it carefully before shipping, because we need to guarantee better quality and well package for you.

　　Totally we need to arrange your package within 2 days. Don't worry about that. Once we ship, we will update the tracking number for you, and give you the tracking website, so you can check your package where it is going on.

If you have any problem, leave me a message here, we will reply to you within 24 hours.

Best wishes!

3. 针对卖家刚上传填单号, 买家催促更新物流信息的情况

卖家可以说明货物已经发出, 订单包裹已经在运输途中, 到中转仓库更新物流信息操作需要一点时间处理, 请买家耐心等待。可参考如下思路。

Dear Customer,

Thanks for your trust. In fact, we have shipped the package to AliExpress warehouse. Don't worry about that. We ship it to you by AliExpress Standard Shipping.

But they need a little time to deal with the package, and will update the tracking information soon. Try to wait for a little time. If you have any problem, please leave me a message.

Best wishes!

说明: AliExpress Standard Shipping 指的是速卖通无忧物流标准服务, 这里也可以替换成其他的物流方式, 比如 e 邮宝, 中国邮政挂号小包等。可以针对特定订单的物流轨迹情况, 有针对性地解决买家的问题。

4. 针对因卖家漏发订单包裹或者订单包裹缺失的情况

首先是针对漏发情况表示歉意, 其次是征询买家意见是否补发或者退款。可参考如下思路。

Dear Customer,

Really sorry for the inconvenience. I just checked it carefully for your order, my warehouse made a mistake, and they forgot to send the order to my shipping company. In fact, the package had been already packed well.

We will send you the package priority today, is it OK? And I just applied the VIP price for you from my company. Next time we will give you a discount of $2.00 if you purchase in our store.

Waiting for your kindly reply.

Best wishes!

5. 针对有物流信息但 1～2 周未更新(特殊期间, 如大促期间)的情况

首先需要向买家说明物流更新延迟的原因, 其次主要安抚买家情绪, 请买家耐心等待, 表明如果有任何问题可以随时联系卖家。可参考如下思路。

Dear Customer,

Thanks for your understanding. In fact, we have sent it to our post office already. I will leave them a message to send your package to you as soon as possible. Besides, the AliExpress Double 11 Global Shopping Festival just finished, so there are too many packages waiting to be shipped. There might be a delay, hope you will be more patient.

Any question, please leave me a message here, we will reply to you ASAP.

Best wishes!

6. 针对有物流信息但 2～3 个月或者更久时间未更新的情况

首先应向买家说明卖家已经跟物流公司对接查询具体原因,并会及时解决这个问题;其次需要缓解买家紧张不安的情绪。可参考如下思路。

Dear Customer,

Really sorry for the inconvenience. In fact, we have already shipped it to AliExpress warehouse. Also you can track it on the internet, and the shipment information shows it has been received.

Anyway, our logistics company will check it for you. If any information updated, we will leave you a message ASAP.

Best wishes!

7. 针对因卖家原因造成海关扣关[如无法出具进口国(地区)所需文件,产品属于假货、仿牌、违禁品,申报价值与实际价值不符等]的情况

首先是向买家表明态度,积极配合买家清关;其次是向买家承诺会做好售后服务。可参考如下思路。

Dear Customer,

Really sorry for that. We have applied the best service from my company for you.

First, you can get the custom file from your custom, and send us the picture of it to let us know how much you pay for your custom. Then we can make a compensation for you.

Second, we can give you $ ** discount in our store if you purchased next time, because you are already our VIP customer, and we want to do more business with you in future. Waiting for your kindly reply.

Best wishes!

8. 针对由于买家原因造成不能收到包裹的问题[如买家无法出具进口国(地区)所需文件;进口国(地区)限制该货物;关税过高,买家不愿意清关等]的情况

首先说明卖家所有操作是按照买家要求进行的,其次向买家承诺会积极配合此订单的售后服务。可参考如下思路。

Dear Customer,

Really sorry for that. In fact, we have confirmed it very carefully with you before we shipping. It is local policy of your country custom that let you pay the tariff, so we hope you could try you best to clear the customs, and get your parcel in time.

To show our honesty, next time we will give you more discount if you purchase in our store.

Thanks!

9. 针对订单包裹已经到达目的国(地区)或者包裹到达当地国家(地区)后物流未更新的情况

首先延迟买家收货保护有效期,其次给买家一个可实施的方案承诺。可参考如下思路。

Dear Customer,

Sorry for the inconvenience. We just help you track the package. In fact, the package already arrived in your country at the date ***.

And I also have extended the delivery date by *** days for you, so don't worry about that the protection time is running out. If you still not receive it within *** days, try to leave me a message here, and we will help you to solve it.

Best wishes!

10. 针对订单包裹到达目的国(地区)或到达当地国家(地区)后物流1~2周未更新的情况

首先,延迟买家收货保护有效期;其次,建议买家主动与当地邮局联系查询包裹情况。可参考如下思路。

Dear Customer,

Sorry for the inconvenience. We just help you track the package. In fact, the package has already arrived in your country in the date ***.

And I also have extended the delivery date by *** days for you, so don't worry about that the protection time is running out. We hope you can try to contact with your local post office to help you track it. Besides, China Post is really a little slow, hope you could understand this situation.

If you have any problem, please leave me a message here, and we will reply to you within 24 hours.

Best wishes.

11. 针对订单物流信息显示退回的情况

首先,希望买家能再次跟邮局确认订单包裹是否已经退回;其次,若订单包裹确实退回,卖家可以考虑给买家退款,安抚买家情绪。可参考如下思路。

Dear Customer,

Sorry for the inconvenience. We just help you track the package. In fact, the package has already arrived in your country already.

And I also have extended the delivery date by *** days for you, so don't worry about that the protection time is running out. We hope you can try to give a call to your local post office. Although it shows that the package returned to seller, usually it will stay at your country near 1 month, so try to contact with your post office first. If it does not stay at your country, we will refund you the money.

Anyway, if you have any problem, please leave me a message here, and we will reply you within 24 hours.

Best wishes!

12. 针对订单包裹物流显示签收成功,然而买家表示未收到货的情况

首先,希望买家再次跟邮局确认订单包裹是否已经送达成功;其次,向买家承诺有问题可以随时联系卖家,保证售后服务。可参考如下思路。

Dear Customer,

Sorry for the inconvenience. We just help you track the package. In fact, it shows the package has been delivered successfully. But as you say you haven't received it yet, we hope you can contact with your local post office first.

Anyway, if you have any problem, please leave me a message here, and we will reply you within 24 hours.

Best wishes!

13. 针对若订单包裹物流显示妥投不成功的情况

卖家可提供给买家对应的信息核对截图,证明收货地址与订单提供的地址是完全一致的。可参考如下思路。

Dear Customer,

Sorry for the inconvenience. We just help you track the package. In fact, it shows that the package has been delivered successfully. But as you say you haven't received it yet, we hope you can contact with your local post office first.

We can send you all the proof to show that we send the package according to your order address in our store, and we can give you the evidence from my logistics company.

Anyway, if you have any problem, please leave me a message here, we will reply you within 24 hours.

Best wishes!

最后,再总结一下针对不同留言问题,卖家回复思路的 6 个非常重要的小经验。

第一,争取所有的回复模板尽量做到极致,沟通开头一定要注意礼貌。卖家可以在开头感谢买家的订单,如 Thanks for you order。

第二,称呼使用 Dear Valued Customer 或者 Dear ***(名字)。

第三,内容上,卖家可以回复订单发货或者物流相关情况。针对物流的问题,如海关扣关等,卖家可以回复"Sorry for the inconvenience"或者"Really sorry for that"。

第四,若物流很久未更新,为避免买家纠纷,一定要尽可能先延长收货时间。出现问题首先安抚买家的情绪,常用方式是承诺下次购买给予折扣或者送礼物。最后一句一定是强调只要买家有任何问题,随时联系,要让买家感觉到卖家一直在帮助他解决问题。

七、等待卖家留评订单的处理

买家在点击确认收货之后,平台就会提醒卖家根据订单对买家进行评价,如图 11-20 所示。

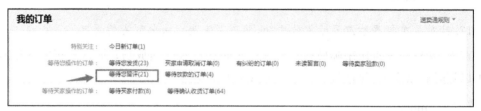

图 11-20 等待卖家的评价

在交易界面,等待卖家操作的订单一栏有"等待您留评"的选项,选择该选项并且点入查看,进入图 11-21 所示的页面,会显示"已生效的评价",意思是买家已对该订单进行了评价,在这里卖家看到买家给予的评价是评价的星级。

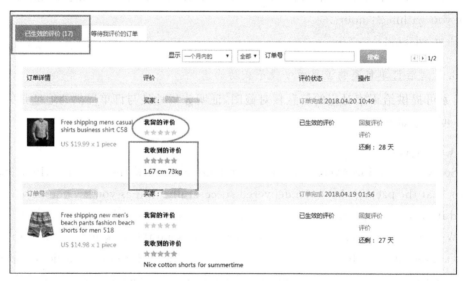

图 11-21 买家评价页面

(一)针对买家给出好评,卖家的回复模板

1.模板一

Dear Customer,

Thank you for your purchase, and thank you for your highly evaluation of our quality of products. Your satisfaction is our first priority. We hope next time you will also purchase in our store.

2. 模板二

Dear Customer，

　　Your pictures are very beautiful. We are so pleased and grateful that you are satisfied with our products and service. You are invited to join our VIP club. As a VIP，you will get more than $100 coupons per year and get the discount information at the first time. Thank you very much.

　　Best wishes.

3. 模板三

Dear Customer，

　　Thank you for your positive comment. Your encouragement will keep us moving forward. We sincerely hope that we will have more chances to serve you.

　　Best wishes.

(二)针对买家给予的中差评，卖家的回复思路

1. 卖家先道歉，表示出歉意

Dear Customer，

　　We are so sorry for your inconvenience/ the quality problem/ that you are not satisfied with …

2. 针对买家反馈的问题进行解释

　　We have checked with the warehouse，and it is true that … /We have verified the order with the logistics department，then we found …

3. 针对买家反馈的问题提出解决办法

　　In order to show our honesty, we hope we can … and thank you so much for your feedback. We will try our best to help you. Don't hesitate to contact us if there's anything we can help you.

　　Best regards.

4. 回复模板

(1)回复模板一：因发错货导致顾客给了中评或差评

Dear Customer，

　　We have checked with the warehouse，and it is true that we sent the wrong goods. We are really sorry for this inevitable matter caused by too many orders. If you encounter such a situation next time，please do not hesitate to contact us，we will immediately help you exchange it or give you a refund.

Wish you a happy life.

（2）模板二：因产品质量问题/运输过程中产生的破损,导致顾客给了中评或差评

Dear Customer,

We are very sorry. We did carefully check the order and the package to make sure everything was in good condition before shipping it out. We suppose that the damage might have happened during the transportation. Please understand it. If you encounter such a situation next time, please do not hesitate to contact us, we will immediately help you exchange it or give you a refund.

Wish you a happy life.

（3）模板三：因买家没有看清产品的信息,而认为产品未满足买家的需求,因而给予了中评或差评

Dear Customer,

First of all, thank you for your purchase in our shop. We will pay attention to each customer's review and make improvements at the same time. Next time you encounter such a situation, please do not hesitate to contact us, we will immediately help you exchange it or give you a refund.

We also would like to remind each buyer, when buying clothing, remember to check the clothing material, because different materials need different ways of washing.

Best wishes!

（4）模板四：因尺码不对（以服装尺寸为例子）,导致顾客给了中评或差评

Dear Customer,

We are sorry for the size issue. Thank you for your highly evaluation of our quality of products. Because this is flat measurement, we advise you to choose the shirt size 3~5cm bigger than your body size. We hope our customers could first look at the size table and then chose the most suitable size according to figures. If you have any size questions, do feel free to contact us. We will try our best to solve your problem and promise to make you happy if you give us a fair chance. Your satisfaction is our first priority.

In order to show our honesty, we will give you a good discount or send you a gift when you purchase next time. Our shop is always waiting for your visit.

Best regards!

（5）模板五：因物流原因包裹丢失,导致顾客给了中评或差评

Dear Customer,

First of all, thank you for your purchase in our shop. At the same time we apologize for the matter which bothers you. We have verified your order with the logistics department, and we will optimize the logistics system so as to avoid its repeated occurrence. Next time you encounter such a situation, please do not hesitate to contact us, and we will immediately resend it to you or give you a refund.

Wish you a happy life.

（6）模板六：因物流原因包裹被退回或销毁（买家太久没去取货），导致顾客给了中评或差评

Dear Customer,

We are so sorry for this issue, and we would like to try our best to solve it. The logistics information showed：2017. 10. 04 08：36（GMT-7）：Delivery successful. Your package has already arrived at your local post office and you did not get it in time. For the storage time is so long that it almost destroyed. Neither of us want this happen. We will try our best to help you solve the problem, and promise to make you happy if you give us a fair chance. Anyway, thank you for your purchase. Also remind every buyer, after purchasing online, remember to check the logistic information and pay attention to the order. If there is any question, please do not hesitate to contact us!

Best regards!

（7）模板七：因顾客肯定产品和服务给出好的评价，但没给 5 星（给了中评或差评）

Dear Customer,

Thank you for your purchase in our shop, and thank you for the high recognition of our services and products. In addition, may I ask why you did not give our five stars feedback? We are eager to know the reason so that we can make improvements in order to let you have a better shopping experience.

Best regards!

八、等待放款订单的处理

为确保速卖通平台交易安全、保障买卖双方的合法权益，速卖通及其关联公司在满足规定的条件下，根据平台规则制定相应放款时间及放款规则。买卖双方依据此规则进行交易。

（一）放款时间

（1）一般情况下，平台将在交易完成后、买家无理由退货保护期满后向卖家放款，即买家确认收货或系统自动确认收货多加 15 个自然日（或平台不时更新并公告生效的其他期限）后，再进行放款。

（2）如出现卖家账号清退或主动关闭的情况，平台针对账号被清退、关闭前的交易，在保证消费者利益的前提下，在订单发货后 180 天放款。

（3）如平台依据法律法规、双方约定或合理判断，认为卖家存在欺诈、侵权等的情况，平台有权视具体情况延迟放款周期，并对订单款项进行处理，或冻结相关款项。

（二）提前放款

（1）特殊情况下，平台根据系统对卖家经营情况和信用进行的综合评估（如经营时长、好评率、拒付率、退款率等），可决定为部分订单进行交易结束前的提前垫资放款"提前放款"。卖家可向平台申请提前放款，提前放款的具体金额可以为订单的全部或部分，提前放款金额由速卖通根据综合评估单方面决定。卖家可随时向平台申请退出提前放款。

（2）对于经评估符合条件的交易，平台将在卖家发货后、买家付款经银行资金清算到账后进行提前放款，放款时卖家授权速卖通及 Alipay Singapore E-Commerce Private Limited（支付宝新加坡电子商务有限公司）冻结提前放款的部分金额作为卖家对平台的放款保证金。对于保证金数额，卖家同意平台根据卖家经营状况、纠纷率等因素不时调整，卖家可随时在后台查询保证金总额。

（3）对于因相关订单发生纠纷、买家无理由退款或其他原因导致卖家需要向买家退还货款，而平台已为该订单提前放款的情况，速卖通有权从卖家支付宝国际账户、速卖通账户直接进行划扣、进行相关订单赔付。若不足赔付部分，速卖通有权从放款保证金中直接划扣。若保证金不足赔付的，速卖通及买家有权继续向卖家追索。

（4）值得卖家注意的是，并非每个卖家的每笔订单均可享受提前放款的资格。如果订单存在平台认定的异常，或卖家经系统判断不符合享受提前放款的资格，平台有权不进行提前放款。

（5）无法享受提前放款的订单包括但不限于以下几方面。

①订单卖家综合经营情况不佳，如纠纷率、退款率、好评率指标数据差，或数据很少，如经营时间不超过 3 个月等。

②卖家违反平台规定进行交易操作，卖家有违反协议的行为。

③经速卖通评估，不符合提前放款条件的卖家，放款保证金将在速卖通平台通知取消之日起 6 个月后退还。期间若因卖家原因导致买家、平台或其他第三方损失或产生退款、垫付等情况（包括但不限于享受提前放款的订单纠纷等导致），速卖通有权从放款保证金中划扣以补偿损失，并将剩余部分于 6 个月期限届满后退还卖家。对于不足的部分，速卖通有权对卖家支付宝国际账户中的资金进行划扣，仍不足赔付的，速卖通有权继续向卖家追讨。

（三）放款申请

放款申请功能主要分为交易进行中的放款申请及交易结束后的放款申请。

1. 交易进行中的放款申请

如果申请放款的订单是中国邮政包裹或顺丰快递发货的订单，卖家可进行请款。如果申请放款的订单是商业物流发货的订单，如 UPS、DHL、EMS、TNT 等，卖家无须操作请款，因为平台系统会自动不断匹配物流信息。一旦系统成功匹配到物流妥投的情况，平台则会将买家确认收货时间缩短为5天。此时,平台系统会发送邮件通知卖家已经放款申请成功。

2.订单交易结束后的放款申请

针对订单交易已完成的订单,卖家可以在"交易"—"资金账户管理"—"放款查询"的"待放款订单"页面中,搜索人民币或美元币种,点击"放款申请"并提交妥投凭证。平台一般会在2个工作日内跟进处理,若审核通过,订单将执行放款。

九、等待买家收货

等待买家收货的订单是指该订单已被卖家点击发货,且订单包裹已经在发往买家收件地址的运输途中。此时卖家只需耐心等待买家确认收货即可。物流运输期间,可能会有物流更新方面的问题,比如物流消息许久未更新、海关扣关、包裹显示被退回、物流显示成功但买家未收到、妥投不成功等情况。针对这些问题,回复模板详见"异常物流订单的回复处理"的相关内容。

案例分析

📍 **本章小结**

订单管理是跨境电商交易的关键环节之一,也是跨境交易的必修课。本章完整阐述了订单处理的流程;介绍了订单类型、订单处理方式、订单售后服务等主要特点和适用情况;强调了跨境电商订单发货的注意事项;最后以案例的方式说明灵活运用站内信模板解决买家问题的方法,从而提升买家的信任度,提高买家的回购率。

【思考题】

1.买家付款了,但是显示24小时后才能到账,卖家现在要备货吗?

2.买家为什么只下单不付款?

3.怎么催下单没付款的买家付款?

4.订单处理的流程是怎样的?

5.纠纷订单一般的处理流程是怎样的?

第十二章

精细化客户管理

【本章重点】

本章重点学习精细化客户沟通、粉丝营销及投诉与纠纷解决流程。

【学习目标】

通过本章学习,学习者应了解速卖通平台客户的类型及沟通技巧,掌握速卖通平台的粉丝营销操作及技巧,了解速卖通客户投诉类型,了解平台订单纠纷流程,掌握平台纠纷解决技巧。

第一节 速卖通客户询盘沟通技巧

当前速卖通平台上,存在着两类客户群体。一类群体是 Dropshipper,可理解成小批量代购型群体,属于小规模的贸易商。另一类是零散买家群体。通常,代购型群体会以询盘的方式促成订单的成交。因此通过询盘与这类群体沟通促进成交,也成为速卖通跨境交易的重要方式。

一、了解买家类型

(一)明确目的型

这类客户是明确地寻找订单并准备成交的客户群体。主要可通过他们询问的内容来判断是否属于这类买家。如果沟通询问的内容比较具体,如询问产品的款式、颜色、包装、交货期、物流方式、价格、订单数量等。询问这些具体问题的客户一般都是诚意度较高的。

(二)潜在客户型

(1)有些客户已经有了零售供应商,但是由于多种原因,还想寻找新的合作零售供应商。因此发送产品询盘信息寻找合适的供应商。

(2)有些客户以前从其他平台进口,后来得知速卖通可以提供更有优势的产品服务,于是转移到速卖通询盘,了解商品的价格等情况。

(3)有些客户本身是网站销售商,渴望在中国找一个好产品帮他做贴标发货,因此发送询盘信息了解一下。

(4)有些客户暂时手头没订单,但是对产品很感兴趣,以备不时之需。

(三)无明确目标型

有些买家刚入行,不了解对应市场的偏好,希望预先了解一下市场情况,询盘的主要目的就是得到产品价格和图片等信息。

二、了解买家身份

买家的身份不同,处理订单的价格、处理订单的快慢也就不同,主要可分下面三类。

(一)零售商

一般订单较小,但下单频率快,发货时效短,主要关注价格和交货期,当然质量也是需要保证的。他们一般也不太会关注卖家的实力、卖家的研发能力等,而是偏向选择专业程度高的卖家,下单很快。一般发出询盘信息后三五天就下单,卖家最多半个月就能完成交易并收到款。

(二)零散买家

这类买家对价格较敏感,因此他们会对比多家店铺产品,从中挑选有竞争力的产品进行下单,一般零散买家注重售后服务。

(三)OEM进口商

OEM(Original Equipment Manufacturer,贴牌生产)进口商客户相对较少,多数是从其他外贸平台转移过来的。他们需要卖家帮他们生产,然后贴自己的品牌在当地销售。这类买家对质量要求较严格。买家订单量大,订单较稳定。主要关心公司和工厂的规模、质量标准、产品认证、售后服务等因素。

三、了解买家的商业习惯

(一)卖家多做功课,少让买家做功课

卖家多为买家着想,买家才会更依赖卖家,才会愿意长久与卖家合作。同时,因为境外劳动力成本高,会存在买家比较忙或有些买家喜欢边做生意边享受生活的情况。如果卖家能主动帮忙解决一些小问题,买家会觉得卖家很靠谱。

(二)买家邮件是买卖双方沟通的重要桥梁

卖家可以从客户邮件来判断出买家的商业偏好和性格,适时的"因材施教",让他们觉得和卖家交流起来十分高效。

(三)学会换位思考

卖家对买家个性化的分析是为了更好地沟通。了解买家的身份、购买目的等,学会站在买家的角度来看待问题,这样与买家沟通起来才会畅通。卖家有时不太理解买家,可能是因为卖家不了解买家,不会换位思考。

(四)赢在服务、赢在细节

每一笔订单都是用心付出的回报。把买家放在心中,用心去服务买家,在每个环节都能用心把控。

四、提炼站内信询盘要点

站内信询盘大致包括这两个类型:一类是小型零售商站内信询盘,一类是零散买家站内信询盘。

(一)小型零售商站内信询盘

卖家收到站内信询盘时,可以通过询盘的内容或一两次的沟通来判断客户有没有实单及订单的数量。通过站内信的方式询盘时卖家主要从以下几个方面来判断。

1. 站内信标题

从买家标题的用词和称呼来判断买家是群发的询盘信息,还是单独询盘一家商品。

2. 产品名称

若站内信内容里提到具体产品的名称、颜色、使用的物流渠道、产品包装和产品链接等细节,说明买家意向很强烈。

3. 订单数量

若买家明确提到具体的订货量,询问价格、发货时长、库存数量等问题,说明这个买家有明确的购买意向。

4. 客户名称

如果卖家想要进一步了解客户的网站和公司,可以利用姓名和买家 ID 在网上查询,通常都会查询到一些网站结果。

5. 联系邮箱

如果买家留下的社交联系方式和邮箱同属一个账号,有可能买家当前经营规模较小。

6. 买方所在的国家(地区)

卖家通过买家所在的国家(地区)或者订单目的国(地区)可以判断出特定国家(地区)的交易习惯,从而有助于卖家提供有针对性的服务。

7. 网站信息

通常情况下,从买家的网站信息会找到企业专属邮箱,那就可以通过企业邮箱或网址去了解客户,可初步判断出公司实力、产品范围、销售渠道等。

8. 产品认证

若买家对产品质量认证十分关心,可以预判买家可能走代理或其他渠道,订单量应该比较大。

（二）零散买家站内信询盘

卖家收到零散买家站内信询盘时，主要针对买家特定的问题一一回答。通常零散买家的站内信包括以下几个内容。

1.产品信息

买家倾向于针对某个或多个特定的产品进行询问，主要围绕着产品的质量、价格、产品配件、颜色等细节来询问。卖家应针对产品细节问题一一回答。

2.优惠折扣

买家倾向于询问卖家是否可以包邮、卖家是否可以给予折扣、是否购买多件产品有更多折扣等。卖家针对这一系列问题，可以根据自身的定价情况给予一定的折扣促成新客成交。

3.物流信息

买家倾向于询问物流时效、卖家是否按照买家预期特定的物流方式发货、特定国家（地区）的包裹清关问题等。卖家针对这类问题需要注意了解特定国家（地区）的海关物流情况，特定问题特定分析。

五、站内信回复技巧

在买卖双方第一次接触中，专业的站内信显得格外重要。在线上交易过程中，很多买家就是根据卖家回复的站内信来形成印象的。因此回复站内信大致要注意以下三点。

（一）回复的专业度

卖家在回复站内信前要做到真正了解自己的产品。对于买家提到的关于产品参数、功能等问题，要有一个非常清晰的思路。卖家应学会运用专业术语严谨地阐述和表达问题。

（二）突出亮点

卖家需要从众多的站内信中脱颖而出，给买家留下深刻印象，尤其是境外买家都喜欢个性化、专业化、与众不同的东西。因此，卖家在回复买家问题中应突出亮点。卖家大致可以从以下几个方面注意。

1.公司介绍

卖家在介绍本公司店铺时，可以着重突出公司规模、研发能力、产品认证情况，这些专业的咨询都可以使客人对卖家的印象加分。

2.专业的报价

根据以往经验，不同国家（地区）、不同身份的客户对价格的敏感度也不同，因此报价时要具体情况具体对待。卖家应根据订单量、交货时间、物流方式的不同，采用专业术语给买家个性化的报价。例如，俄罗斯买家比较注重性价比，注重价格，因而卖家可以着重从价格方面入手。法国买家比较注重物流时效，因而卖家可以着重从物流线路入手。

3.清晰的图片

如果买家想要了解更多的产品细节,卖家就需要提供高清晰、高质量的图片,通过多个角度和方位展示产品的特性。要知道,一张好的图片就是一个无声的销售员。

4.个性化的服务

卖家可以向买家介绍本公司能提供的个性化服务。例如,个性化的包装、专属客户的卡片标签等。

(三)注意礼貌性

1.格式规范

许多卖家忽视站内信中的分点回答、格式排列等。回复整体令人感到冗长烦琐,不能让买家清晰明了地阅读。好比一个人穿衣,不注意整体形象,随意搭配,会给人不好的印象。因此要注重格式规范,考虑买家感受。

2.主题明确

回复邮件需要注重邮件的标题,避免被买家当作垃圾邮件。

3.用语礼貌

学会用一些祈使句来使表达更委婉。另外在称呼上也要注意,不同国家(地区)的买家社交礼仪不同。对于有些满足不了买家需求的地方,不要一口气回绝,也不要避而不谈,而应该委婉地表达自己的意思。

六、询盘邮件回复

(一)询盘邮件回复的意义

回复客户的第一封邮件,目的不仅仅是报价,也是建立彼此信任的开始。卖家介绍公司规模是必要的,但要简练清楚,突出卖点,言之有物。

邮件内容的重点是介绍自己的产品特点、物流优势,千万不要盲目报价。另外,由于互联网营销注重视觉效果,所以可以把图片直接粘贴在邮件正文中以吸引买家,但如果把图片放在附件里,那就没效果了。

(二)范例

以下是询盘回复邮件范例。

1.模板一:针对零售商买家回复模板

Dear sir or madam,

Thank you for your browsing. XXX technology Co. is a professional manufacturer, which specializes in all kinds of car components checking fixtures with good quality and competitive price in China. We have manufactured the checking fixtures for Ford, VW, Benz, Subaru, Nissan, Rand Rover, etc. Also we have our own professional designers to meet any of your requirements. Please link our company web site:www. XXX. com, if you want to know more about our product. Enclosed are two pictures for your reference, hope you will like them. Should any of the products be of interest to you, please contact us.

　　Thanks!

2.模板二:针对零散买家回复模板

Dear customer,

　　Welcome to our store! What products we have are you interested in? We have our own factory and more than 500 staffs. The quality of the products and customer service are assured. If you have any question, please feel free to contact me. Looking forward to your reply.

　　Thanks!

　　这两封邮件的特点是开门见山,直入主题,且正文长短合适,一般正文不宜过长,文字越多给买家造成的困扰就越大。太长的文章,很可能会被当垃圾邮件处理。第一封邮件一开始就简洁地表明卖家是专业卖家,立即拉近了与买家的距离。然后根据买家的要求有针对性地回复,让买家快速明白卖家能提供这个产品。邮件中若有附件,最好采用PDF格式并控制在1M以内,这样对方比较容易打开。若是熟悉的客户,询盘内容仔细,便可报价。但报价要有梯度,讲究技巧。

第二节　粉丝运营

一、Feed频道

　　Feed频道是AliExpress平台为广大卖家提供的粉丝营销阵地,基于买家、卖家的关注关系进行内容展示,这些粉丝就是潜在的客户群体。关注店铺的买家可以收到卖家发布的动态信息,包括店铺上新、买家秀、商品清单、粉丝专享活动、导购文章等,且支持买家对相应的内容进行点赞和评论。

　　Feed频道是卖家粉丝运营工具,也是卖家的粉丝运营的私域,卖家后台可发布的类型包括新品发布、粉丝权益、视频直播、咨询攻略等卖家信息。

　　Feed频道有两个阵地,一个是APP首页频道,入口在APP首页的重要位置,另一个是店铺内的Feed阵地,如图12-1所示。

　　Feed频道内容分为关注(Following)和发现(Inspiration)两部分内容。第一部分是Following,进入Following板块,用户可以查看所关注的店铺的内容动态,包括上新、粉丝专享活动及导购文章等。第二部分是Inspiration,在Inspiration中显示的内容是根据用户喜好做的个性化推荐,让用户可以浏览更多感兴趣的产品和商店。在Inspiration部分,每天平台会推荐优质店铺,目的是使更多的粉丝关注更多的店铺。平台会根据本周销量最高、本周增加粉丝最多、本周点赞最多这 3 个维度来考核店铺，并从中择优推荐店铺。因此，卖家可以根据自身店铺情况，对应到这 3 个维度，从而拿到更多更优质的曝光位。

图 12-1　Feed 流量入口

同时平台会组织运营活动。主要从行业的维度来选取粉丝营销帖，大多以趣味话题和热门话题为主。这个板块已经成为频道内的运营活动内容的集合地。

二、粉丝营销后台操作介绍

粉丝营销操作入口："卖家后台"—"营销活动"—"客户管理"—"粉丝营销"，进入操作后台后可以看到 6 个内容发布入口。其中在关注（Following）频道中，占比最多的营销帖是上新帖。图 12-2 展示了粉丝营销的 6 个内容发布入口。

粉丝营销
后台操作

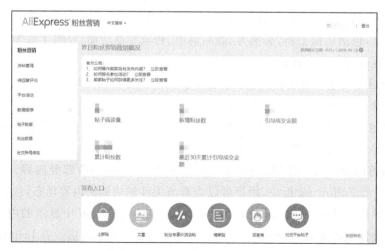

图 12-2　粉丝营销—发帖管理

（一）上新贴

如图 12-3 所示，点击上新帖按钮，进入上新帖发布页面，对上新主题进行简单明了的文字描述。上新描述要求文案突出，至少包含 100 个字符。随后选择最近店铺上新的产品。在选择产品时，商品数量控制在 3～50 个，且尽量选择新发布的商品。平台建议，选择上传的每一批新产品都应该具有相同的视觉风格。

同时建议卖家使用定时发布功能时，最多可设为 7 天后发布，发布前请使用预览功能检查卖家帖子内容。

图 12-3　发帖管理—上新贴

在发上新贴时需要注意，内容不要重复发布，如发生相同上新商品重复发帖，一方面会影响买家浏览体验，另一方面，平台有可能取消卖家发帖权限。

（二）文章

如图 12-4 所示，点击发帖管理—文章，进入发布页面。文章可以有很多的玩法，卖家可以发以下 3 种类型的帖子。

（1）资讯帖。分析最近流行趋势。

（2）教程帖。分享穿衣搭配或者告知商品使用方法等。

（3）互动帖。问答游戏，留言得奖活动。以上帖子最好结合自己店铺和商品信息进行内容创作。

点击发布文章按钮，进入文章发布页面，上传一张封面照片，填写一个文章标题，副标题内容选填，至少添加 3 个商品。

卖家选择封面图片必须精美，并至少附带一款主推商品，除了品牌名，其他文案不得出现在封面图上。

图 12-4　发帖管理—文章

主标题要简明扼要,副标题可选择不写。

卖家编写正文需要带上至少 3 款主推商品。

卖家需注意,文章的主标题、副标题和正文内容三者之间的文案不可重复。

粉丝专享贴
操作方法

(三)粉丝专享价活动帖

如图 12-5 所示,点击发帖管理—粉丝专享价活动帖,进入发布页面,给文章设置一个标题和副标题,然后添加商品即可。在粉丝专享价活动帖里,卖家需要在卖家中心页面创建一个限时限量粉丝专享价活动。

图 12-5　发帖管理—粉丝专享价活动帖

(四)清单帖

清单帖是为了满足卖家需要批量推荐非上新商品的需求而产生的新功能,如图 12-6 所示。

图 12-6　发帖管理—清单贴

如果想在一篇文章中推荐许多商品，建议卖家做成"主题清单贴"的形式，如图12-6所示。点击发帖管理—清单贴，进入发布页面。填写主标题，副标题可选择不写。同时，卖家可以自定义主题标签，也可以选择平台推荐的标签。添加卖家认为可以增加文章可见性的标签，最多5个。然后卖家选择商品3～100个。在添加商品时，卖家可以选择为每个商品添加简短的描述或卖点推荐。

(五)买家秀

4星以上带图好评是很好的内容素材，卖家可以通过平台向广大买家提供买家秀，展示商品的真实效果。

如图12-7所示，卖家单击"发帖管理"—"买家秀"，进入发布页面。页面会默认展示所有4星以上、带1张以上图片且留言文字超过10个字符好评的商品，并且支持按照商品ID搜索找到卖家想发布买家秀的商品。

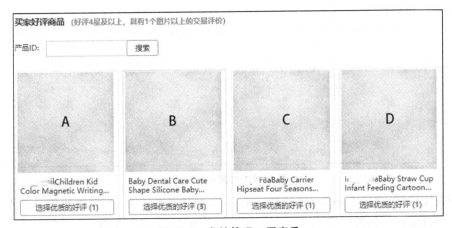

图12-7　发帖管理—买家秀

随后，卖家找到需要发布买家秀的商品，点击进入帖子发布页面，图片支持旋转，如图12-8所示。最后，卖家确认图片显示正确后，选择最佳封面，然后点击"发布"。

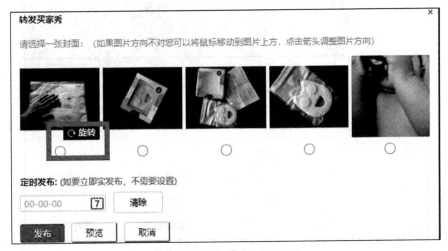

图12-8　买家秀

绑定社交账
号具体操作

(六)社交平台帖子

卖家绑定社交账号,就可以很方便地将 AliExpress 后台创造的内容
一键分享到 Facebook、Instagram 平台,便于卖家在站外做内容营销。

首先,卖家需要绑定 Facebook 和 Instagram 社交平台账号。在发帖
后台 Instagram 账号绑定页面,绑定 Instagram 账号。然后点击"Connected",将会跳转到
Facebook 的授权页面,需要输入 Facebook 账号,如图 12-9 所示。

图 12-9　绑定社交账号

授权完成后,登录 Facebook,选择一个主页,如果没有主页,就需要创建一个主页,然
后点击"Settings"(设置)。图 12-10 显示了怎样关联 Facebook 主页。

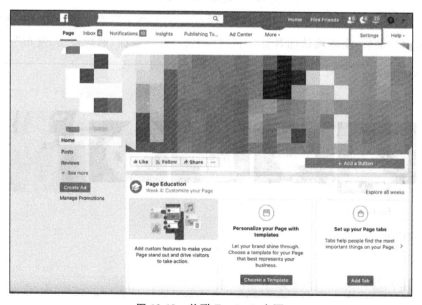

图 12-10　关联 Facebook 主页

图 12-11 显示了怎样关联 Instagram 主页。选择左边 Instagram 菜单项,进行账号绑定。

图 12-11 关联 Instagram 主页

卖家完成社交平台绑定后,可以进入内容发布模块。在内容发布模块的"同步到社交平台"点击发布,内容将同时发布在 AliExpress 及选中的社交账号下,如图 12-12 所示。

图 12-12 社交帖

一次同步最多可以选择 10 篇帖子,每天不限制同步次数。选择完后点击"发布",选中的帖子将会同步展现在站内的卖家店铺 Feed 中,如图 12-13 所示。

图 12-13　关联账户展示

三、营销活动

(一)Feed 频道

Feed 频道会为粉丝数量和发帖数量达到一定要求的卖家组织日常活动,比如周三翻牌、周末粉丝购等活动。

Feed 频道活动报名流程如下。

(1)进入"粉丝营销"—"平台活动",进入之后可以看到可参加的活动列表,如列表为空,则说明当前没有可报名的活动,如图 12-14 所示。

图 12-14　平台 Feed 活动入口

(2)进入报名页面会有详细的活动要求,如提交的内容不符合活动要求,则无法成功报名,如图 12-15 所示。

图 12-15 平台 Feed 活动详情

（3）提交活动报名之后，进入已参加活动可以查看活动的进展状态。

（4）新品帖、粉丝专享价活动帖及文章都支持互动内容发布，在发布帖子的时候可添加互动游戏。

以互动翻牌为例。建完"评论翻牌子"活动之后，买家进入该帖子评论后就会自动唤起游戏界面，按照卖家设置的活动规则给予买家游戏机会和相应的游戏奖励。除"评论翻牌子"游戏外，卖家还可以在帖子下关联"收藏有礼"、"打泡泡"及店铺内"翻牌子活动"的Banner（招贴），关联后帖子内容下方会自动展示相应互动游戏的 Banner。

（5）在选择将互动活动添加到卖家需要发布的帖子之前，需要先创建互动活动。创建活动后，再返回选取活动入口，选择正在进行中的活动进行关联即可，如图 12-16 所示。

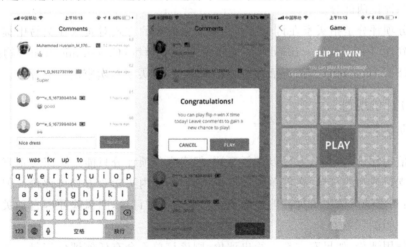

图 12-16 互动游戏

（二）运营要点

卖家应注重粉丝积累和粉丝积累运营。如卖家可以通过在帖子内添加粉丝专享优惠券、设置关注有礼活动、报名参加试用活动等方法，在店铺内引导关注。卖家可以通过发帖时注重粉丝权益发放（如粉丝专享优惠券及粉丝专享价活动帖）、添加互动游戏（如"评论翻牌""关注有礼""打泡泡"等）的形式，引起买家参与活动的兴趣，促进交易转化。

（1）店内关注引导。卖家可以通过店铺装修、详情页编辑、产品主图打标等形式，引导买家参与店铺活动，促进交易转化。

（2）固定时间上新、促销。善用定时发布功能，控制好发帖节奏，杜绝刷屏，注重视频质量和文本质量［文本应优先使用目标国家（地区）语言］、图片质量、商品质量（前面 9 个商品尽可能优质），每天最多发 10 篇帖子。杜绝刷屏，比如杜绝同一时间发布多条帖子、杜绝重复选择同一商品内容进行发帖等。

（3）其他渠道关注转化。如线上交流，通过站内信的形式，通知老买家参与店铺新活动；如快递包裹，通过在包裹内放置粉丝专享福利的卡片，促成回购；如定期更新文章，保持发帖频率，培养店铺粉丝忠诚度。

（4）重视外部社交媒体账号运营。将速卖通内容创作绑定社交账号，发布内容一键同步至外部社交媒体等。

第三节　信用评价管理

一、评价分类

（一）评价分类

速卖通平台的评价分为信用评价及卖家分项评分两类。

信用评价是指交易双方在订单交易结束后对对方信用状况的评价。信用评价包括 5 分制评分和评论两部分。

卖家分项评分是指买家在订单交易结束后以匿名的方式对卖家在交易中提供的商品描述的准确性（Item as Described）、沟通质量及回应速度（Communication）、物品运送时间合理性（Shipping Speed）三方面服务做出的评价，是买家对卖家的单向评分。

（二）评价规则

1.评价规则说明

对于信用评价，买卖双方可以进行互评，但卖家分项评分只能由买家对卖家做出。

所有支付成功的订单，在订单成交或关闭后 30 天内买卖双方均可评价。但以下两种订单除外：买家选择信用卡付款但最终未获卖家确认的订单，因风险原因自动关闭或者速卖通人工关闭的订单。

对于信用评价，如果双方都未给出评价，则该订单不会有任何评价记录。如一方在评价期间内做出评价，另一方在评价期间内未做出评价的，则系统不会给评价方默认评价。

对于卖家分项评分，如买家在订单评价时间内未对卖家进行分项评分，则该订单不会有卖家分项评分记录。卖家分项评分无默认评价的情形。

2.不计算好评率及评价积分的情况

以下三种情况不论买家留差评或好评，都不计算好评率及评价积分。

（1）因未收到货而产生纠纷，买家提起退款后，卖家或者买家同意退款协议，不管后续款项如何分配,买家如何评价,都不计算好评率和评价积分。

（2）纠纷订单。将未收到货的原因提交至平台仲裁后,可能出现的各类情况:买家撤诉、卖家买家仲裁再协商结案、平台判决卖家责任（全额退款）、平台判决买家原因（部分或全部放款给卖家）。

平台好评
和积分规则

（3）买家提交纠纷后（原因为货物在途的除外）,卖家5天内未响应的,不管后续款项如何分配,都不计算好评率和评价积分。

进入后台之后会看到"等待我给出的评价""等待买家给出的评价""生效的评价"。点击"生效的评价"之后,会看到最近所有订单的评价,也可以根据需要去寻找中评和差评的订单。速卖通的规则是,在收到客户评价的邮件之后,先对客户评价,然后才能看到客户给予我们的反馈。如果收到差评,应该及时联系客户,看看是否有回转的余地,平台支持卖家去自行解决一些差评问题。如果收到的是中评或好评,就采取反馈评价营销策略,回复客户的评价。

二、卖家留评

卖家通过对订单的留评,首先能够让给好评的客户有回头购买的欲望,因为我们有贴心完整的服务。其次,能够让那些第二次购买的客户放心进来购买。这是因为在信用评价中,买家给卖家不同星级的评价,而根据订单的金额大小,买家能得到不同的评价积分。留评模板如下。

> Dear friend,
>
> 　Thank you very much for your order! We are looking forward to do more business with you. If you have any question, please feel free to contact us directly, our telephone number is " ***** ". We will give you the best service. We would be appreciated if you can leave positive feedback as we will do the same for you.
>
> 　Have a great day!

三、信用评级规则

同一买家在同一个自然旬（自然旬为每月1—10日、11—20日、21—31日）内对同一个卖家只做出一个评价,该买家订单的评价星级则为当笔评价的星级。

同一买家在同一个自然旬内对同一个卖家做出多个评价的,按照评价类型（好评、中评、差评）分别汇总计算。同一评价类型（好评、中评、差评）下的多个评价只计算一个星级,星级计算方法为

各类型评价（好评、中评、差评）星级＝该类型买家评价星级总和÷评价个数（四舍五入）

评价积分是根据该买家订单金额总和及平均评价星级计算的。在卖家分项评分中,同一买家在一个自然旬内对同一卖家的商品描述的准确性、沟通质量及回应速度、物品运送时间合理性三项中某一项的多次评分只算一个,该买家在该自然旬对某一项的评分计算方法为

平均评分＝买家对该分项评分总和÷评价次数(四舍五入)

卖家所得到的信用评价积分决定了卖家店铺的信用等级标志,因此,评价的订单越多,可以累积的信用积分就越高,如果一个月有 100 单,只要能有 60％的客户能够回头给予评价,就能收获更多的信用评价积分,提升店铺的信誉等级,赢得更多的曝光量和更高的转化率。

平台评价规则如下。

评价档案包括近期评价摘要(会员公司名、近 6 个月好评率、近 6 个月评价数量、信用度和会员起始日期)、评价历史(过去 1 个月、3 个月、6 个月、12 个月及历史累计的时间跨度内的好评率、中评率、差评率、评价数量和平均星级等指标)和评价记录(会员得到的所有评价记录、给出的所有评价记录及在指定时间段内的指定评价记录)。

好评率＝6 个月内好评数量÷(6 个月内好评数量＋6 个月内差评数量)×100％

差评率＝6 个月内差评数量÷(6 个月内好评数量＋6 个月内差评数量)×100％

平均星级＝所有评价的星级总分÷评价数量

卖家分项评分中各单项平均评分＝买家对该分项评分总和÷评价次数(四舍五入)

第四节　客户投诉和纠纷处理技巧

一、不同类型的商品纠纷原因及处理建议

速卖通当前的主要纠纷类型有 4 种,分别是:货物与约定不符、质量问题、货物短装、货物损破。

(一)货物与约定不符

1.货物与约定不符的类型

货物与约定不符是指买家实际收到的货物与卖家在网站相应的产品详情页面的描述,在颜色、材质、尺寸、款式/型号、图案等方面存在差异。

(1)颜色不符是指实际收到产品颜色与产品销售页面描述(图片/文字)不一致。

(2)材质不符是指实际收到的产品材质与产品销售页面描述(图片/文字)不一致。

(3)尺寸不符是指实际收到产品尺寸与产品销售页面描述(图片/文字)不一致。

(4)款式/型号不符是指实际收到的产品款式/型号与产品销售页面描述(图片/文字)不一致。

(5)图案不符是指实际收到的产品图案与产品销售页面描述(图片/文字)不一致。

2.卖家需要承担的风险

当买家提起纠纷后,需要卖家进入后台点击纠纷详情,查看纠纷原因,根据对应原因处理纠纷。

针对货物与约定不符的纠纷问题,卖家需要承担的风险有:如果卖家产品页面标题、图片、文字描述中明确写明产品型号,则默认为该产品具有该型号的所有功能,卖家将承

担所有责任。判定为卖家责任的纠纷，买家对于处理方式具有最终选择权，买家可以选择部分退款不退货或者退货退款。

面对货物与约定不符纠纷的裁决，卖家可以采取以下措施：在速卖通发出纠纷通知规定时间内，卖家需提供相应的有效提醒、线下沟通记录或有效的反诉来作为证明。

卖家需提供相应的有效提醒包括：线下沟通记录，如有效的产品色差声明或尺寸误差声明，或证明买家举证存在问题。

3.卖家避免纠纷的措施

卖家在交易过程中做到以下四点，在很大程度上可以避免产生货物与约定不符的纠纷。

(1)在产品详情页面里如实描述款式、颜色、尺寸、材质、图案等信息，卖家根据实物来规范发布产品信息。

(2)卖家保证产品信息页面里信息上下一致性，避免出现销售误导的情况。

(3)买家下单产品缺货或对于信息理解存在错误，请在发货前与买家确认清楚，不要私自发与买家下单不一致的产品。

(4)卖家产品页面里的关键信息，如色差声明、尺寸误差声明等，应避免出现中文字样，导致语言不同而出现理解偏差。

(二)质量问题

1.概述

所谓质量问题纠纷是指买家收到的产品存在品质和使用方面的问题，如电子设备无法工作、产品质地做工差等。面对质量问题纠纷，卖家需要承担的风险是，平台判定为卖家责任的纠纷。此时，买家对于处理方式具有最终选择权，买家可以选择部分退款不退货或者退货退款。

2.避免质量问题纠纷的措施

卖家在交易过程中做到以下三点，可以有效避免质量问题纠纷。

(1)卖家做好出货前产品质量检查、性能检测等。避免因为产品的质量问题导致买家对品牌失去信心。

(2)卖家需要保证产品质量，严格把控进货渠道和来源。

(3)卖家积极与买家沟通，帮助和引导买家解决产品质量问题。避免因操作不当导致的质量问题纠纷。

(三)货物短装

1.概述

所谓货物短装纠纷是指买家收到的货物数量少于订单上约定的数量，或者收到的是空包裹。空包裹现象是平台严令禁止的行为。面对货物短装纠纷，卖家需要从速卖通通知卖家提交相关证明资料时开始计算，在规定时间内提供带有重量信息的有效的发货凭证(如面单、发货底单、官方邮局证明等)和实际产品的称重举证。

2.避免货物短装纠纷的措施

卖家在交易过程中做到以下六点,可以有效避免货物短装纠纷。

(1)卖家应保留发货时的发货证明(如带有重量信息的发货底单和面单),用以作为平台判断的证据。

(2)卖家保证产品页面数量信息上的一致性,避免出现在数量上的销售误导的情况。

(3)如存在买家下单产品缺货或对于信息理解存在错误,卖家应该在发货前与买家确认,不要私自少发产品。

(4)卖家发货前应做好核对订单数量的检查工作,避免出现订单漏发少发的情况。

(5)卖家在产品发布前,注意数量单位要填写正确,切勿混淆"lot"和"piece"的区别。避免失误导致的错误理解。

(6)卖家应尽量使用可靠的平台认可的物流公司或者使用平台的线上发货。

(四)货物破损

1.概述

所谓货物破损纠纷是指买家收到的产品存在不同程度的破损或外包装破损(限产品自身包装,如手机的外包装盒、邮局和卖家使用的外包装除外)。面对货物破损纠纷,卖家需要承担的责任是:买家对于处理方式具有最终选择权,买家可以选择部分退款不退货或者退货退款。若买家或物流公司提供了有效的证据证明是卖家责任导致的产品破损,则订单金额的全部或部分会赔付给买家。

2.避免货物破损纠纷的措施

(1)卖家做好产品包装工作,避免包装不当在物流运输途中导致的产品外包装或产品本体产生的破损问题。针对不同产品,采用不同的包装方式,做到减少不必要的物流成本的同时,也减少包裹破损率。

(2)卖家做好发货前检查,保证货物状态和包装的完好。

(3)卖家尽量使用可靠的、平台认可的物流公司或者使用平台的线上发货方式。

(4)针对销售纠纷,平台规定,凡是因为卖家发布的产品与页面信息存在矛盾,导致买家在理解产品属性和功能等方面产生偏差而导致的纠纷,将被认定为销售误导,均属于卖家责任。因此建议卖家应规范所发布的产品信息,避免产生页面产品信息不一致的现象。

(5)产生纠纷时卖家需与买家积极协商,尽量在上升到仲裁前与买家达成一致方案。

(6)卖家需要及时关注纠纷进展,应在规定时间内提供有效的反诉和举证。

(7)卖家应了解平台规则和功能,避免发生不必要和重复的纠纷和处罚。

二、不同类型的物流纠纷原因及处理建议

(一)纠纷处理—未收到货

买家未收到货可能的原因有:运单号查询不到有效信息、缺少报关文件被扣关、配送至错误地址、查询到的信息不匹配、拒付关税被扣关、超时到货、虚报货值等。

买家提出纠纷的类型有:运单号无效、未妥投—物流在途、未妥投—海关问题、未妥

投—地址错误、物流显示妥投—未收到货、妥投—超时到货、卖家更改物流方式、原包裹退回。几种主要的纠纷处理方式如下。

1. 查无物流信息

所谓查无物流信息是指卖家填写的运单号在物流网站查不到跟踪信息。

卖家需要从速卖通通知举证开始的 3 个自然日内提供有效运单号。若卖家在规定的时间内未提供该纠纷的物流信息有效的运单号,速卖通将全额退款。

卖家应做到以下两点避免此类物流纠纷的产生:第一,卖家货物发出后填写正确的运单号,避免因人为操作导致的订单号有误带来的纠纷问题;第二,随时关注物流状态,若有转单号及时更新给平台及客户,遇异常情况应及时主动与买家和物流公司沟通并尽快解决。

2. 客户因未收到货提起物流信息纠纷

客户因未收到货提起物流信息纠纷有以下 3 种情况。

(1)物流信息显示已妥投,而客户因未收到货提起纠纷,同时物流妥投地址与买家下单地址匹配。

此处要求物流妥投国家(地区)与买家下单地址国家(地区)一致,省份、城市、邮编、签收人与订单详情一致。如若出现这类纠纷,平台会判定纠纷不成立,平台将认为订单成交并放款给卖家。

(2)物流妥投地址与买家下单地址不匹配,客户因未收到货提起纠纷。

针对这类纠纷情况,若卖家逾期未提供有效证明,速卖通会将全款退给买家。

若因买家下单后,站内信沟通修改收货地址,卖家应及时提交沟通记录。

若因卖家错发地址,买家要求修改地址重新发货,卖家需要在重发前记录沟通内容。

若卖家使用线上发货且填写地址无误,而物流妥投信息与订单不一致,卖家可求助于菜鸟客服进行线上投诉。

(3)客户因未收到货提起纠纷,而物流显示货物未妥投。

针对这类纠纷情况,通常是货物被扣押在海关,货物由于不符合进口国(地区)海关要求而被扣留。其中,海关扣留所涉及的原因包括但不限于以下原因:进口国(地区)对进口货物有限制;买家因关税过高不愿清关,订单货物属于假货、仿货、违禁品;货物申报价格与实际价值不符;卖家无法出具进口国(地区)需要的相关文件。

这类纠纷情况,卖家和平台可以要求买家举证扣关文件。若文件显示卖家原因造成扣关,且买家无法取回货物,卖家有义务提供相应的材料帮助买家清关。材料包括但不限于品牌授权书、发票等,卖家需要积极配合提供清关所需材料。若无法清关成功,平台会将订单金额退款给买家。若文件显示买家原因造成扣关,买家有清关义务,速卖通将放款给卖家。

3. 货物在运输途中,而客户因未收到货提起纠纷

针对物流有跟踪信息,且跟踪信息显示非海关、非妥投、非退回等情形,但是买家以未收到货为由提起了退款申请。

若纠纷提起时间仍在送达时间内,卖家提供相应证据证明,平台会判定纠纷不成立。

若货物未在承诺送达时间内送达,平台会判定纠纷成立,退款给买家。

为了有效避免此类纠纷的产生,建议卖家设置合理的送达时间。卖家尽量使用可追踪信息、时效性高的物流方式,如商业快递、线上发货等。若送达时间未到期,建议卖家积极与买家沟通。

4.物流显示货物原件退回,而客户因未收到货提起纠纷

此类纠纷具体情况是,物流有跟踪信息,且跟踪信息显示货物被退回。卖家需要自速卖通通知起3个自然日进行举证,卖家需提供因买家原因导致货物不能正常妥投的证明,比如物流公司的查单结果、物流公司内部发出的邮件证明、与买家的聊天记录等。平台会根据订单的具体情况和买家或卖家原因进行判责发货和退回运费;对于订单款项,平台将退回给买家。

因此,卖家在货物发出前应核查收货信息,确保信息正确。货物发出后及时关注物流状态,出现异常情况应及时主动与买家和物流公司沟通并尽快解决。

5.客户因卖家私自更改物流方式而提起纠纷

此类纠纷情况具体指未经买家允许,卖家使用与买家下单时选择的不同物流方式发货。

针对此类纠纷,若未经买家同意更换物流,卖家应承担相应责任;若产生物流费用差价,由卖家承担。若买家要求更换物流或买家同意更换物流,从平台通知卖家举证开始3个自然日内,卖家需提供发货前买家要求或者同意更改的举证,例如与买家的沟通记录等。

(三)退货流程详细阐述

1.买家提起仅退款/退货退款申请

(1)买家提交纠纷的原因,如未收到货、收到的货物与约定不符、买家自身原因等。

(2)买家可以在卖家全部发货10天后申请退款,若卖家设置的限时达时间小于5天,则买家可以在卖家全部发货后立即申请退款。

(3)买家端操作:在提交纠纷页面中,买家可以看到选项"Only Refund"(仅退款)和"Return & Refund"(退货退款)。选择"Only Refund"就可以提交仅退款申请,选择"Return & Refund"就可以提交退货退款申请。提交仅退款申请/退货退款申请后,买家需要描述问题与解决方案,并上传证据。

(4)买家提交纠纷后,纠纷小二会在7天内(包含第7天)介入处理。

2.买卖双方交易协商

(1)买卖双方交易协商的操作

买家提起退货退款申请后,需要卖家的确认,卖家可以在纠纷列表页面中看到所有的纠纷订单。快速筛选区域展示关键纠纷状态有:"纠纷处理中""买家已提交纠纷,等待您确认""等待您确认收货"。对于卖家未响应过的纠纷,点击"接受"或"拒绝并提供方案"按钮进入纠纷详情页面,如图12-17所示。

图 12-17　纠纷状态页面

　　进入纠纷详情页面,卖家可以看到买家提起纠纷的时间、原因、证据及买家提供的协商方案等信息。

　　当买家提起纠纷后,卖家应在买家提起纠纷的 5 天内接受或拒绝买家提出的纠纷解决方案。若逾期未响应,系统会自动根据买家提出的退款金额执行,如图 12-18 所示。

图 12-18　纠纷详情页面

　　(2)退款申请的种类

　　买家提起的退款申请有以下两种类型。

　　①仅退款申请

　　卖家接受时会提示卖家确认退款方案,若同意退款申请,则退款协议达成,款项会按照双方达成一致的方案执行。

　　②退货退款申请

　　若卖家接受,则需要卖家确认收货地址,默认卖家注册时候填写的地址(地址需要全部以英文来填写);若地址不正确,则点击"修改收货地址"进行修改。退货退款页面如图 12-19所示。

图 12-19　退货退款页面

3.买卖双方纠纷处理流程

(1)新增或修改证据

如图 12-20 所示,上传纠纷证据。

图 12-20　上传纠纷证据

(2)增加或修改协商方案

买家、卖家最多可提供两个互斥方案(方案一提交了退货退款方案,方案二默认只能选仅退款不退货的方案)。

(3)删除方案/证据

买家、卖家可以对自己提交的方案或举证进行删除。

(4)平台介入协商

买家提交纠纷后,纠纷小二会在 7 天内(包含第 7 天)介入处理。平台会查看案件情况及双方协商阶段提供的证明并给出方案。

买家、卖家在纠纷详情页面可以看到买家、卖家、平台三方的方案。纠纷处理过程中，纠纷原因、方案、举证均可随时独立修改，在案件结束之前，买家、卖家如果对自己之前提供的方案、证据等不满意，可以随时进行修改。

买家、卖家如果接受对方或者平台给出的方案，可以点击接受此方案，此时双方对同一个方案达成一致，纠纷完成。纠纷完成赔付状态中，买家、卖家不能够再协商。

4.退货流程

(1)如果卖家和买家达成退款又退货的协议之后，买家必须要在 10 天内将货物发出，否则款项会打给卖家。

(2)买家退货并填写退货运单号后，卖家有 30 天的确认收货时间，如果未收到货物或者对收到的货物不满，卖家可以直接将订单提交至纠纷平台。纠纷部门会联系双方跟进处理。但是，买家退货后，卖家需要在 30 天内确认收货或提起纠纷，逾期未操作默认卖家收货，执行退款操作，如图 12-21 所示。

图 12-21　退货页面

(3)若买家已经退货，填写了退货单号，则需要等待卖家确认，如图 12-22 所示。

图 12-22　等待卖家确认收到退货

(4)卖家需在 30 天内确认收到退货。

①若确认收到退货，并同意退款，则点击"确定"按钮，速卖通会退款给买家。卖家确认收货，纠纷完成，如图 12-23 所示。

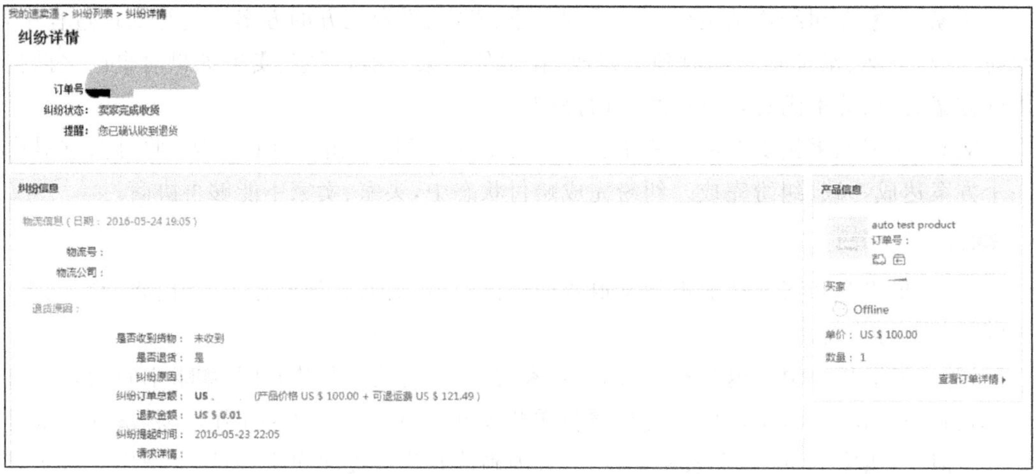

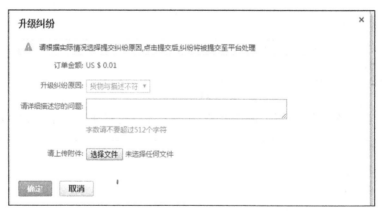

图 12-23　卖家确认收到退货页面

②若卖家在接近 30 天的时间内没有收到退货，或收到的退货有问题，卖家可以点击"升级纠纷"提交至平台进行纠纷裁决，平台会在 2 个工作日内介入处理，卖家可以在纠纷页面查看状态及进行响应，如图 12-24 所示。平台裁决期间，卖家也可以点击"撤销仲裁"撤销纠纷裁决。

图 12-24　升级纠纷

③若 30 天内卖家未进行任何操作，即未确认收货，未提交纠纷裁决，系统会默认卖家已收到退货，自动退款给买家。

④使用海外仓本地退货时，双方达成一致退货后，若订单支持本地退货，平台会展示退货地址。确认收货后，纠纷完成。

5. 速卖通无忧物流纠纷

卖家使用速卖通无忧物流发货的订单，买家发起未收到货纠纷后，卖家无须响应，直接由平台介入核实物流状态并判责。

平台会自动提醒买卖双方，非物流问题导致的纠纷，仍然需要卖家自行处理，如图 12-25 所示。

图 12-25　平台介入纠纷

6. 纠纷历史流程

纠纷历史以时间轴形式展示,如图 12-26 所示。

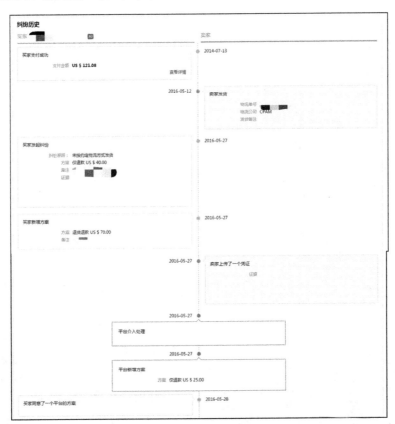

图 12-26　纠纷历史流程

本章小结

精细化客户管理是店铺运用的关键环节之一,也是促成交易的必修课。本章阐述了精细化客户沟通、粉丝营销、投诉与纠纷解决的流程,介绍了店铺粉丝运营的注意事项及灵活运用店铺内的工具管理粉丝客户的方法,从而帮助卖家提升客户的转化率,更精细化地运营店铺。

【思考题】

1.粉丝专享价活动帖如何设置粉丝专享活动?

2.平台介入纠纷事件的响应时间是多久?

3.在回复小型零售商买家站内信时,需要注意几点?

【操作题】

1.收集整理竞争对手产品的客户评论,分析好评与坏评的原因,制定对应措施。

2.浏览分析优质卖家的 Feed 文案,查看粉丝互动内容,分析热门帖子的营销思路,制定对应营销策略。

第十三章

实用运营管理工具

【本章重点】

本章重点学习使用 Google Trends 等选品工具软件进行选品的方法,使用 Photoshop 等产品美工软件美化产品及店铺的方法,使用百度和 Google 等搜索引擎进行仿品检测的方法,查询商标和专利以避免侵权的方法,使用店小秘等 ERP 运营工具的方法,以及跟踪查询物流状态的方法等。

【学习目标】

本章旨在让学习者掌握怎样使用 Google Trends 等选品工具软件来选品,掌握运用 Photoshop 等产品美工软件对产品图片进行修饰的方法,了解在全球常用商标和专利查询网站上查询商标和专利的侵权情况的途径及店小秘等 ERP 工具的操作,以提高效率,提升业绩,做好速卖通跨境电商工作。

第一节　选品工具软件

工欲善其事,必先利其器。以下软件能帮助卖家选品,提高效率,提升业绩,做好速卖通跨境电商工作。

一、Google Trends

谷歌趋势(Google Trends)是 Google 推出的一款基于搜索日志分析的应用产品,它通过分析 Google 全球数十亿计的搜索结果,告诉用户某一搜索关键词各个时期下在 Google 被搜索的频率和相关统计数据。谷歌趋势有两个功能:一是查看关键词在 Google 的搜索次数及变化趋势,二是查看网站流量(Google Trends for Websites)。

工具地址:http://www.google.com/trends。

查询条件:关键词、国家(地区)、时间。

举例:我们以关键词"swimwear"为例,选择国家分别为美国和澳大利亚,设置搜索时间范围为"过去 12 个月"。在美国的搜索结果如图 13-1 所示,在澳大利亚的搜索结果如图13-2所示。

图 13-1 和图 13-2 显示,在北半球的美国,5 月至 7 月为泳装搜索的高峰期,而在南半球的澳大利亚,9 月至次年 1 月为泳装搜索的高峰期。因此,对于美国市场的产品开发在 3 月至 4 月就要完成,而对于澳大利亚市场的产品开发,则需要在 8 月至 9 月完成。

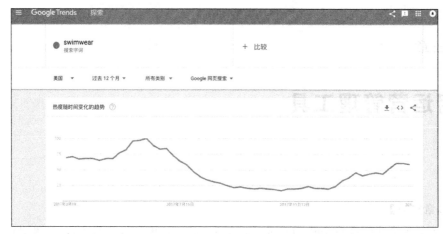

图 13-1 "swimwear"过去 12 个月在美国的搜索热度

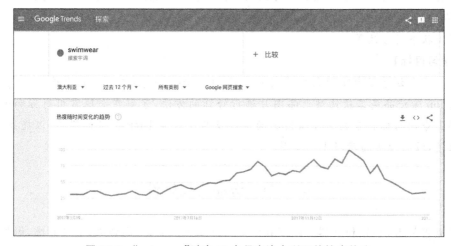

图 13-2 "swimwear"过去 12 个月在澳大利亚的搜索热度

如果不知道目标市场品类热度的周期规律,则必会错过市场高峰。

再如"Christmas"(圣诞节)的关注热度在全球范围内的搜索结果如图 13-3 所示。

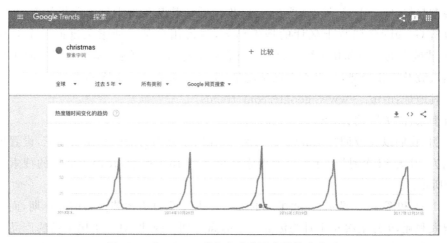

图 13-3 "Christmas"在全球范围内的搜索热度

由图 13-3 可见,圣诞节在一年中只有一次最热的点,从每一年的 9 月份起市场关注度逐渐提升,10 月、11 月高速增长,到 12 月底进入最高峰,之后迅速跌至低谷。如果能提前准备产品和相关的推广活动,则能在产品的整个热度周期占领市场,否则只能抓个圣诞节的尾巴。

还可以使用 Google AdWords 工具寻找热门关键词,不过使用 Google AdWords 首先要保证能正常登录 Google,然后还需要拥有 Google 账号(没有的可以去 Gmail 注册一个邮箱)。

在获得了品类开发的时间规律后,就可以开始通过工具寻找需要参考的竞争对手网站了。

二、KeywordSpy

工具地址:http://www.keywordspy.com。
查询条件:关键词、站点、国家(地区)。
举例:以"swimwear"为例,选择美国为分析市场,查询条件选择"Keywords",单击"Search",如图 13-4 所示。

图 13-4　设置搜索条件

搜索结果如图 13-5 所示。

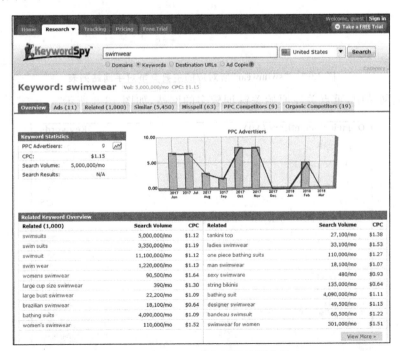

图 13-5　"swimwear"在美国的搜索热度

图 13-6 中数据表明,在美国市场,"swimwear"的月搜索量达到约 500 万次,市场热度较高。

与"swimwear"相关的热门关键词也一并展示了出来。

Related Keyword Overview					
Related (1,000)	Search Volume	CPC	Related	Search Volume	CPC
swimsuits	5,000,000/mo	$1.12	tankini top	27,100/mo	$1.38
swim suits	3,350,000/mo	$1.19	ladies swimwear	33,100/mo	$1.53
swimsuit	11,100,000/mo	$1.12	one piece bathing suits	110,000/mo	$1.27
swim wear	1,220,000/mo	$1.13	man swimwear	18,100/mo	$1.07
womens swimwear	90,500/mo	$1.64	sexy swimware	480/mo	$0.93
large cup size swimwear	390/mo	$1.30	string bikinis	135,000/mo	$0.64
large bust swimwear	22,200/mo	$1.09	bathing suit	4,090,000/mo	$1.11
brazilian swimwear	18,100/mo	$0.64	designer swimwear	49,500/mo	$1.15
bathing suits	4,090,000/mo	$1.09	bandeau swimsuit	60,500/mo	$1.22
women's swimwear	110,000/mo	$1.52	swimwear for women	301,000/mo	$1.51
				View More »	

图 13-6　与"swimwear"相关的热门关键词

搜索量最大的几个关键词是泳装的主关键词,如"swimwear""swim wear""swimsuit""bathing suit"等,而其他关键词可以作为长尾关键词。将这些关键词用于产品搜索、产品信息加工中的命名及描述中,会大大提升搜索引擎的优化水平。

图 13-7 所示为"swimwear"这个关键词所对应的主要竞争对手网站的站点列表。

Competitors Overview			
PPC Competitors (9)	Keywords	Organic Competitors (19)	Keywords
zulily.com	7,761	macys.com	16,356
doll.com	245	nordstromrack.com	5,289
us.asos.com	3,252	us.asos.com	3,252
SwimsuitsForAll.com	1,849	hm.com	3,325
VictoriasSecret.com	1,619	swimoutlet.com	3,858
JCPenney.com	48,229	shopbop.com	2,260
Zappos.com	22,513	venus.com	5,904
SwimOutlet.com	3,858	adoreme.com	2,705
Venus.com	5,904	loft.com	1,053
		everythingbutwater.com	230
View More »		View More »	

图 13-7　"swimwear"所对应的主要竞争对手网站列表

在以上网站中,重点关注原始关键词较多的网站,如图 13-8 所示。

Organic Competitors (19)	Keywords
macys.com	16,356
nordstromrack.com	5,289
us.asos.com	3,252
hm.com	3,325
swimoutlet.com	3,858
shopbop.com	2,260
venus.com	5,904
adoreme.com	2,705
loft.com	1,053
everythingbutwater.com	230
View More »	

图 13-8　"swimwear"所对应的原始关键词较多的网站

下面将以图 13-8 中通过 KeywordSpy 发现的 http://www.macys.com 网站为例,利用 Alexa 工具对该网站进行进一步分析,以确定是否可作为适合的参考网站。

三、Alexa

工具地址:http://alexa.chinaz.com。

举例:以 http://www.macys.com 为例,在搜索框内输入网址,如图 13-9 所示。

图 13-9 在搜索框输入网址

在查询结果页面,我们重点关注 http://www.macys.com 这个网站的日均 IP 访问量和日均 PV 浏览量(代表网站的整体知名度),以及该网站在各个国家(地区)的排名(代表网站在各个地区的知名度),如图 13-10、图 13-11 所示。

图 13-10 http://www.macys.com 的日均 IP 访问量和日均 PV 浏览量

国家/地区排名、访问比例				
国家/地区名称(5 个)	国家/地区代码	国家/地区排名	页面浏览比例	网站访问比例
印度	IN	6,544	0.5%	1.0%
美国	US	179	87.9%	85.0%
加拿大	CA	2,775	0.6%	0.6%
日本	JP	1,059	5.5%	6.1%
其他	O	--	5.6%	7.4%

图 13-11 http://www.macys.com 在各个地区的排名

通过图 13-11,我们可以得出结论:http://www.macys.com 这个网站以美国为主要目标市场,且在美国有较高知名度。再结合 KeywordSpy 工具的分析,我们可以确定:http://www.macys.com 可以作为我们在美国乃至北美市场的泳装类别参考网站,用于研究适合美国市场的泳装产品的品相及价格。

四、关键词优化工具

1. Google Keyword Planner(免费)

工具地址:https://adwords.google.cn/KeywordPlanner。

投资 Google AdWords 广告,对一些卖家来说耗资巨大,而且有时候可能不那么实用。在不投资 Google AdWords 广告的情况下,卖家可以利用 Google Keyword Planner 挖掘需要的关键词信息,Google Keyword Planner 对卖家的关键词研究有非常大的帮助。

它提供了 Google 搜索引擎的历史搜索数据,可以让使用者看到每个关键词在不同地区的 Google 上每个月所发生的搜索次数。但是,Google Keyword Planner 只限定在 Google 上被搜索过的关键词,在得到全面性信息方面稍有欠缺。

2. Long Tail Pro(付费)

工具地址:http://www.longtailpro.com。

该工具为搜索引擎优化长尾词辅助工具。它从 Google Keyword Planner 提取数据,实时抓取关键词信息,有利于帮助卖家找到真正能够吸引目标客户的长尾关键词。Long Tail Pro 会将所提取的各个长尾词的搜索情况、竞价情况等也分析出来,所以它所抓取的长尾词可能比其他关键词更有竞争力,可以帮助卖家进行数字营销。但它不像 Google Keyword Planner 那样可以免费使用,这款工具需要付费。

第二节　产品美工软件

产品美工软件主要有 Photoshop 等。Photoshop 软件介绍及其操作、Photoshop 快捷键相关知识、常用的素材网站和其他常用修图软件等信息可扫描二维码获取。

🎥Photoshop 软件　📖Photoshop 快　📄常用的　📄其他常用
　介绍及其操作　　捷键相关知识　素材网站　　修图软件

第三节　仿品检测软件

仿品就是侵权产品,包括关键字侵权(如名牌、敏感词等)和图片侵权(如有品牌图标、名模、关键部位马赛克、模糊处理等),也包括侵犯版权、商标和专利等其他方面的知识产权。在速卖通平台上出售侵权产品或是仿品,轻则产品下架、罚款,重则冻结账户。因此,卖家学会自查产品是否侵权很重要。卖家在产品上架前可以利用辅助工具进行仿品检测,如目前易选品支持输入产品 ID 进行仿品检测,部分 ERP 工具也支持在产品上传前进行一键检测。此外,卖家也可以利用搜索引擎工具及相关数据库进行检测。下面介绍几种常见的检测工具。

一、百度和 Google 等搜索引擎

卖家可以利用百度和 Google 等搜索引擎来搜索产品,防止出现仿品。

(1)利用百度、360 搜索和 Google 等搜索引擎,直接搜索品牌、品牌标志或标签。如图 13-12 所示,很明显从搜索结果中我们可以知道 Hanhoo 是一个流行的化妆品品牌。

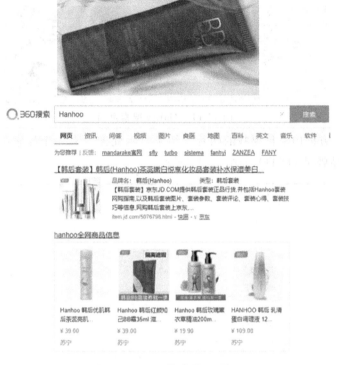

图 13-12　360 搜索结果页面

(2)如果图像或列表文本中没有标志、品牌名称或标签,可以用"反向图像搜索"。

这里可以借助一个强大的图片搜索引擎 TinEye。当不知道图片出处,但又想知道这个图片出现在哪些网站上,又不适合用关键词搜索的情况下,我们就可以用 TinEye 来帮助我们找到图片的网址,当然相似的还有百度识图、谷歌图片搜索等,但是从精确度来说TinEye 会比较好用一点。TinEye.com 完全免费,支持中文网络的图片搜索。用户上传图片的局部就可以找到某一张图片的整个部分,使用效果也不错。

如图 13-13 所示的产品,没有品牌、标签,也没有显示模特全貌。下面我们就用 TinEye 来进行反向图片搜索。

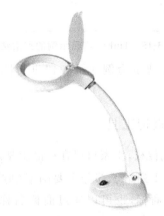

图 13-13　产品示例

打开 http://www.tineye.com,如图 13-14 所示。

图 13-14　TinEye 搜索页面

在图 13-14 方框内上传要找的图片。结果显示此图片有 4 个搜索结果,而且很清楚地看出产品的品牌是 OTTO,如图 13-15 所示。

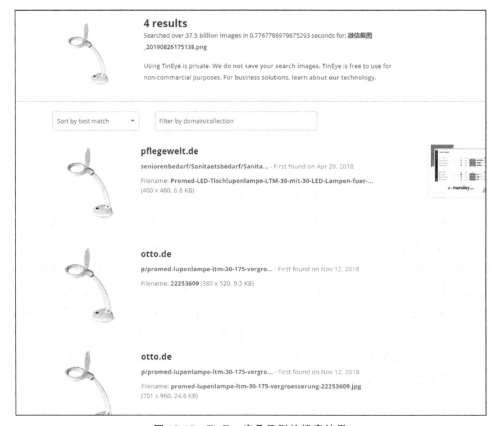

图 13-15　TinEye 产品示例的搜索结果

以谷歌图片搜索为例演示如何进行图片搜索的详情可扫描二维码获取。

谷歌图片
搜索使用方法

二、商标查询工具

为避免造成侵权,卖家可以在产品上架之前通过各国(地区)或组织的官方网站查询商标信息。表 13-1 列举了部分主要国家(地区)或组织的知识产权查询网址。可以通过商标注册号查询商标,也可以通过商标名称或者商标权利人等方式查询商标。

表 13-1　主要国家(地区)或组织的知识产权查询网址

国家(地区)或组织	查询地址
美国	http://www.uspto.gov
英国	http://www.ipo.gov.uk
欧盟	https://euipo.europa.eu/ohimportal
日本	http://www.jpo.go.jp
加拿大	http://www.ic.gc.ca/eic/site/cipointernet-internetopic.nsf/eng/home
世界知识产权组织	http://www.wipo.int/branddb/en

下面以美国为例介绍怎样查询商标。

首先,输入 https://www.uspto.gov/,点击右侧页面中的 Trademarks,选择 TESS,然后选择 Basic Word Mark Search(New User),进行基础查询。

然后,在 Field 选项中选择不同下拉菜单,通过输入商标名称、商标受理号或注册号、持有人名称或地址等不同方式进行查询。

这里我们以"Fingerlings"为例进行查询,点击 Submit query 就会跳转出搜索的 12 条有效结果。

从结果来看,Serial number 这一栏是有数字的,同时 Reg. number 这一栏是没有数字的,代表商标提交了申请但尚在审核中,或者在公告期但还没有通过注册。处理状态为"Live"的代表商标已经通过注册。

最后任意点击一个名称进入查看信息,页面内会显示商标名称、图样、注册保护的商品类目、申请日期等其他相关信息。可扫描二维码了解商标查询操作方法。

商标查询
操作方法

三、专利查询工具

为了规避专利侵权,首先需要查询专利。由于专利鼓励创造的发明技术被知晓,因此各国(地区)或组织均会将在该国(地区)或组织申请或者已经核准的创造发明专利公开,所以会有各个国家(地区)或组织免费资料库的出现。专利查询网址可参考表 13-2。

表 13-2　部分国家(地区)或组织专利查询网址

国家(地区)或组织	网址
中国国家知识产权局专利查询	http://www.sipo.gov.cn/
美国专利及商标局授权专利数据库专利查询	http://patft.uspto.gov/
欧盟专利数据库发明专利查询	http://ep.espacenet.com/numberSearch? locale＝en_EP
欧盟商标局外观专利查询	http://oami.europa.eu/RCDOnline/RequestManager＃
世界知识产权组织专利查询	http://www.wipo.int/wipogold/en
韩国知识产权局发明和实用新型专利查询	http://patent2.kipris.or.kr/pateng/searchLogina.do? next＝GeneralSearch

续表

国家(地区)或组织	网址
韩国知识产权局外观设计专利查询	http://detseng. kipris. or. kr/ndetsen/loin1000a. do? method＝loginDG＆searchType＝S
德国、法国、日本等国家的专利查询	http://worldwide. espacenet. com/numberSearch? locale＝en_EP

专利查询
操作方法

查询桌子
专利的方法

下面继续以美国为例,演示如何查询专利。

首先登录美国 USPTO:http://www. uspto. gov/,点击 Patents,在 Patents 页面下,点击 Search for Patents。点开页面之后选择 Quick Search。该页面支持的查询方式有很多,常用类别一般为产品名称、关键词、申请人、专利号、申请号等。

以桌子为例,选择标题点击"Search",在弹出的页面中选择其中的某项专利打开,然后在详情页中点击"Images",即可查看该专利的外观图像。可扫描二维码了解专利查询操作方法。

第四节　运营工具 ERP 软件

店小秘的操作

ERP 的英文全称叫 Enterprise Resource Planning(企业资源规划),ERP 系统对企业的人力、资金、物力、信息、时间和空间等综合资源进行综合优化管理,对各部门进行协调,以市场需求为导向开展企业的营销活动,从而提高企业的核心竞争力,帮助企业实现效益最大化。ERP 并不只是一款软件,它还是把先进管理理念和现代化信息技手段相结合的企业管理工具。

目前,市场上可供跨境卖家选择的 ERP 产品较多,常见的有超级店长、店小秘、芒果店长、马帮、通途 ERP 等。卖家在选择 ERP 时可从本公司的规模、产品的刊登数、运营的平台、产品的价格、服务等维度进行综合考虑。下面介绍最常用的店小秘 ERP。

(一)什么是店小秘

店小秘网址是 http://www. dianxiaomi. com,它是一个服务于跨境电商的专业 ERP 管理软件,能够极大地提高工作效率。店小秘是网页版软件,无须下载,并且大部分的基础功能都是永久免费使用的。店小秘系统已对接亚马逊、eBay、Wish、速卖通、Lazada、Shopify 等 11 个大电商平台,同时对接 180 多家物流服务商。店小秘除了提供常规的产品、订单、客服和仓储软件功能以外,还专为跨境商家定制数据采集、数据搬家、一键翻译、仿品检测等一系列智能功能。

以下问题都可以通过店小秘解决。

(1)一站式管理多个店铺账号,防止关联。

店小秘可以绑定多个不同的跨境电商平台,也可以绑定同一个跨境电商平台下的多个店铺,而不会产生关联。在授权绑定时要注意用专属的电脑和网络登录,绑定好之后就可以在同一台电脑登录而不会产生关联。

（2）同时管理多个店铺的订单和发货，极大地提高效率，防止遗漏订单。

（3）简约、直观且快速地上传产品。

（4）强大的数据采集和数据统计功能有利于开发产品和管理店铺。

在使用店小秘前，先要注册店小秘，并且把店铺授权绑定到店小秘上，才可以使用。注册店小秘非常简单，只需一个邮箱和一个 QQ 号即可。店小秘首页如图 13-16 所示。

图 13-16 店小秘首页

登录店小秘后绑定店铺。在完成了注册和绑定两个步骤后，就可以开始体验店小秘的强大功能了。图 13-17 是店小秘的详情页，从详情页就可看出店小秘的强大功能。

图 13-17 店小秘详情页

（二）产品管理

（1）产品上传时，在店小秘中点击"产品"，选择"速卖通"—"创建产品"，如图 13-18 所示。

图 13-18　店小秘创建产品

店小秘产
品详情页

（2）产品详情页面可以通过全中文上传，没有标签，而且将所有的必填项在一个页面中列出。这样的页面很符合中国卖家的操作和阅读习惯，也能极大地提高上传产品的效率。由于欧美人阅读产品的习惯为每个单词首字母大写，因此，店小秘也设置了一键转换标题所有单词的首字母为大写的功能。产品详情页面可扫描二维码获取。

（三）产品编辑

产品编辑功能是将已经上传好的产品直接在店小秘中进行编辑修改，而无须去卖家中心编辑，这个功能可以极大地提高效率。

1.修改产品

店小秘中点击"产品"—"速卖通"—"在线产品"，如图 13-19 所示。点击要修改的产品，选择"编辑"，进入修改页面，修改完成后点击更新到线上，即可完成修改。

图 13-19　产品修改页面

2.强大的批量编辑功能

将需要编辑的产品选中，点击"批量编辑"，可以批量编辑多个产品的零售价、促销价、促销时间和库存，并且可以批量删除。

(四)产品采集

产品采集也是店小秘非常有特色的强大功能。

(1)点击"产品"—"数据采集",如图 13-20 所示。进入数据采集页面,可以看到数据采集功能支持非常多的电商网站,如淘宝、速卖通、1688、阿里巴巴国际站、天猫、京东、亚马逊等主流电商网站。

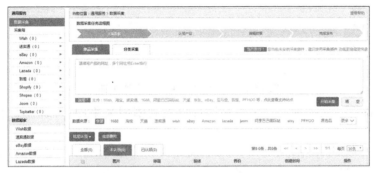

图 13-20 数据采集页面

(2)在上述支持店小秘数据采集的网站中,可以将任何一款产品采集到自己的店铺中,实现最快速地上传产品。举例如下。

选择一款淘宝产品,如图 13-21 所示。

图 13-21 选择一款淘宝产品

将其链接复制到数据采集框中,点击开始采集,如图 13-22 所示。

图 13-22 数据采集页面

采集成功后,可以在图 13-23 所示位置看到刚刚采集到的商品,并可以在右边方框内认领产品到店小秘已经绑定好的各个店铺,以速卖通为例,将产品认领到速卖通店铺,如图 13-23 所示。

图 13-23　将产品认领到速卖通店铺

点击"产品"—"速卖通"—"采集箱",可以看到刚刚采集的产品,并点击"编辑",如图 13-24所示。

图 13-24　采集箱页面

因为采集的产品来源于境内的淘宝网,所以页面信息都是中文的,这时就可以用店小秘非常方便的"一键翻译"功能对产品页面进行翻译,顺便再给产品做个仿品检测,防止侵权。

在产品来源处会有产品采集链接的备份,方便以后采购产品用,并且该链接仅为自己可见,前台客户是看不见的,如图 13-25 所示。

图 13-25　产品采集链接

在产品编辑页面填入产品的合理售价和运输时间等选项。将所需图片进行删减,对选中图片要进行简单处理。对于不会修图的卖家,店小秘提供了在线美图功能,将美图秀秀网页版嵌入系统,为商家提供简单高效的修图功能。

(五)订单处理

店小秘拥有强大的订单处理功能。无须登录卖家中心后台即可完成所有的订单操作,同样可以极大地提高工作效率。

打单发货前,必须先完成物流的授权设置。设置后发货时才可以选择该物流方式,自动获取运单号和面单,完成打印、发货。

1.在"待审核"页,同步订单并完成审核

点击导航栏的"订单"—"订单处理",将默认进入"待审核"页。可以根据订单规则分类查看订单,并完成审核。完成审核后订单移入"待处理"页,就可进行下一步操作。

店小秘并不是实时自动同步平台订单的,所以为避免漏发订单,建议在"待审核"页先点击"同步订单",同步后订单将保持和平台一致。

2.在"待处理"页完成物流选择和报关信息填写,并申请运单号

完成物流的选择和报关信息的填写后,即可点击"申请运单号",订单随即移入"运单号申请"页,如图 13-26 所示。

图 13-26   申请运单号

3.在"运单号申请"页,运单号获取成功后订单被移入"待打单"

移入到"运单号申请"页,也就是向货代系统提交订单信息、报关信息、申请运单号的过程。申请成功即可移入"待打单",生成面单并打印,同时完成配货,自动计算出"有货""缺货"的订单。

4.在"待打单"页,完成打单、发货

(1)有货订单

打印并发货。发货后仓库将自动扣库存,将订单移入"已发货"页,完成订单的整个处理流程。

打印、发货前也可以提前将运单号提交到平台,完成平台的发货,即"虚拟发货"。

(2)缺货订单

在"仓库清单"中补足库存,并"移入有货",订单则移入到"有货"页面,此时,卖家就可以发货,系统自动扣库存,完成订单的整个处理流程。

5. 到"已发货"页核实最终发货状态

已发货订单是指已将运单号提交到平台，并完成出库发货的订单。若有提交失败的提示，则说明该订单因种种原因没能将运单号提交到平台，没能完成平台的发货，需根据具体失败原因做调整。

失败原因可能是该订单的平台状态已改变，不允许发货，或已退款取消，比如平台已经有了运单号完成了发货等原因。解决了问题之后点击"忽略失败信息"即可清空错误提醒。

第五节　物流查询工具

17TRACK 全球物流查询平台整合优质跨境电商、物流商及服务商，并与数十家知名交易平台官方合作，覆盖世界上大多数国家（地区），提供功能先进的国际快递、邮政包裹查询跟踪服务，包括全球邮政包裹、国际包裹、国际快递、TNT、UPS、DHL、FedEx 等。

首先访问 http://www.17TRACK.net，在图 13-27 空白处输入物流单号，每行输入一个单号，最多只允许提交 40 个单号，请勿输入字母或数字以外的其他字符。如 RJ556381428CN（中国邮政挂号小包）、CP921694660HK（中国香港邮政挂号大包）、LN328306902US（美国邮政 e 邮宝）、3861078222（DHL 快递），然后点击"查询"按钮进行单号查询。

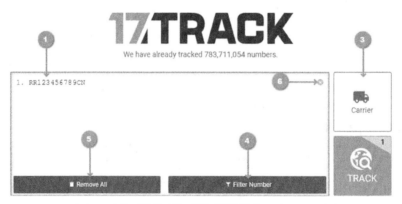

图 13-27　输入物流单号

查询完成后，结果页面将显示与运输商官网同步的跟踪详情，结果如图 13-28 所示。

系统根据获取到的运输商单号详细信息，自动判断包裹的运输状态，点击包裹状态图标可以查看这种包裹状态的说明。

一般情况下系统会自动根据单号识别包裹的收件国（地区）和发件国（地区），部分情况下无法识别的可以手动指定对应的运输商进行查询。系统自动识别单号运输商后会进行物流信息的查询，也可以访问运输商的主页，了解运输商的更多信息。

系统支持多国语言即时翻译，可以点击语言，切换成我们想要的目标语言，也可以勾选或者不勾选来翻译或者取消翻译，翻译结果由 Bing 官方提供。

正常情况下，点击自动按钮可进行单号查询。如果要搜索运输商，可在输入区域输入运输商的名称、网址或者国家（地区），根据搜索结果再选择需要的运输商，如图 13-29 所示。

图 13-28　跟踪详情

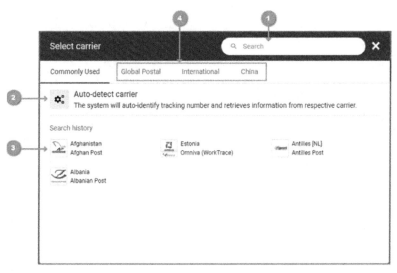

图 13-29　根据搜索结果选择需要的运输商

本章小结

俗话说：工欲善其事，必先利其器。新手卖家在着手操作之前很有必要先花一定的时间学习 Google Trends、KeywordSpy 等帮助选品的软件，Photoshop 等产品美工软件，店小秘等 ERP 运营工具等。掌握怎样运用 Google Trends 等选品工具软件帮助选品，怎样运用 Photoshop 等产品美工软件对产品图片进行修饰，学习怎样在全球常用商标和专利查询网站上查询商标和专利的侵权情况，掌握使用店小秘等 ERP 工具的操作以提高效率的方法，提升业绩，做好速卖通跨境电商工作。

【思考题】

1.列举 5 个常用的主要国家(地区)或组织的商标查询网址。

2.列举 5 个常用的主要国家(地区)或组织的专利查询网址。

3.店小秘 ERP 的优势在哪里?

【操作题】

1.打开店小秘,完成自己速卖通店铺的授权,并利用该工具上传一款产品,上传产品前需要利用本章的知识完成对产品的侵权检测。

2.任选一关键词,运用 Google Trends 查看过去一年该关键词在 Google 的搜索次数、变化趋势及网站流量。